武淑莲·主编

安正发　于永森　王兴文·副主编

学人

宁夏师范学院学人文库 第四辑

固原历史文化研究（第三辑）

黄河出版传媒集团
阳光出版社

图书在版编目（CIP）数据

固原历史文化研究. 第3辑 / 武淑莲主编. -- 银川:
阳光出版社, 2015.12
（宁夏师范学院学人文库. 第4辑）
ISBN 978-7-5525-2360-7

Ⅰ.①固… Ⅱ.①武… Ⅲ.①文化史—固原市—文集
Ⅳ.①K294.33-53

中国版本图书馆CIP数据核字(2016)第003505号

固原历史文化研究（第三辑） 武淑莲 主编

责任编辑 贾 莉
封面设计 晨 皓
责任印制 岳建宁

黄河出版传媒集团
阳光出版社 出版发行

地　　址 宁夏银川市北京东路139号出版大厦（750001）
网　　址 http://www.yrpubm.com
网上书店 http://www.hh-book.com
电子信箱 yangguang@yrpubm.com
邮购电话 0951-5045842
经　　销 全国新华书店
印刷装订 宁夏凤鸣彩印广告有限公司
印刷委托书号 (宁)0000068

开　　本 787 mm × 1092 mm 1/16
印　　张 14.5
字　　数 200千字
版　　次 2015年12月第1版
印　　次 2015年12月第1次印刷
书　　号 ISBN 978-7-5525-2360-7/ K · 55

定　　价 35.00元

前　言

宁夏师范学院“学人文库”自2012 年创立以来，至今已出版发行三辑，共资助出版学术著作及文学作品二十一部，其中六部是教师学术成果的汇编，十五部是中青年才俊潜心钻研的智慧结晶。回首前三辑，“学人文库”编委会兑现了当初的承诺，“呈现近四十年来一批学科中坚的代表性成果，推进学术繁荣”，并借助这一平台集中展示了宁夏师范学院前辈后学的学术成果。

“学人文库”的著作涉及文学、历史学、教育学、艺术学、传播学、理学等多个学科领域。研究内容继承传统、立足地方，紧紧围绕学校的办学定位，为学校实现“特色发展、内涵发展、科学发展，全面提高人才培养质量”的办学目标，发挥了学术引领作用，为宁夏教师教育、文化建设做出了一定的贡献。这些著作的面世也是宁夏师范学院服务社会发展、传承地方文化的重要体现。

“学人文库”秉承传统，关注当下，志在目前，功在未来，出版的著作获得了良好的社会反响。有的获得宁夏哲学社会科学优秀成果奖，引起区内外专家的关注；有的是研究西海固文学的专论，开辟了宁夏文学研究的新领域；有的成为宁夏石窟文化首部研究专书，填补了地域文化研究的空白；有的新论迭出，在国内外学术界具有一定反响；有的在学科建设方面探索、创新，是自治区级重点学科建设的标志性成果；有的则是中青年作家的佳篇荟萃。我们相信，随着学校整体学术水平与办学能力的提升，“学人文库”将会推出更多精品佳作。

今年，正值宁夏师范学院建校四十周年，四十年在历史的长河中只是短短一瞬，然而，对于宁师人，却是负重拼搏、永不言败的奋斗岁月。四十华诞，了然不惑，又逢“学人文库”第四辑付梓出版之际，谨以此辑献给美丽的宁师，献给六盘山下、清水河边，这座孕育、滋养宁师的历史文化名城固原。

学人文库编委会

2015年7月10日

目录

环境生态

丝绸之路的文化交流对宁夏地区的影响

陈育宁

中国早在汉代以前，就和南亚、中亚、西亚以至非洲、欧洲等地，经过陆路交通开始了丝绸贸易和文化交流。公元前 138 年，汉武帝派使者张骞出使西域与大月氏结盟共击匈奴。公元前 119 年，汉武帝再度遣使者张骞携金银丝帛出使西域，张骞及其随从先后至大宛、康居、大月氏、身毒(印度)。张骞通西域开创了中西经济文化交流的新纪元。以后，中国历代各朝通过这条商业及文化之路与天竺（印度)、大食（阿拉伯)、波斯及大秦（东罗马帝国）建立了密切的经济文化交流的关系，这种关系在 7—10 世纪的唐朝达到了鼎盛。对于这条沟通欧、亚、非大陆起过巨大历史作用的交通线，最先使用“丝绸之路”这一名称的，是德国著名的地理学家李希霍芬（1833—1905 年)，他在 1877 年于柏林出版的《中国》一书中，把连接西土耳其斯坦与中国的中亚丝绢贸易路线称作“丝绸之路”(seidensts-assen)。之后，在这条交通线上进行考察的西方探险家及对这条交通线进行不懈研究的更多的东方学者广泛使用了“丝绸之路”这个名称。在今天，丝绸之路是指从中国出发经中亚、西亚到伊斯坦布尔及罗马的整个贸易路线，还包括横贯欧亚大陆北方草原地带的草原丝绸之路和南方的海上丝绸之路。

丝绸之路从长安出发至凉州（今甘肃武威）段，一条主要的线路经过今宁夏南部的固原地区，虽然在宁夏境内的路程并不长，但丝绸之路上历时久远的东西文化交流，却同样给宁夏地区带来了深刻的影响。

一、“丝绸之路”宁夏段的变迁

宁夏南部的固原地区，早在先秦已成为中原通往西域交通道上的主要经过地区。成书于战国时代的《穆天子传》被认为是中原与西域最早交往的有文字记载的起点。这部著作假托流传已久的周穆王西游的故事，记载了春秋战国时期中原商队西行贸易的情景。《穆天子传》卷一说：“天子北征，乃绝漳水……至于钘山之下……北循虖沱之阳……乃绝隃之关隥……至于焉居、禺知之平。”据今人考证，这一路径是从长安出发，过秦汉时的长水（漳水），历钘山（今宁夏泾源县东南）、泾水，经过隃（今宁夏固原县南部）、焉居（今甘肃武威以东地区）①，最后抵达中亚的吉尔吉斯。这一记载表明，春秋战国时期已经通行的中西交通线经过宁夏固原地区，其线路与丝绸之路的走向完全相同。

丝绸之路大体分为东、中、西三段，东段和中段的一部分4000余公里在中国境内。它的东段，即长安至河西（今甘肃河西走廊），在汉、魏时期有南、北、中三条路径。南路沿渭河西行，经安彝关，过今甘肃的天水、临洮，经枪罕（今甘肃临夏）或北上至兰州渡黄河，或西行越黄河到青海，经扁都口到河西；中路从长安到陇县，然后西行，从陇关或大震关越陇山，向西北经略阳（今甘肃秦安东北）、平襄（今甘肃通渭西）到金城（今甘肃兰州），从这里渡黄河进河西；北路沿泾水至固原、海原、靖远北至河西，大体的走向是：由今西安沿泾河西北行，经陕西的乾县、永寿、彬县及甘肃的泾川、平凉入宁夏固原境，过三关口、瓦亭、开城抵达固原，再经三营、黑城，沿苋麻河至海原的郑旗、贾埫，过海原县城、西安州、干盐池复入甘肃境，从靖远县东北的石门附近渡黄河，经景泰县抵武威（古凉州）。这条经固原地区的北路线在今宁夏境内近200公里。路程较为捷短，平坦易行，开辟的时间比南路、中路要早，是秦汉时期由长

①岑仲勉.穆天子西征地理概测[J].中山大学学报,1957(2).

安到河西的主要通道，也是丝绸之路形成后东段最佳路线。（图一）

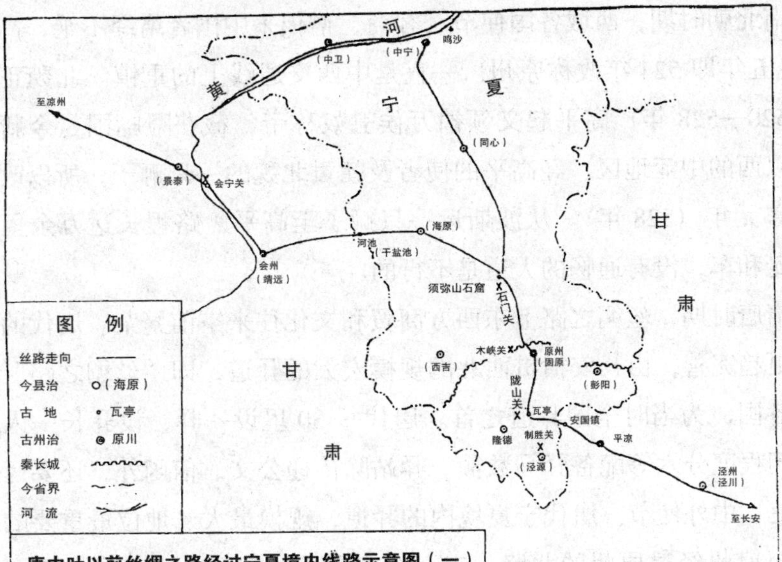

唐中叶以前丝绸之路经过宁夏境内线路示意图（一）

图一

丝绸之路的开通，给汉武帝巡视安定郡创造了有利的交通条件。安定郡为汉防御匈奴的西北重镇，治所高平县（今宁夏固原县城）。据载，汉武帝巡视北边，向匈奴炫耀军威，曾六次到过安定郡。元鼎五年（前 112 年）十月，汉武帝第一次出巡，西巡陇山，登崆峒山，北出萧关，到达固原一带，随从“数万骑”。元封四年（前 107 年）十月，汉武帝再度西行，下令修通“回中道”，即南起回中，经萧关，北抵安定，开通了由关中至安定的干道。当时，随着丝绸之路的开通和西汉政府对北部边防的重视，高平已成为丝绸之路上的一个重要城镇。

东汉时期，高平因地势险要，控扼交通，遂有“天下第一城”之称。建武八年（32 年）夏，光武帝刘秀征隗嚣，从洛阳出发，取道长安、漆县至高平。为了配合刘秀的军事行动，河西太守窦融率步骑兵数万、辎重车五千余辆，从今甘肃景泰、靖远、宁夏海原到固原，在高平与刘秀会师。①他们的行军路线相连接，正是丝绸之路东段北路的走向。可知当时这条交

①范晔.后汉书[M].北京:中华书局,1962:805—806.

通线已成为可供大批人马、辎重通行的大道。

南北朝时期，西域各国使节、客商、僧侣来中国者络绎不绝，高平镇（正光五年即524年改称原州）一直是中西交通线上的重镇。北魏正光年间（520—528年）高平起义领袖万俟丑奴称帝，截获嚈哒国（今新疆和四川以西的中亚地区）经高平的使者及朝贡北魏的一只狮子，所以改年号称神兽元年（528年）。从波斯运一只狮子至高平，路程长达万余里，且要有笼和车，没有通畅的大道是不行的。

隋唐时期，丝绸之路上东西方商贸和文化往来空前繁荣。唐代的驿传制度更趋完善，由长安横贯西北的规模宏大的驿道，即“丝绸之路”直通西域各国，为当时全国驿道之首。唐代每30里设一驿，设驿长一人，并按忙闲程度分六等配备驿马数额。驿站除传递公文、信函外，还要运送各级官吏、中外使节。唐代宁夏境内的驿道，规模最大、地位最重要的就是长安至凉州经过原州的北路，它在今宁夏境内经固原、海原二县约385里，[①]沿线道路平坦，多数地段沿泾水、蔚茹水而行。这条驿道因经萧关——西汉时在今固原所设的通往西域道上的名关，所以这条大道又被称为“萧关道”。唐代的不少诗人都留下了他们途经萧关道所写的诗句，如“回中道路险，萧关烽堠多”（卢照邻）；“萧关逢候骑，都护在燕然”（王维）；“蝉鸣桑树间，八月萧关道”（王昌龄）等，描绘了这条大道上的见闻和风光。

唐末至五代，吐蕃占领河西、陇右地区，丝绸之路凉州以东的传统道路被迫中断。大中年间（847—860年），张义潮收复河西走廊，由长安至河西的传统通道复通，而宁夏境内的路线不再经原州向西，而是经灵州（今宁夏灵武）向西，即由今青铜峡过黄河，经中卫到甘肃武威，或经今银川，西越贺兰山，从今内蒙古阿拉善左旗境内至凉州或肃州（今甘肃酒泉）。五代至北宋初期，经灵州通西域的道路一直畅通不衰。西夏占据灵州及河西走廊以后，宋朝与西域的往来避开河西走廊，或由北方经鞑靼草地，或由南部经青海湖。元初在固原开辟了新的路径，即由原来长安至凉

①鲁人勇.宁夏文通史[M].银川：宁夏人民出版社，1988:44.

州的北路行至瓦亭（今宁夏固原县南）后，西越六盘山，然后经今隆德县，甘肃的会宁、定西至兰州，这条新线出现后，原来的北线不再使用，六盘山因此而成为东西交通的要道，大量军运车辆通行山上。元太祖（成吉思汗）、元宪宗（蒙哥）、元世祖（忽必烈）三个皇帝，都曾在六盘山驻跸或避暑。元、明、清的陕甘驿道，都使用这条新线。

二、北周李贤墓出土的西方手工艺品及其意义

1983年9—12月，在固原县南郊乡村南发掘了一座北周时期李贤夫妇合葬墓，这一重要的考古发现，不仅提供了研究南北朝时期墓葬及其以后隋唐墓葬制度演进的新资料，其中出土的西方手工艺品，还为研究中西交通及其文化交流提供了珍贵的实物资料。

在李贤夫妇墓所出土的770多件随葬器物中，在女棺右侧发现的鎏金银壶、玻璃碗各一件和出自女棺的一枚金指环被认定为“西方输入的手工艺品”。[①]因而也是这一墓葬发掘中最为重要和最有意义的收获。

关于这三件特殊的出土文物，我国著名的考古学家宿白先生有如下权威的说明：

“鎏金银壶，高37.5厘米，鸭嘴细颈，上小下大皮囊形腹，单把，束腰圈足高座，嘴上原有盖，已佚。形制与苏联列宁格勒冬宫博物馆藏圣兽银壶、法国巴黎国立图书馆藏圣树狮子银壶相似，是一件较典型的萨珊器物，唐时呼之为胡瓶。值得注意的是它的文饰……文饰的主要部分应是腹周鎚鍱出的人物图像三组。……男女装束颇具希腊风格。因此，有的研究者怀疑它是萨珊工匠摹拟希腊图像的产物，或是出自萨珊治下旧属大夏地区受希腊影响较深的工匠之手。此说如果不误，那么这件银壶的历史价值就远远超过过去所知的萨珊银壶；其实它的艺术成就，也比一向认为最精致的萨珊银壶——伊朗德黑兰国立考古艺术馆藏五女神银壶更具气魄。总之，它是反映东西方文化交流的一件极为重要的遗物

①韩兆民等.宁夏固原北周李贤夫妇墓发掘简报[J].文物,1985(11).

是无可置疑的。

“玻璃碗，碧绿色，直口矮圈足，高 8 厘米，口径 9.5 厘米。最大径在腹下部 9.8 厘米。外壁饰以凸起的圆形装饰两匝。20 世纪 60 年代，在伊朗北部里海南岸的吉兰（Gilan）州发现一批具有这种装饰的玻璃器材及其残片，其时间在 5 世纪到 6 世纪。由此推知这件玻璃碗也是来自萨珊。类似的玻璃器物残片曾在新疆巴楚脱库孜萨来依遗址发现；日本冲之岛 8 号祭祀遗址也有出土，这应是经中国大陆东传过去的。

“金指环，环正中的圆形部分上镶圆形青金石，‘石面上雕一人双手举一弧圈，弧圈两端各垂一囊形物’。……青金石多产于阿富汗；以青金石作装饰自古以来浒于葱岭以西……因引，可以估计以上青金石饰物当亦来自葱右。”[①]

另外，在李贤墓的出土随葬器物中有一把铁刀，《发掘简报》说：铁刀“环首，刀把包银，单面刃，已锈蚀不能拔出刀销。刀鞘木质，外表涂褐色漆，下部包银。银质双附耳，铜质刀珌，通长 86 厘米。”[②]此刀出土于木椁右侧，应为李贤的佩刀。这把环首长刀虽然还是沿袭着汉代以来的传统形制，包括刀环仍用扁圆形素环，但值得注意的是铁刀的佩系方法，已不再是汉代以来传统的以带贯璏的璏式佩系法，而是在鞘侧上下纵装一双附耳，在耳上各有凸起的圆钉，先固定在较细较短的刀带上，然后将刀带系在腰间的大带上，使刀斜悬于腰带以下。这种以耳悬系的方法，源于西亚。波斯萨珊王朝中晚期，银盘中出现装双附耳的长刀图像。大约在 6 世纪时，这种双附耳佩系法传至中国，隋唐以后，基本取代了传统的璏式佩系法，成为中国刀剑佩系的主要方法。这种双附耳佩系法又在隋唐时东传日本，目前日本正仓院中还有保存完好的双附耳佩系的金银细装唐大刀，著名的高松塚坟中还出土过这种银质刀耳。[③]

还需要说明的是，西方的玻璃制品沿着丝绸之路传入中国后又从中国

---

①宿白.宁夏固原北周李贤墓札记[J].宁夏文物,1989(3).

②宿白.宁夏固原北周李贤墓札记[J].宁夏文物,1989(3).

③孙机.玉具剑与璏式佩剑法[J].考古,1985(1).

运到朝鲜和日本。[1]在日本和朝鲜发现的与李贤墓玻璃碗类似的玻璃器有：日本檀原新沢千塚126号墓出土的千塚玻璃碗，时间被认定为公元5世纪；日本福冈县宗像神社冲之岛祭祀遗址先后出土的属于同一件玻璃容器的两块玻璃残片，时间被认定为5—6世纪；安闲陵出土的安闲陵玻璃碗，年代约为6世纪；正仓院藏玻璃碗，年代为4—7世纪，京都府上贺茂绳纹遗址采集的上贺茂玻璃残片；朝鲜庆州皇南洞98号墓出土的玻璃碗等等，[2]这几件玻璃碗和残片都有成排的圆形纹饰，纹饰的加工方式也与李贤墓碗相同，都是经磨琢抛光而成。这些玻璃碗都出现在寺院珍藏、皇室大墓和神社的祭祀遗址，说明这种玻璃器在当时是罕见的珍贵之物。

还要提到的是，1981年10月，固原城东雷祖庙的一处北魏墓葬中出土一具彩绘漆棺和一枚波斯银币，并有细颈瓶一类的宴饮器物。[3]其中波斯币属萨珊王朝卑路斯B式银币，时间457—483年。漆棺画中墓主着鲜卑装坐于榻上，右手举杯，左手持小扇，被有的学者认为是“一派嚈哒作风”，[4]其坐姿乃是当时从犍陀罗、中亚到今新疆一带流行的坐姿。这都说明，中亚地区的绘画特点以及萨珊王朝的手工艺品通过丝绸之路流传至宁夏固原地区，在当时可能已是比较普遍的。

226年建立的伊朗萨珊王朝，到5世纪时发展成为亚洲西部的一个大帝国，它的版图包括伊朗高原和里海南岸（今伊朗和阿富汗）、美索不达米亚南部（今伊拉克）以及亚美尼亚和格鲁吉亚的大部分。萨珊王朝的商队行进在从地中海到中亚、印度和中国的交通线上，在5—7世纪的国际贸易中起着重要作用，萨珊王朝的银币作为国际货币在中国西部至中亚一带的贸易中曾广泛使用，在丝绸之路的重要贸易中心都有发现。《隋书·食货志》载：“河西诸郡，或用西域金银之钱，而官不禁。”[5]在固原地区多处发现萨珊银器及银币等，绝非是偶然的，正说明长期以来尤其是在中

①(俄)E.N陆柏—列斯尼钦科，贺兴平译.伟大的丝绸之路[J].西北史地，1987(2).

②安家瑶.北周李贤墓出土的玻璃碗[J].考古，1986(2).

③固原县文物工作站.宁夏固原北魏墓清理简报[J].文物，1984(6).

④孙机.固原北魏漆棺画研究[J].文物，1988(9).

⑤魏征.隋书[M].北京：中华书局，1973：691.

国北方北魏、北周时期，中原与西域及中亚各地保持着友好往来的关系，经固原的丝绸之路北路中西贸易频繁，固原已是这一交通线上的重镇。当然，鎏金银壶在李贤墓中发现，与李贤的身份及地位也有着密切的关系。李贤于北魏孝庄帝永安三年（530 年）出任原州主簿，后为原州长史行原州事，原州刺史，北周武帝保定二年（562 年）改授瓜州刺史，四年（564 年）又授河州刺史，到天和四年（569 年）他死去的时候，已领原、泾、秦、河、渭、夏、陇、成、豳、灵十州军事，几乎囊括了北周西北边境的全部领土，他所管辖的州郡无一不是在中西交通线上，特别是在原州、瓜州、河州任内，总揽丝绸之路沿线关防，直接管理贸易进出，得到胡商或外国使臣赠送鎏金银壶这样的稀世珍品是极可能的。但无论如何，丝绸之路的畅通及其中西贸易的频繁，才为李贤获取并收藏西方艺术品提供了可能和条件。

三、须弥山石窟——佛教文化的艺术结晶

“在这条横贯亚洲的伟大道路上所运输的商品中，有一种比丝绸具有更大意义的东西。这种东西对中国的而且对整个远东的艺术和思想都起了革命化的作用。这就是在公元前第 6 世纪在印度的东北部所诞生的佛教。”①大约在公元 1 世纪的东汉时期，佛教由丝绸之路传入西域，又以西域为中转再传入中原，佛教的传入不仅给中国输入一种新的宗教，而且还给中国带来了一种新的西域艺术。在丝绸之路上留下来的不朽作品，就是佛教艺术。北魏到隋唐之前，佛教及其艺术的传入，经历了逐步向纵深发展的过程，而到了唐代，随着丝绸之路的繁荣并经历了一段黄金时代，佛教及其艺术在中国的传播，也达到了鼎盛时期。

在今固原县城西北 50 余公里处的须弥山东麓，坐落着须弥山石窟。石窟分布在长约 2 公里、宽约 1 公里的 5 座山峰的 8 个山崖上，至今主处石窟群除较完整的保存有北朝至唐开凿的 132 座洞窟、315 尊大小雕像、

①（英）彼得.霍普科克，李汉章译.丝绸路上的外国魔鬼[M].兰州：甘肃人民出版社，1982：14—15.

113 座佛龛、16 个中心塔柱外，还保存有唐、宋、明各时代残存的彩塑壁画、建筑遗迹及汉、藏、西夏文题刻墨记和碑刻等。须弥山石窟开凿于北魏，经西魏、北周的连续造凿而盛于唐。据明成化十二年（1476 年）《重修圆光寺大佛楼记》，唐代时称须弥山石窟为景云寺，经五代、宋、元至明初，皆沿袭这一名称。正统八年（1443 年）重修景云寺，明英宗赐名改称圆光寺。须弥山石窟吸取了印度佛教艺术的精华，同时继承并发展了中原汉文化的艺术传统，是一座保存了 1400 余年历史的佛教艺术宝库。1984 年以来，历时 5 年，对须弥山石窟进行了大规模的修缮。1988 年秋，日本佛教考察团参观须弥山石窟后，团长山田一真挥毫写下了“宁夏敦煌”四字，对须弥山石窟给予了高度评价。

“须弥”是梵文 Sumeru 的音译，意译“妙高”“妙光”“善高”“善积”等，为印度神话中的山名，并为佛教所采用，许多佛教造像和绘画以此山为题材，用以表示天上的景观。在敦煌石窟题记中，就有不少关于须弥山的题刻。须弥的称谓是伴随着佛教的东传，即佛教经典的翻译、石窟的开凿、佛教本身的故事及壁画的出现而产生的。早在汉代，固原须弥山称逢义山。据有的学者考证，“须弥山”之称始于唐代，大体是在第五窟大佛开凿之后。大佛的开凿与完工，是须弥山石窟的历史性转折，它既体现了须弥山石窟佛教艺术的兴盛，也反映了唐代帝王对佛教的支持、崇拜及其审美意识。这个时候，用蕴含着佛教文化多重因素的“须弥山”来取代没有任何佛教色彩的“逢义山”是十分自然的。经唐之世，须弥山称谓已约定俗成。①

须弥山石窟开凿最早的是俗称子孙宫中的 14 窟。窟门上部有明窗，窟室方形，窟内雕有三层方形塔柱直接塔顶，四边雕以单龛单身释迦多宝佛。造像丰润自然，鼻高耳垂，眉细眼大，肩宽腰细，雕绘结合，色调古朴，其风格和手法接近于云冈石窟中北魏早期造像，也体现了犍陀罗艺术风格。须弥山石窟最华丽宏伟、保存造像最多的石窟是圆光寺后的 45、46 窟及相国寺后的 51、67、70 窟等。这几座北周开凿的石窟，规模大，有

①薛正昌.艺术明珠丝路瑰宝[J].文博,1994(1).

的造像多达40余尊。每龛内有的是立佛，一般皆为一佛二菩萨。佛像慈祥端庄。菩萨头戴宝冠，装饰华丽，两侧各立助侍，姿态优美，富于质感。北周造像趋于写实的风格，也是由犍式雕刻艺术演变而来。须弥山造像最大的石窟是第5窟，开凿于唐宣宗大中三年（849年），俗称“大佛楼”，一尊弥勒大佛体型魁伟高大，高达20.6米，比例匀称，神态端庄慈祥，面容丰腴饱满，博带袈裟，十分壮观。这座雕像开始摆脱犍陀罗艺术的约束，更多地使用了中国化的雕塑手法，反映了唐代佛教及其艺术进一步世俗化、民族化的趋势，是须弥山石窟的象征，它充分体现了唐代的艺术风格，显示了唐人的雄伟气魄和雕塑艺术的高度成就。这一批不同时期的佛像雕塑艺术作品，不仅反映了古代劳动人民的创造才智，也是中西文化交流的历史见证。

从佛教石窟的聚散特点看，西安以西数千公里长的石窟带与丝绸之路重合，佛窟的选址如敦煌石窟等多是在重镇城郊、山脚河畔等断崖处。须弥山石窟也是处于这样的环境，它位于丝绸之路东段北路的必经之地，距原州（今宁夏固原）城不过50余公里。这既与佛教艺术传播的路线相一致，又体现为僧侣们选址时所需的生活必要条件和避免世俗干扰的要求。这是须弥山石窟在空间上的一个特点。须弥山石窟在建造的时间上，也是以佛教的传播为其文化背景的。早在十六国时期的前赵（304—329年），佛教就在今固原一带初创，后赵（319—350年）时已呈现出发展的势头，并迅速普及。后赵咸康三年（377年），安定人侯子光“自称佛太子，从大秦国来，当王小秦国。”[①]史载，著名僧人佛图澄（231—348年，西域人）与其弟子在后赵范围内建立佛寺893座。到了前秦（350—431年）、后秦（384—417）时期，极有可能已开始在须弥山凿窟造像。[②]整个十六国时期，关中地区为我国北方佛教中心之一，而且影响到安定一带，高僧竺佛念僧往安定一带传教；译经大师鸠摩罗什的弟子中就有来自安定一带的道温、僧契。安定与须弥山相近，为关中通往西域的必经之地。正是因

①房玄龄.晋书[M].北京:中华书局,1974:2767.
②薛正昌.艺术明珠丝路瑰宝[J].文博,1994(1).

为有了十六国时期佛教传播的基础，北魏时期在须弥山开凿形制宏大的石窟才成为可能。

四、丝绸之路与西夏的强盛

公元 11—13 世纪，以党项族为主体建立的西夏封建割据政权，定都兴庆府（今宁夏银川市）。西夏的范围包括宁夏的大部分地区（除固原地区）、甘肃的河西走廊等地。西夏建国前的很长时间里，以游牧业为主的党项族由于农业、手工业和商业十分有限，加之地处黄土高原的西部和蒙古沙漠的南缘，自然条件差，不得不用马匹、青盐从宋朝换取粮食、茶叶、绢帛，但这种“交市”却经常受到宋朝的限制和禁断。在这种情况下，为了从根本上改变经济受制于人的局面，从李继迁开始，历经他的儿子李德明、孙子李元昊两朝 50 余年，致力于夺取经济富庶且又是丝绸之路主要通道的河西走廊。这一夙愿最终实现，从而将东西方贸易往来的利益大量收归西夏所有，使西夏的经济得到了长足的发展，政治和军事实力大为增强，得以与宋、辽对峙，并出现了元昊至乾顺的全盛时期。

五代至宋初，丝绸之路东段的秦州（今甘肃天水）至凉州（今甘肃武威）为吐蕃占据而被阻断，中原与河西及西域的往来，绕道北行通过灵州（今宁夏灵武）而西，灵州成为当时丝绸之路东段的一大重镇。当时党项首领李继迁苦于宋朝严禁池盐入边，交易受阻，而粮食、绢帛、茶叶等生活必需品皆依赖宋朝，在这种形势下，他开始着眼于宋朝境内的农耕地区和河西的丝绸之路，并首先将矛头对准宋朝的西边重镇——灵州。李继迁不断派兵袭击灵州，扫清外围，于咸平五年（1002 年）“三月，取灵州，杀知州事裴济，改州为西平府。”①接着，他掉转矛头，直指丝绸之路上的又一重镇——凉州。凉州位于河西走廊东端，是丝绸之路上中西贸易往来和文化交流的中心，唐朝主管西域军政的陇右、河西节度使，即长期驻节于凉州。安史之乱后，吐蕃占领凉州。咸通二年（861 年），河西归义军节

---

①吴广成撰，龚世俊等校证.西夏书事校证[M].兰州：甘肃人民出版社，1995:82.

度使张义潮攻克凉州，并奏请朝廷派兵戍守。到了宋初，凉州刺史虽为宋朝官吏，但吐蕃的“六谷藩部”遍布凉州城内外。李继迁多次进攻凉州，于景德元年（1004年）为六谷藩部所杀。其子德明继位后，继续不断进攻凉州，至大中祥符八年（1015年）终于攻陷凉州。天圣六年（1028年），“德明遣子元昊攻甘州，拔之。”①元昊继位后，继续执行继迁、德明经营丝绸之路的方针，于景祐三年（1036年），派兵攻取瓜、沙、肃三州。经过继迁、德明、元昊三朝的奋力经略，西夏于正式建国前，终于控制了丝绸之路的通道。（图二）

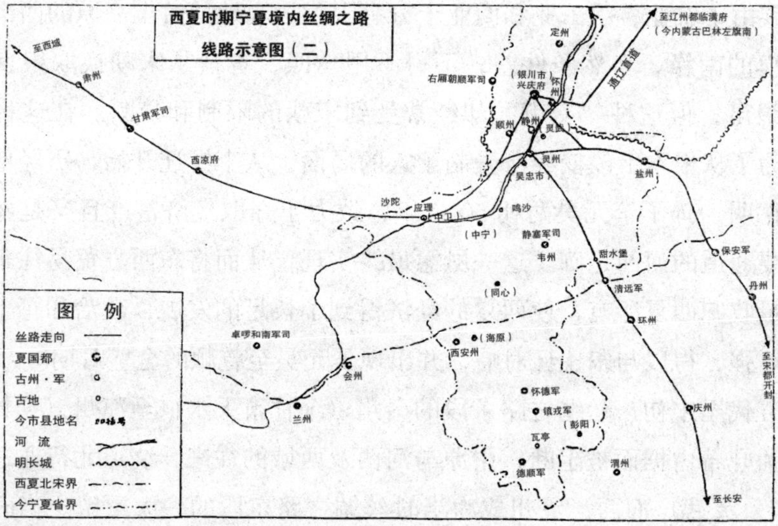

图二

西夏取得灵州以西的广大河西地区后，国土扩张了四五倍。河西一带是半耕半牧、经济繁荣地区，占据这一地区后，改变了西夏原来依靠单一的畜牧业经济的贫穷落后状态，经济得到了巨大发展。西夏控制丝绸之路后的最大收益，莫过于从东西方贸易交往中所抽取的税利。高昌回鹘、龟兹回鹘、于阗、喀喇汗王朝、大食等西域民族和国家与辽国的贸易往来，必须经过西夏国境；那些国家与宋朝的贸易往来，除了走崎岖的青海道外，也得经过西夏国境。“夏人率十而指一，必得其最上品者，贾人苦

①脱脱.宋史[M].北京:中华书局,1977:13992.

之。”[1]除了以地主身份抽取关税自肥外，西夏还通过官方和民间的两种贸易形式，投身到国际市场中去。西夏商人东进辽、宋，西出西域，贩卖土产，转运丝绸和珍宝，从而获得巨额利泣。西夏输往西域的商品，除从宋朝获得的部分丝绸之外，得利最钜的是茶叶。西域最欢迎的还有西夏土产药材大黄。从元昊到乾顺的100余年中，西夏与宋、辽对峙鼎立，自立于强国之林，因丝路贸易而增强的社会经济，无疑是其政治和军事力量的重要支柱，西夏在丝绸之路上的国际地位也随之大大提高。元昊于建国称帝的第二年（1039年）在送交宋朝的表文中就自诩：“吐蕃、塔塔（即鞑靼）、张掖（指灭亡不久的甘州回鹘国）、交河（高昌回鹘国），莫不从服。”[2]

经营丝绸之路除了给西夏带来巨大的经济利益外，也大大促进了佛教文化在西夏的传播与发展。党项族人民在长达几个世纪的时间里，经历过长途跋涉的迁徙、战争的动荡和民族压迫，渴望安定生活的环境，而又找不到解脱社会苦难的出路，这种状况与佛教关于人生无常、充满痛苦以及信佛行善可以进入“极乐世界”的说教相吻合，同时也顺应了西夏统治者把佛教当作精神统治重要支柱的需要。在西夏建国前，李德明于宋仁宗天圣八年（1030年）正式向宋朝提出求赐佛经。西夏建国后，开国皇帝李元昊“晓浮图法”，又“通蕃汉文字”，对佛教和汉文化有较多的了解，加速了对佛教和中原文化的吸收，同时极力创造条件使之适应在西夏地区的流布和发展。他不仅从宋朝引进汉文佛经，也从西方引进梵文、藏文佛经，组织高僧翻译成西夏文佛经，并刻印布施境内，还亲自撰写发愿文，向臣民宣传佛教教理，促使西夏佛教迅速发展，佛教地位不断提高。特别是西夏文译经，不仅对于西夏佛教的传播，而且对于整个西夏文化的发展都有着特殊的贡献。西夏前期译出西夏文佛经达3570余卷。把我国汉文藏经系统地译成少数民族文字，西夏文大藏经应为第一种。目前国内各地收藏的西夏文佛经能确定经名的约有20种，130余卷。此外，尚有一部分是佛经残页。国外则以俄罗斯所藏最多，各国所藏西夏文佛经总量，有

---

①洪皓.松漠纪闻[M]//长白丛书：初集.长春：吉林文史出版社，1986:15.

②脱脱.宋史[M].北京：中华书局，1977:13996.

300多种。[①]

西夏大力发展佛教，还致力于大规模修建塔寺。元昊立国之初，就大兴土木，建佛舍利塔。天授礼法延祚十年（1047年），建立了规模宏大的佛教寺庙高台寺，"俱高数十丈，贮中国所赐《大藏经》，广延回鹘僧居之，演绎经文，易为藩字。"[②]银川市城东现残留的一高土台，可能是高台寺的遗址。现存银川市区内的西夏著名的承天寺及承天寺塔是由谅祚母后没藏氏倡建，于福圣承道三年（1055年）建成。根据文献记载和遗址考察，西夏的寺塔遍布西夏全境，能够列数的计20余座，仅兴庆府及其周围就有大小寺院10余座。西夏王陵的陵台，不同于唐宋皇陵为山丘形或覆斗形，而是一座八角形的七层实心塔式建筑，这种塔式建筑的陵台，带有佛教建筑色彩，与西夏帝王笃信佛教是分不开的。

佛教的繁荣和发展，要求各种艺术形式为之进行宣传，因之也推动了西夏艺术的进步。佛教传播的需要，是促进西夏文字的创制和应用的一个重要原因。西夏的佛教艺术在绘画、雕塑、书法、建筑等领域中都得了长足的发展。盛唐时期的佛教艺术经唐末、五代的战乱走上了下坡路，很多艺术品遭到破坏，而西夏时期不遗余力地振兴佛教，又使濒临破败的佛教艺术恢复了生机，并有所发展，形成了自己的佛教艺术特点。地处丝绸之路上的莫高窟和榆林窟的西夏壁画及彩塑，既有唐宋的遗风和影响，又有明显的西夏特征，集中反映了西夏佛教绘画和造型艺术的高超水平。

从西夏对佛教的高度重视和大力发展可以看出，当唐末五代以后，在我国佛教发展的中心地区——中原一带，佛教已经开始走下坡路，佛教发展的另一个地区——西藏地区，由于当地的排佛活动，佛教发展也处于低潮，而在西北一隅的西夏，佛教却兴盛起来，并对我国佛教的发展产生了相当大的影响，这不能不与丝绸之路有密切关系。西夏建国前，河西、陇右等地佛教传播已有一定的社会基础。河西走廊是由西域进入中原的通道，自汉、魏以来，经过隋唐时期，佛教在这一地区流行了六七百年，不

①史金波.西夏佛教史略[M].银川：宁夏人民出版社，1988:84.

②吴广成撰，龚世俊等校证.西夏书事校证[M].兰州：甘肃人民出版社，1995:212.

仅使该地区佛教大为兴盛，而且对中原佛教的发展也起着重要的桥梁作用。唐末五代时期，这一带先后由吐蕃、回鹘、张义潮、曹氏等政权统治，这些政权不断大力提倡和扶植佛教，使佛教势力进一步发展。特别是西部的回鹘，是西域和内地之间佛教传播的重要媒介。西域的回鹘僧人对佛教在西夏的流传起着特殊的先导作用。总之，丝绸之路是西夏佛教文化繁荣发展的一个重要前提。

（原载于《西北史地》1995 年第 1 期）

丝绸之路在宁夏的走向与周秦时期的文化开拓

薛正昌

摘　要：丝绸之路是古代中国经中亚通往南亚、西亚及欧洲、北非的陆上贸易大通道，也是古代中国与亚欧大陆政治、经济、文化交流的国际大通道。20世纪90年代的学者根据丝绸之路所经过的不同地域和环境，将原来所说的丝绸之路分别冠名为“绿洲丝绸之路”或“沙漠路”，把途经北方草原的路冠名为“草原丝绸之路”，把途经海上的路冠名为“海上丝绸之路”，把云南进入缅甸、印度的路冠名为“西南丝绸之路”。我们这里所说的丝绸之路，是指传统意义的丝绸之路——绿洲丝绸之路（也称沙漠路）。穿越宁夏境内的就是绿洲丝绸之路，依丝绸之路的分段和走向，宁夏境内为丝绸之路东段北道。

关键词：丝绸之路　宁夏　周秦时期　文化开拓

一、汉简记载丝绸之路东段北道是捷径

（一）丝绸之路背景

丝绸之路正式开通始于汉朝张骞出使西域之后，但此前的丝路活动就已经开始，以考古出土丝绸实物看，中国的丝绸在公元前 4 世纪就已经传到印度和欧洲，古代欧洲人称其为“塞里斯”（Seres）。据考古所知，周代中国的丝绸就已经开始输出国外，公元前 4 世纪前后就已经流传到印

度。[①]位于阿尔泰山北麓的巴泽雷克古墓（前苏联戈尔诺阿尔泰省乌拉干河畔）群，考古发现了公元前5世纪中国的丝绸。[②]公元前126年，汉武帝开始反击匈奴，派骠骑将军霍去病率大军进击河西匈奴，取得河西走廊之地后，设置酒泉、张掖、敦煌、武威四郡，同时修筑烽燧、亭障，安排屯田，以保证丝绸之路畅通。魏晋南北朝300多年，只有西晋短暂的统一。期间，战争对丝路有一定影响，但总体上还是处在上升时期。唐代"安史之乱"后，吐蕃民族先后占据河西、陇右地区，丝路受阻，唐朝与西域各国的来往一度经过北面的回鹘汗国，当时称为"回鹘道"，实际是唐太宗贞观年间开通的"参天可汗道"。宋夏对峙时期，丝路再度受阻，但由于政治中心南移，海上丝绸之路逐渐兴起。13世纪蒙古兴起之后，丝绸之路再度复兴。明代以后，海上丝路兴盛，陆路远不如水路重要，逐渐开始衰落。

丝绸之路首先是商贸之路。在这个过程中，中亚粟特胡商、草原游牧民族匈奴、突厥、回鹘等都是中继者，充当了向导的角色。除丝绸之外，中国运销到西方的还有铁器、漆器、茶、瓷器等，西方输入的商品有农作物（如苜蓿、葡萄、胡桃等）、金银器、珍宝、香料、玉器、玻璃器等。其次，是文化交流，包括文学艺术、科技、医药、宗教。其中宗教交流包括石窟、习俗、歌舞等，对中国社会生活和文化繁荣有着重大影响，尤其是佛教文化的深远影响。

（二）汉简中的丝绸之路

汉简是两汉时代遗留下来的简牍。作为重要的第一手文献资料，汉简记载的是秦皇汉武在西北地区文治武功的经历，也记载了丝绸之路的走向和中西交通的全貌，是研究2000年前西北历史地理文化的重要资料。20世纪30年代发现的居延汉简、悬泉汉简中有较为详尽的丝绸之路里程，把从西安到敦煌的整个线路连接起来了。两地汉简列出34个地名，分别记载了七个路段所经过的县、置（置是综合性的邮驿接待机构，包括邮、

---

①季羡林.中印文化关系史论丛[M].北京:人民出版社,1957:163.

②鲁金科.论中国与阿尔泰部落的古代关系[J].考古学报,1957(2).

驿、厩、厨、传舍、骑置等）和区间里程，把丝绸之路分为四段：宁夏固原为长安西北行的第二段。按当时区间里程的记载，固原最为捷径。其走向，从长安出发，沿泾水河谷西北而行，经平凉、固原，在甘肃靖远过黄河，抵达武威，再出河西走廊。“这是当时东段的主要线路，是官员、使者和商旅的首选。只有当这条路线受阻时，人们才选择另一条路线。”①

研究者认为，汉代长安到敦煌有两条线，其中一条是主线，一条是辅线，主线就是途经高平（今宁夏固原）的主线。已出土的居延汉简对汉代长安通往河西走廊的交通要道与驿站里程有记载：

> 月氏至乌氏五十里
> 乌氏至泾阳五十里
> 泾阳至平林里六十里
> 平林置至高平八十里……②

这应该是汉朝人记载丝绸之路走向与里程的最原始记录。泾阳，是西汉时期设置的县，属安定郡所辖。通常典籍里记载泾阳县在平凉西北，东汉废。北魏时复设，为陇东郡治所，北周时废。简牍记载了丝绸之路经过高平（今宁夏固原），在乌兰关渡河到达河西走廊武威的线路和里程③，是对丝绸之路早期途经固原的见证。泾阳县治，在今甘肃省平凉市安国镇泾水河之北岸油坊庄。④张德芳先生在研究汉简关于丝绸之路文献时，对以上汉简所列月氏、乌氏、泾阳、平林置、高平五个地名的距离作过测算，认为这五处相距240汉里，折合今天的公里约100公里。⑤历史文献记载

①张德芳.西北汉简一百年[N].光明日报,2010—6—17.

②西北师范大学人文学院历史系,甘肃省文物考古研究所(编).简牍学研究(第二辑)[M].兰州:甘肃人民出版社,2009:230.

③西北师范大学人文学院历史系,甘肃省文物考古研究所(编).简牍学研究(第二辑)[M].兰州:甘肃人民出版社,2009:230.

④李春茂.平凉古地名初探[M].兰州:兰州大学出版社,1996:6.

⑤张德芳.从汉简材料看汉晋时期丝绸之路全程的走向和路线[M]//中日学者中国古代史论坛文集.北京:中国社会科学出版社,2010.

与地方考古发掘基本是一致的。

汉简中的里程记载，为丝绸之路的走向提供了准确的历史记录。同时，汉代人也评判了丝绸之路的捷径和走向。以汉简记载来看，和平时期丝绸之路东段北道是必经之地，固原是中西文化交流过程中使节、商人、僧侣途经较繁忙的地方，是丝绸之路由长安前往河西武威的捷径。

二、早期艰苦开拓的岁月

（一）周穆王西巡与固原出土的西周马车

《诗经·小雅·大东》载“周道如砥，其直如矢。君子所履，小人所视。”这是说周道像砥石那样的平整，像箭那样的端直。这样的道路虽然是只供统治阶级所使用，但由此可以看出周朝对道路的修筑还是很重视的。

固原境内的泾水、清水河是黄河的支流。黄河流域是中华民族的发祥地。固原地区的文明史，也是伴随着华夏民族的历史进程而推进的。固原开发较早，自周秦以来，固原（大原，高平）的地名就不绝于史书，是一个历史悠久的地方。地下考古表明，原始社会早期，我们的先民就活动在这里。周朝，固原已进入周的势力范围。周穆王时，就与固原周边的戎族不断发生战争，直到周宣王时期在固原（时称大原）境内仍进行着反击戎族（猃狁）的战争，《诗经·小雅》里描写过壮阔的战争场面“出车彭彭，旗旐央央。”“薄伐猃狁，至于大原。”《汉书·匈奴传》载“宣王兴师，命将征伐猃狁，诗人美大其功。”就是对这次战争得胜后的赞美。这是宁夏历史上第一首描写战争场面的古诗。周宣王战败后曾“料民于大原”，旨在补充兵员，这是我国历史上最早进行人口普查的文字记载。20 世纪 80 年代初，在宁夏固原市原州区中河乡孙家庄发掘出土的西周时期的墓葬车马坑，出土了不少重要文物，如兽面纹车轴饰、鼎、簋、戈、戟、车轴、銮铃、马镳等 230 余件，此外，还有陶器、玉器、穿孔贝壳等。这些出土的青铜器的文化意义超出了其自身的价值，再现的是西周统治势力进人宁夏南部的历史，彰显着西周文化早已逾越宁夏南部的六盘山。

西晋太康二年（281 年），汲郡（今河南汲县西南）出土战国竹简，其中有《穆天子传》五篇，内容记述了周穆王游行四海，见西王母的故事。周穆王西游会见西王母的路线，后人有各种考证和说法。其中较为流行的说法是穆王从镐京出发，过山西、河北，环黄河北行到河套一带，穿越内蒙古、宁夏，再到青海、新疆，在昆仑丘与西王母相见。另一种说法是从镐京出发，沿泾水穿越古丝绸之路进入固原后，再抵达甘肃武威，最后到达中亚的吉尔吉斯。

周穆王，名满，昭王之子。传说周穆王周游天下，《穆天子传》记载了其西游的经历，包括与西王母相见的过程。造父是周穆王时期最著名的养马、御马的高手，相传是颛顼帝的后裔。周穆王十三年，造父驾着八匹神骏之马拉的大车，载着周穆王，有大队人马随从，从镐京（西安境内）出发前往西域。周穆王一行无论从宁夏北部渡过黄河，还是穿越宁夏南部而过，他们都走在古丝绸之路上。

《穆天子传》是产生于春秋战国时期的一部小说，这个故事虽然近于神话传奇，但书中对于西方各族人民和风土人情的记述，却反映了当时人们对于西部的认识，也反映了中原与西部源远流长的文化交流，更反映了周王朝与西部各民族频繁往来的悠久历史。《穆天子传》中周穆王西巡的故事里，周穆王与西王母相会。他赠西王母以丝织品，西王母馈送他以玉石珍宝，反映的却是丝绸之路地域文化的背景。

从民俗学、人类文化学的意义上看周穆王西巡，这种传说背景下的历史文化演绎是饱含着历史事实根据的。正是从这个意义上看周穆王与宁夏，一是他西巡的线路，二是亲征犬戎时在宁夏境内的经历。穆王西行所走过的地方，与汉代张骞通西域途经的地区基本上一致。[①]

周穆王所至的“西王母”之邦究竟在哪里？有的说在西域的帕米尔地区，有的说在祁连山，直接的说法就是昆仑山。无论是哪里，他都要沿古丝绸之路西行，出关中北上必须进人宁夏境内。穆天子巡行四方的历史经历，是一种历史存在。传说中的西王母为西北地区某一部落的首领。就是

①岑仲勉.穆天子西征地理概测[M].中山大学学报,1957,(2).

这座昆仑山，将周穆王西巡与西王母的原型连在一起。

昆仑山自古以来就是一处充满着神奇色彩的地方。《山海经》里早就提到了昆仑山的方位在西北一带。近年研究成果显示，《山海经》的史料价值和可信度越来越大。有学者研究认为，西周以前的昆仑应是贺兰山。[1]这里，研究者强调的是西周以前的昆仑山的位置。如果这种观点能够成立，那么，穿越宁夏南部的丝绸之路，就成为穆王出巡与返回的大道。

西周时候，宁夏大部分地方都是游牧民族生存的地方。猃狁，也叫犬戎，是当时北方实力较强的一个游牧民族。周穆王（约前947—前928年）征犬戎，是周朝征服西北民族犬戎的军事活动。他在位时，犬戎日渐强大，阻碍西周在西北地区的各种交往。周穆王要北征猃狁，他的大臣祭公、谋父不同意，他们说“先王耀德不观兵……”千万不能随便就去征服犬戎，主张实行怀柔政策。周穆王不听谋父劝告，大举出兵征伐猃狁，得“四白狼四白鹿”而归，即战胜并俘获了四个以白狼为图腾、四个以白鹿为图腾的犬戎部落。《竹书纪年》在记载这次战争时说，周穆王曾俘获了猃狁的“五王”。史书记载“获其五王，遂迁戎于大原（今宁夏南部、甘肃东部）”，即俘获不少游牧民族并迁徙于京都外围，其中一部分猃狁迁徙安置在大原，即今天的固原一带。

这次战争虽然取得了胜利，但对于后世影响较大，边地的游牧民族都表示反对，“荒服者不至”，影响了游牧民族与周王朝的往来关系，威信大大降低了，尤其是留下了后来猃狁民族不断南下犯边的隐患。同时，周穆王北征，却为丝绸之路向纵深开辟奠定了基础。

《史记·周本纪》记载，周穆王在位50年。据后来出土的大量青铜器铭文看，穆王时期近百件青铜器上的铭文都称颂他的丰功伟绩。

20世纪年80代初，在宁夏固原中河乡孙家庄发掘的西周时期的墓葬车马坑，出土的车轴饰件、青铜器等，揭示的是西周周穆王、周宣王时期与宁夏固原的深层关系，为研究西周时期的交通状况提供了实物依据。说明古丝绸之路车道已经畅通，这里不但是西周重要的属地，西周文化同时

---

①王宇信.西周史话[M].北京：中国国际广播出版社，2007：66.

已覆盖了六盘山东西的广大地域。正是从这个意义上，《穆天子传》的成书，已经不是荒诞不经的传说，周穆王穿越宁夏境内的古丝绸之路，应该是真实的历史事实。

（二）秦驰道与秦始皇巡边

秦始皇统一六国后的第二年（前220年），以咸阳为中心修建了通往各地的标准化、相对完整的交通干道，“东穷燕齐，南极吴楚，江湖之上，濒海之观毕至”。道路整齐划一，“道广五十步，三丈而树，厚筑其外，隐以金椎，树以青松”。逢山开路，遇水架桥，各条道路通向京师咸阳。

秦始皇为巩固统治，显示皇威，在修筑驰道的当年就向西北出巡。由都城咸阳出发，沿汧水、泾水北进经甘肃泾川至平凉，过崆峒山、鸡头道抵达宁夏泾源，再达陇西（今甘肃临洮），此路线为丝绸之路东段北道的主要干线之一。之后，再由陇西至北地（今甘肃庆阳）返回咸阳。

秦始皇（前259—前210年），秦朝的建立者。公元前221年建立了中国历史上第一个封建中央集权国家。秦始皇出巡西北边地，途经固原，登六盘山，敬山祭祀。六盘山是秦汉时期统治中心——关中西北的天然屏障。六盘山下的朝那湫壮阔神奇，是黄土高原上的著名湖泊，在当时有关西“神泉”之称，是古代帝王们向往和祭祀的地方。秦始皇第一次出巡西北，取道陇西过六盘山，除了军事上的震慑和对边地少数民族以炫耀武功外，就是祭祀活动。泾源县城西台地上修筑的回中宫，可能就是秦始皇当年崇拜山岳、祭祀朝那湫过程中的遗迹。秦始皇西巡是历史上第一位到固原的帝王，也是宁夏历史进程中最具影响力的历史事件。司马迁在《史记》里记载了这次出巡，但文字很简略，“始皇巡陇西、北地，出鸡头山，过回中焉。”[①]秦始皇西巡，应该是在驰道修筑畅通之后。其线路是从都城咸阳出发，沿渭水河谷通往洮河河谷的大道，到达渭水发源地陇西郡（今甘肃临洮），再沿战国时期秦国修筑的长城东行至北地郡境。这时虽然还没有安定（固原）郡建制，但秦始皇由陇西郡往北地郡，过鸡头山（六盘山），经萧关（萧关有北地郡驻军，北地督尉驻此）已经饱览了固原山

①司马迁.史记[M].北京:中华书局,1959:241.

川。穿越六盘山鸡头道（今宁夏泾源县西峡）时，曾在鸡头道东则峡口台地行宫驻跸。鸡头道是古代关中穿越陇山的通道之一，唐宋时称安化峡，今俗称西峡或荷花沟。峡口东则有古遗址唐代制胜关。回中宫就在鸡头道东则泾河北岸。秦始皇在回中宫驻跸后，继续向东前往北地郡。20 世纪末，在这里出土的文物及文化遗存，再现的是 2000 年前回中宫的建筑格局和辉煌历史。

陇西是秦人发迹的地方，秦邑就在陇西郡内。北地是秦惠文王和秦昭襄王时吞并的义渠戎国之地。当年灭义渠戎之后，筑长城以拒胡。从地域范围看，都是泾渭流域华夏文明的故地。此次秦始皇出巡的目的，是在炫耀军威的同时，仍有视察当地政务和安抚巩固西部边疆之举，祭祀山水是其重要内容之一。秦始皇所行走的道路，正是古丝绸之路大道。

秦始皇巡幸北地郡，出入萧关，他要慰劳驻守在这里的将士。当时的萧关，是关中北出塞外的军事要隘，自秦昭襄王灭义渠戎国，筑长城以防御北方匈奴民族南下，萧关就成了秦国北部的界关，而且是北地郡最高军事武官——督尉的驻防之地。鸡头山即六盘山，关中西北的天然屏障，是华山以西著名的神山。六盘山下的朝那湫，是黄土高原上著名的湖泊，四山相围，方圆数十里的水域显示了一种远古的神奇。秦始皇这次出巡西北，六盘山的雄伟、朝那湫的神奇，他都是以虔诚的心态去祭拜的。

先秦时期的宗教思想对秦始皇影响很大。《尚书》里记载帝舜每五年要巡狩天下四岳，到大禹治天下时，仍尊崇这种习俗。到了周代，《周官》里明确记载天子祭天下名山大川，五岳视三公，四渎视诸侯，诸侯祭其疆域内的名山大川。但在五帝至秦以前，天下名山圣水或者在诸侯，或者在天子，天下没有统一，就没有统一的约定俗成的祭祀范式。秦始皇统一后，各地祠官祭祀名山大川的地方已统一列人国家名录，天子祭祀与诸侯祭祀名山圣水之地，已由国家颁布在案。当经历了春秋战国的演绎之后，祭祀山川对于天子和诸侯来说，已成为一种与政治相伴随的宗教文化现象。追溯秦国自秦襄公以后历代秦王，这种祭祀宗教思想已经约定俗成。秦始皇统一全国后，这种祭祀宗教思想更浓，他十分推崇名山大川的祭祀与天地山川神祠的祀拜，尤其是代表和象征国家祭祀山川名录的出台——

岳山与朝那湫。

《秦集史》记载，秦朝列入的名山和名川，华山以西有名山七处、名川四处。这七处名山之一就是岳山。远古时期的六盘山曾称吴山，吴山又称为虞山、除山、俞山或岳山。缘此，华山以西的六盘山就成为秦朝选定祭祀的神山。秦始皇巡视西北边地，就要到六盘山祭祀。四处名川，其中之一就是六盘山下的高原湖泊朝那湫。汉代著名史学家和文学家司马迁在《史记》中，追述了秦朝的祠祀制度"自华山以西，名山七，名川四。"说明在秦代，朝那湫就是国家认定的重要祭祀地。因此，《汉书·地理志下》载"朝那……又有湫渊祠。"《汉志》记载"朝那有湫渊祠。"清代学者王先谦在他的《汉书补注》里说"钱坫曰：即朝那湫也。祠在今宁夏固原州东十五里湫渊祠。"王先谦说的朝那湫方位是正确的，只是距离上有出入。这里的"湫渊祠"，就是修建在朝那湫的供祭祀用的建筑。早在先秦时期，秦国就在朝那湫境内设置宁夏境内较早的朝那县，朝那县的名字因朝那湫而来。司马迁跟随汉武帝数次亲往固原并登上六盘山，在他的史学巨著《史记·封禅书》里写道"湫渊祠朝那"。苏林注解说："湫渊在安定朝那县，方圆四十里，停不流，冬夏不增减，不生草木。"可见，朝那湫是一处神奇的地方。研究中国历史文化的学者，也是将"朝那湫"列入历史上"山川之神"祭祀之列的。

中国历史早期，六盘山（陇山）周围就是中华文明的发祥地，以陇山为中枢，陇东庆阳的周祖文明，陇右天水的伏羲文明，陇山以南宝鸡神农炎帝文明拱围着陇山，六盘山与六盘山下的朝那湫是山水相依的"神山"、"圣水"，秦始皇祭祀六盘山与朝那湫，与当时秦朝的历史背景相吻合，也与秦始皇自身的宗教思想相一致。直到明代文人的笔下，仍可看到朝那湫对当地祭祀文化的深远影响。嘉靖《固原州志》中记载，朝那湫是春秋时秦国人"诅楚之文，投是湫也"的地方。战国时期，秦惠文王派说客张仪准备阴谋进攻楚国，为使这次军事进攻取得成功，秦王曾献文于朝那湫神，即派人先行前往朝那湫焚烧祭文。献文的大意是说"敢昭告于巫咸大神，以底楚王熊相之多罪"。由此可见，宗教意义上的朝那湫之神为"巫咸"。明代人赵时春说："巫咸，相传为朝那县令。"史书对于"巫咸"的记载有多种说法，比如，黄帝的神巫，帝尧时的人等，屈原《离骚》中就有“巫咸将夕降兮”的描述。如果说秦惠文王时已派人祭祀于朝那湫，那么，秦始皇祭祀朝那湫就是天经地义的事。秦始皇祭祀湫渊之举，丰富和厚重了丝路文化。

（原载于《丝绸之路》2013 年第 2 期）

丝绸之路上的“六盘鸟道”

周佩妮

摘　要：六盘山区是中华文明多元文化形成的源头之一，留下了丰厚的历史文化遗产，作为彰显人类文明成果之一的交通道路在商周之际就发展起来。在丝绸之路畅通前，已形成了鸡头道、回中道、茹河道、萧关道等著名线路，丝路东段北道全线贯通后，萧关道、六盘鸟道作为途经宁夏的丝路组成部分，发挥了重要作用，尤其是六盘鸟道在丝路后期为翻越六盘山提供了便捷途径。

关键词：丝绸之路　六盘鸟道　发展

一、丝绸之路开通前的道路发展状况

在张骞“凿空”，丝绸之路开通前，六盘山区的道路建设比较发达，丝路开通后，东段北道的全线贯通是其发达的重要见证。商周之际，牵涉这里道路发展的历史事实就是周人、秦人对戎人的征战和“穆天子西巡”。当时，六盘山区是戎人生活的重要区域，犬戎活动中心就在汉代朝那，即今宁夏彭阳县古城乡。周人和秦人在兴起之时，与戎人进行了长期争夺地盘的战争，周戎之战的古战场主要位于今宁夏泾源县境内六盘山支脉鸡头山与瓦亭一带和彭阳县茹河流域的古朝那（今宁夏古城镇）以及高平（今宁夏固原）一带。[①]周王朝建立后，周穆王于公元前993年进行了著名的“西巡”活动，行进路线按照著名历史学家岑仲勉先生研究：自镐京（今陕西西安）出发，溯泾水，沿彬县、平凉，经过宁夏固原越六盘山，西北行沿河西走廊到张掖，再沿黑河、弱水到达居延海。[②]《穆天子传》卷一记载：“天子北征于犬戎，犬戎胡觞天子于当水之阳”，并将部分戎人迁往“大原”之地，“大原”之地即今固原周围川塬开阔的地带，实际上穆王迫使被征服的犬戎向更远的西北方退居。因为，殷周之际犬戎活动中心就在汉代朝那，即今宁夏彭阳县古城乡。[③]在固原中河孙家庄发现了西周成、康王时期的墓葬，墓主人可能是周王朝设在该区域长期管理戎人的长官，即“死司戎”[④]。春秋战国时，秦人兴起，且与戎人杂居。秦人为了扩展生存空间，与戎人发生了长时间的战争，并在不断征伐戎人的过程中逐步走向强大。秦穆公时，“用由余谋，伐戎王，益国十二，辟地千里，遂霸西戎”[⑤]。春秋末至战国初，诸戎基本已被秦人征服，至惠文王时，秦人在新占领的戎人土地上设立义渠县（前327年）与乌氏县（前324年），其中乌氏县在今宁夏南部固原，是固原历史上最早的县级建制。至昭襄王时（前272年），秦灭义渠国，“于是秦有陇西、北地、上郡，筑长城以拒胡”[⑥]。这段长城的建设沿陇西（今甘肃东部）、北地（今甘肃东北部和宁夏东南部）、上郡（今陕西北部）的外围边缘走向，主要是为了防御义渠等西迁的戎人部落。戎人完全迁到了秦昭襄王长城以西以北的区域。应该说，这个区域的道路建设随着秦人地域的扩展得到了延伸，从关中通达到了秦昭襄王长城附近的固原。

秦汉时期，六盘山区道路的记载逐渐明晰，并形成了几段著名的交通

---

①林梅村.汉唐西域与中国文明[M].北京：文物出版社，1998：16—22.

②李崇新.《穆天子传》西行路线研究[J].西北史地，1995(2).

③林梅村.汉唐西域与中国文明[M].北京：文物出版社，1998：20—21.

④韩孔乐，等.宁夏固原县西周墓清理简报[J].考古，1983(1)；段连勤.北狄族与中山国[M].南宁：广西师范大学出版社，2007.

⑤司马迁.史记[M].北京：中华书局，1959：194.

⑥司马迁.史记[M].北京：中华书局，1959：2885.

线路，如鸡头道、回中道、萧关道、茹河道等。鸡头道的形成，据《史记·秦本纪》记载："始皇二十七年（前220年），巡陇西、北地，出鸡头山，过回中"。一般认为，秦始皇巡视路线由咸阳向北，至北地郡（今甘肃宁县西北），然后到达陇西郡（今甘肃临洮南），期间出鸡头山（今六盘山脉泾源县境内）。后人就把经过今六盘山脉泾源县境内的这段道路称为鸡头道。回中道的路线，秦代文献载之甚简，汉代史籍多有记载。"汉文帝十四年（前166年），匈奴单于率十四万骑入朝那萧关，杀北地都尉印，遂至彭阳，使骑兵入烧回中宫，候骑至雍、甘泉。"[①]《汉书·武帝纪》载，元鼎五年（前112年），"冬十月，上祠畤，遂逾陇，西登崆峒，于是上北出萧关。"元封四年（前107年），"冬十月，上行幸雍，祠五畤，通回中道，遂北出萧关。"表明回中道是自回中宫经由陇山到达萧关。目前学术界较为一致的观点是，回中宫大致位于今陕西陇县北峡口河谷地一带，萧关位于宁夏固原东南，从地形地貌看，峡口河谷相当开阔，利于交通，溯流北去，翻越陇山后，经今甘肃华亭，到达今宁夏固原地区。该道在西汉中后期丝路东段北道贯通后，地位与作用下降，史料记载很少，《后汉书·来歙传》记：建武八年（32年）来歙率军偷袭略阳，"伐山开道，从番须、回中，迳至略阳"，衰势可见一斑。

萧关道作为历史上丝绸之路长凉古道北路经过宁夏境内的线路，长达190多公里，因著名关隘衍生而得名，其雏形在丝路开通前业已形成。丝路北线走向从长安临皋（今陕西西安市西北）出发，在咸阳渡渭河，向西北行经醴泉、奉天（今陕西乾县东），沿泾河到邠州治所新平县（今陕西彬县），过长武，到甘肃的泾川、平凉。进入宁夏境内的萧关道，即入弹筝峡（三关口），过瓦亭关、开城，到达原州（今宁夏固原），沿清水河谷，再向北经三营过石门关（须弥山沟谷）到达海原，或到黑城沿苋麻河过郑旗、贾塘到达海原县城，再向西过西安州、干盐池。然后抵黄河东岸的甘肃靖远，西渡黄河，经景泰县到达河西凉州（今甘肃武威）。有专家指出：从关中中部的咸阳、长安出发，经宁夏固原的萧关道，到武威的丝

①司马迁.史记[M].北京：中华书局，1959：2901.

绸之路北线，开辟于战国，到汉宣帝地节二年（前68年）全线贯通。[①]萧关道的贯通，对六盘山区的交通建设具有里程碑的意义，不仅为丝绸之路长（安）凉（州）古道北路的全线贯通奠定基础，且成为新开辟的河西四郡（敦煌、酒泉、张掖、武威）到首都长安的必经之路，是关中通向河西的交通要道。在魏晋南北朝至隋唐前期，由于这条线路距离较短，行走便捷，商贾、贡使、僧侣往来频繁，络绎不绝，是关中通往河西走廊的主干道。

茹河道开辟于何时，史料不见记载，但从历史发展的角度分析，应该在春秋战国时期，到丝路开通前已形成。因为茹河流域是戎人活动的中心区域，当时的战争与长城的修建促成道路的开通，得到了考古材料的佐证。20世纪80年代以来，在茹河流域彭阳县山谷间的刘塬、交岔、嵝岘、古城、沟口、姚河、川口、新集、草庙张街等乡镇和固原彭堡、杨郎等地发现了大量春秋战国时期的青铜文化墓葬，出土了数以万计、区域特色鲜明的各类器物，一般认为，该文化的创造者为戎人。[②]始见于史料记载的此道为两汉之交时，班彪为躲避关中愈演愈烈的战乱，携家人自长安出发，前往姑藏（今甘肃武威），沿途所见由感而作《北征赋》："朝发轫于长都兮，夕宿瓠谷之玄宫。历云门而反顾，望通天之崇崇。乘陵岗以登降，息郇邠之邑乡。慕公刘之遗德……登赤须之长阪，入义渠之旧城……指安定以为期……过泥阳而太息兮，悲祖庙之不修，释余马于彭阳兮……越安定以容与兮，遵长城之漫漫。……登障隧而遥望兮……吊尉印于朝那。……隮高平而周览，望山谷之嵯峨。"该文虽抑郁伤感，却将这条路线完整记述下来，即从长安一路北上，经谷口（今陕西礼泉西北）、云阳（今陕西淳化）、旬邑（今陕西旬邑北）、泥阳（今甘肃宁县一带）、义渠（今甘肃正宁县境）、彭阳（今甘肃镇原东南）、安定（今甘肃镇原境内），沿秦长城至朝那（今宁夏彭阳县古城镇），到高平（今宁夏固原）。

①李健超.丝绸之路之陕西、甘肃中东部线路的形成与发展[J].丝绸之路,2009(6).

②马建军.二十世纪固原文物考古发现与研究[M].银川:宁夏人民出版社,2004:30—36.

二、“六盘鸟道”的发展史

“六盘鸟道”是对翻越六盘山崎岖险峻一段道路的称呼，这条道路形成于何时，史料记载不详，应该在秦汉时期就有之。在丝绸之路东段北道畅通时，从关中到达河西走廊通常行走萧关道越过六盘山，是主干道，但同时翻越六盘山的辅助道路还有鸡头道与瓦亭道。鸡头道主要是从平凉由崆峒山东峡入泾源，穿制胜关西出六盘山，抵达陇西郡；瓦亭道是沿萧关古道北上至瓦亭，然后到六盘山下，再沿山上小道翻越六盘山，西至隆德、静宁、定西、榆中到兰州。

隋唐时期，突厥、吐蕃等北方少数民族不断进犯，唐代前期原州（今宁夏固原）成为重灾区，萧关道成为突厥进犯的主要通道，六盘鸟道也是犯边的道路之一。唐王朝为了有效抗击吐蕃的大力进犯，曾在原州设七关，置官屯兵，以守其险，其中六盘关就设在六盘山脚下，以扼六盘古道。后来，吐蕃占领并控制了六盘山区，原州内迁。唐蕃双方通过盟约，划定了边界，其中六盘山区“泾州西至弹筝峡西口（三关口）”为唐北界，吐蕃的实际控制线向东推到了六盘山、陇山一线，此时六盘鸟道得到了发展。宋代，六盘山区成为宋夏交战争夺的主要地区，军事防御实力加强，在六盘山东西设置了德顺军（今宁夏隆德）与镇戎军（今宁夏固原），两军形成掎角之势，互为拱卫，此时的六盘鸟道应该依据形势的需要得以拓展。

蒙元时期，“六盘鸟道”最终形成并畅通，成为丝绸之路翻越六盘山的主干道。蒙元政权早期，成吉思汗、蒙哥、忽必烈三位最高统治者驻跸六盘山，对这里进行经营。《元史》记载：成吉思汗“二十二年丁亥春，帝留兵攻夏主城，自率师渡河，攻积石州。二月，破临洮府。三月，破洮、河、西宁三州（原文为二州）。夏四月，帝次龙（隆）德，拔德顺州，德顺节度使爱申、进士马肩龙死焉。五月，遣唐庆等使金。闰月，避暑六盘山。”[①]即于1227年4月亲率大军攻占金之德顺州（今宁夏隆德县），然

---

①宋濂等.元史[M].北京：中华书局，1978：24.

后建立六盘山行宫，“即山避暑”，并陨落行宫。之后，蒙哥、忽必烈等相继驻跸。据《元史》记载：宪宗蒙哥曾“屯六盘山，控制秦陇，为伐蜀之计。”蒙哥汗率军进攻四川时，“由东胜渡河，夏四月，驻跸六盘山，诸郡县守令来觐，秋七月，留出卑可敦及辎重于六盘山，率兵由宝鸡攻重贵山。”[①]同时，让浑都海率二万精骑驻守六盘。不久，出卑可敦病死于六盘。《元朝名臣事略》载：“先帝征蜀，尝留大将浑都海以骑兵四万屯驻六盘，及征南诸军尚散处秦、蜀。”[②]蒙哥汗在进攻四川的途中死亡后，其麾下大将哈剌不花率领大军撤回六盘山营地。六盘山还是忽必烈屯驻避暑、议事决策、重点经营的地区。他在远征云南班师回归，“夏五月庚子，驻六盘山。”后来，属下大将乌兰哈达率兵自云南返回时也屯驻六盘。忽必烈与阿里不哥争夺汗位时，廉希宪对蒙古官八春讲“六盘兵精，勿与争锋，但张声势，使不得东，则大事济矣。”[③]忽必烈另一谋臣赵良弼讲“浑都海屯军六盘，士马精强，咸思北归。”[④]忽必烈还在这里迎请藏传佛教高僧一呈，会见了后来被尊为国师的八思巴，并请求八思巴给他们夫妇传授萨迦派的喜金刚灌顶，与八思巴结成了亲密关系。忽必烈正式建国号大元后，于至元九年封三子忙哥剌为安西王，驻守六盘山。“至元九年十月封安西王，赐螭纽金印，以京兆路为分地，驻于六盘山”。至元十年，册立皇太子，“诏安西王益封秦王，别赐兽纽金印，其府在长安者曰安西，在六盘者为开城，皆听为宫邸”。“至元十年，皇子安西王分治秦蜀，遂立开城府，仍视上都，号为上路。”[⑤]他一藩二印，两府并立，冬夏分驻，冬居京兆，夏徙六盘，岁以为常。“至元十四年，加镇国上将军、安西王相。王府冬居京兆，夏徙六盘山，岁以为常。王既北伐，六盘守者构乱，炳自京兆率兵往捕，甫及再旬，元恶授首。”[⑥]《蒙兀儿史记》卷76《安西王忙哥剌》：“六盘隘秦陇之吭，俯瞰全蜀。成吉思汗晚年征西夏，

①宋濂等.元史[M].北京：中华书局，1978:51.
②苏天爵.元朝名臣事略[M].北京：中华书局，1996:127.
③宋濂等.元史[M].北京：中华书局，1978:3087.
④宋濂等.元史[M].北京：中华书局，1978:3744.
⑤宋濂等.元史[M].北京：中华书局，1978:1428.
⑥宋濂等.元史[M].北京：中华书局，1978:3837.

尝置老营，即山避暑。蒙哥汗车驾入蜀，亦留出卑可敦及辎重于山上，命大将浑都海领重兵戍之，固王师后路。乃是忙哥剌以忽必烈汗爱子开藩于此，为西土重镇焉。”可见，六盘山区得到快速发展。从六盘山行宫到安西王开城府的设立，不仅对于元代攻金伐宋，统一中国发挥了重要的政治军事作用，而且也为丝绸之路“宁夏段”晚期的畅通提供了政治保障，拓展与确保了“六盘鸟道”的通畅，形成了长安至兰州的一条便捷大道。自成吉思汗攻占德顺州（今宁夏隆德县）翻越六盘山在开城建立避暑行宫开始，六盘鸟道就成为蒙古大军通行的道路了，同时，丝绸之路翻越六盘山不再以绕行固原的萧关道为主了，而是使用翻越六盘鸟道的捷径，形成长安—平凉—六盘山—隆德—静宁—兰州的道路，比原萧关道节省里程近200公里。“六盘鸟道”遂成为元代以后丝路东段北道翻越六盘山的必经之路。这条道路的拓展开通，便利了关陇地区的交通，意义重大。

明清之时，“六盘鸟道”虽然成为通行的大道，但是由于其特殊的地理位置，道路艰险难行仍闻名天下，成为清代固原八景之一。《宣统固原州志》在六盘鸟道图说中说：“六盘……而山雨欲来，必先作云；即晴亦多雾，是以轮声鞭影，从云雾中出，亦风尘景色也。谓为鸟道，识奇耳。”诸多仁人志士经过时留下了喟叹，清代西北史地之学的奠基人祁韵士在1805年谪贬伊犁时将旅行见闻著成《万里行程记》，其中有一段过六盘山的记述：“余晨兴到此，微雨初零，土人以泥滑阻余莫前，仆者恃其勇不听，遂登。路曲折陡峻如壁，盘磴而上，愈上愈高，始犹土石相错，虽泞尚可行。至山半，俗称猫儿坪，有帝君庙，甚巍焕。新凿之路，皆土覆石上，遇雨淖甚，已而雨愈大，泥益深，胶粘阻轭，色紫黑，雨忽变为雪，济之以风，烈甚。仆马阻峻坂下，屡起屡仆，寸步不能前。余乃舍车而骑，鼓勇直上，雪花大如掌……身在风雪中，若腾云雾而起……望山巅有旧驿亭，驰往避。及下马入，亭朽……乃复乘马陡下千丈坡，踏冰雪凿凿有声。迤逦至杨家店，路稍平……回视山头，皆白气缭绕，不复辨。计此程五十里，上山下山只二十里耳，而仓皇狼狈，一至于此。”雨雪天山路难行可见一斑。清代将领方士淦于1828年从伊犁返回西安时路过六盘山，他的《东归日记》中记载简略，一天行程即过六盘山、瓦亭、峡口，住蒿店山下。1842 年，林则徐贬谪新疆经过六盘山，他的《荷戈纪程》记述：“丙寅，晴……其时朝曦未出，西风忽来，寒如冬令……山峻路曲，盘旋而上，五里始至半山，曰庙儿坪……又旋行而上，其沙土皆紫色……五里至山巅……顶上有兵房数椽，问其兵数，人三，成众而已。阅鹤皋（祁韵士）先生日记，过此遇雨，狼狈万状。此次幸大晴。”清末变法志士谭嗣同在《六盘山转饷谣》中记叙了一个雨雪交加的日子自己在六盘山道上看见的一幅凄惨的雪地运粮图景：“马足蹩，车轴折，人蹉跌，山岌嶪，朔雁一声天雨雪”。形象地描摹了运输粮饷的士卒和民夫的艰难、辛苦以及六盘鸟道的坎坷、崎岖与难行。《宣统固原州志》载清末湖南湘乡人金希声咏“六盘鸟道”：“虎牙龙脊自嶙峋，绝巘排空扼陇秦。堑道崎岖通一线，征车迢递转双轮。云封远隔蚕丛月，风劲横飞马足尘。汉史络盘搜旧迹，东冲锁钥镇兰岷。”毛泽东主席的一首《清平乐·六盘山》，气势磅礴，“不到长城非好汉”，豪情万丈，当属留在六盘鸟道上的千古绝唱。

（原载于《宁夏师范学院学报》2010 年第 4 期）

近代西北皮毛产地及流通市场研究

黄正林

摘　要：甘肃、宁夏、青海、新疆、绥远、察哈尔以及陕西的北部位于我国农牧分界线以北地区，是我国主要的皮毛产地，近代中国70%以上的皮毛产于这一地区。近代西北皮毛市场兴起是以天津开埠为起点。天津开埠后逐渐成为中国北方最大的港口和出口市场，其经济腹地不断由华北向西北延伸，带动了近代西北皮毛市场的兴起。近代中外贸易的主要特点是西方列强利用不平等条约对中国原料的掠夺。因此，在西北皮毛市场兴起的过程中，外商、洋行、买办起了先导作用。在近代西北皮毛的市场链中，以产地市场为基础，以中转市场为枢纽，以出口市场为尾闾，形成了比较完整的市场体系。皮毛市场的勃兴，对西北区域市场与国际市场的联系产生了至关重要的作用，增加了西北地区经济发展的现代化因素。

关键词：近代西北　皮毛产地　皮毛市场

本文所说的近代西北，不仅包括陕西、甘肃、宁夏、青海、新疆，还包括当时的绥远和察哈尔。青藏高原、蒙古高原和天山南北是我国最主要的畜牧经济区，黄土高原地区又是农牧兼营的产业结构，畜牧业成为这一地区的主要副业，畜牧产品也是这一地区农牧民的主要收入来源。如近人王公亮所言："畜牧之盛全在西北各区，蒙藏人民所资以生活也。"①比较

①王公亮.西北地理[M].南京:正中书局,1936:112.

发达的畜牧业，使西北的市场系统中，皮毛市场独具特色。在近代中国市场史的研究中，有学者从不同的角度论述过近代西北皮毛贸易的问题，如樊如森论述了天津开埠后的皮毛运销系统；渠占辉论述了近代中国西北地区的羊毛出口贸易；詹姆斯·艾·米尔沃德和喇琼飞论述了民国时期回民的皮毛生意等。[①]笔者主要根据近代国内外学者的一些调查与研究资料以及地方文史资料，对近代中国西北皮毛产地、皮毛市场的兴起和市场结构进行初步研究。

一、西北皮毛的主要产地及数量估计

西北地区皮毛产地主要分布在新疆、青海、甘肃、宁夏、绥远以及察哈尔，此外陕西北部也有一定数量的皮毛出产。西北地区的皮毛可以分为两大类，一类是家畜皮毛；一类是野生动物毛皮。

（一）家畜皮毛产地及产量估计

西北是中国最主要的畜牧区，也是全国最大的皮毛产地。牧畜以羊、牛、马、骆驼为主；毛绒的种类以羊毛、羊绒、驼毛、驼绒为主，兼有猪毛、猪鬃等；皮以羊皮、牛皮、马皮、驴皮为主，兼有狗皮、猫皮等。主要分布和产量状况是：

新疆的牧场主要分布在天山以北地区，南疆则半农半牧。据载："天山以北准、蒙、哈三部纯为游牧种民，豢扰之术无待深学而皆能。南疆虽半耕半牧，而天方之俗专以牛羊供常餔，是故阡陌之间，讹寝成群，居恒生事，无一不资取于牧。"[②]因此，牧畜是居民的主要副业，"居民从事畜牧者，约占本省全人口四分之一，以缠头回为最多，约占十分之七"。[③]

---

①目前仅见的论文有：樊如森：《天津开埠后的皮毛运销系统》，《中国历史地理论丛》2001年第1期；渠占辉：《近代中国西北地区的羊毛出口贸易》，《南开学报》2004年第3期；[美]詹姆斯·艾·米尔沃德：《1880—1909年回族商人与中国边境地区的羊毛贸易》，《甘肃民族研究》1989年第4期；喇琼飞：《民国时期回民皮毛生意》，《宁夏大学学报》1989年第2期。

②钟广生.新疆志稿[M].宣统二年(1910年)修.哈尔滨：中国印刷局，1930：35.

③王金紱.西北地理[M].北平：立达书局，1932：29.

1920年代末，斐尔德曼（M.M.Feldman）估计，新疆有绵羊1100—1200万只，山羊100万—150万只，牛100万头，马100万—200万匹，骆驼3万—5万峰。[①]斐尔德曼（M.M.Feldman）根据苏联的统计，1926—1927年由新疆出口苏联的洗毛5259公吨，即870万斤，如将洗毛换算成油毛，则为1100万—1200万斤。假定省内消费与输出苏联数量相当，则全省一年（指1926—1927年）产毛量当为2500万斤，即25万担（每担以100市斤计，下同）；另据统计，1942年全省毛类（包括山羊毛、驼毛）产量22万担；西北兽医处估计新疆羊毛年产量约20万担。[②]皮革方面，1932年"新疆所产皮张共为九十万张，其中约百分之五十五为羊皮，目下皮张产量数字不一，在三百万张左右。"[③]克拉米息夫（W.Karamisheff）估计，新疆年出口绵羊皮、山羊皮60万张，羔羊皮50万张，堕胎羔皮30万张，牛皮6万张，马皮2万张。[④]这里仅仅是出口量，实际产量则更大。根据各种资料估计，新疆年产毛量在20万—25万担，各种家畜皮在150万张左右。

青藏高原独特的自然环境使其具有发展畜牧业的独特条件，一是草场面积广大，二是草场类型多，三是在高原自然生态条件下形成了独特的牲畜品种资源。[⑤]"在扬子江、黄河、大通河上流，布恰河及青海湖四周之地，海拔一万三千尺以下至一万尺内外之地，河流纵横交错，美草茂生，牧民迁徙往来，天幕麇集，所养之马、驼、牛、羊特别繁殖。柴达木盆地，海拔在一万尺以下，土地湿润，芦苇、茸草生长特茂，更适于马、驼、牛、羊之繁殖。"[⑥]生活在环青海湖、黄河南北两岸及玉树地区的藏

①M.M.Feldman.On the Economics of Sinking Province.Chinese Economics.Journal Vol VI.No3，1929 Macrh.

②张之毅.新疆之经济(国立中央研究院西北科学考察团报告)[M].重庆：中华书局，1945：37.

③吕敢.新新疆之建设[M].时代出版社，1947：103.

④[俄]克拉米息夫(W.Karamisheff)，王正旺译.中国北部之经济状况[M].上海：商务印书馆，1933：26—27.

⑤萧正洪.环境与技术选择：清代中国西部地区农业技术地理研究[M].北京：中国社会科学出版社，1998：91.

⑥许公武.青海志略[M].重庆：商务印书馆，1943：60.

族、蒙古族都以牧畜为业，畜牧种类繁多，有马、骡、黄牛、犏牛（黄牛与牦牛的杂交品种）、牦牛、驴、山羊（有黑白二种）、驼、绵羊、猪等。①据1930年代青海建设厅调查，每年出口羊毛500万斤，驼毛100万斤，羊皮约50万张，羔皮约百万张，牛皮约7000张。②这里统计的只是皮毛的出口数量。关于皮毛的实际产量，高长柱通过对七县（西宁、湟源、循化、大通、贵德、都兰、玉树）羊毛产量的统计，认为青海每年出产羊毛1040万斤。③据1942—1943年国民经济部调查，青海"蒙藏人民所畜之牛马羊，全省合计在一千万头左右，惟因气候较冷，羊毛仅每年六月剪一次，产量约八百万斤……平时年产牛皮三万张"。④粗略估计，青海年产毛10万—15万担，家畜皮在150万张上下。

甘肃是一个农牧兼营的地区，牲畜主要为羊、牛、马、骆驼等。牧畜是甘肃农民的主要副业，皮毛是许多地方的主要出产。如1935年铁道部陇海铁路西兰段甘肃调查队的调查，陇海路沿线"每年可产牛羊皮十余万张，羊毛十余万斤"。⑤据1930年代中期刘友琛的估计，全省产绵羊毛25万担，各种羊皮40万张，驼毛1万担，牛皮1.2万张。⑥从甘肃畜牧的实际看，显然年产绵羊毛25万担是一个过高的估计，可能包含了由青海经过甘肃的羊毛。据国民经济部调查统计，甘肃年产牛皮14万张，山羊板皮41万张，白小毛皮36万张，紫黑二毛羔皮8.5万张，紫黑羔皮8.8万张，白二毛羔皮52万张；年产山羊毛93万斤，绵羊毛1000万斤，猪鬃6万斤。⑦估计甘肃年产毛8万—10万担，家畜皮100万张左右。

民国时期的宁夏省不仅包括银川平原地区，还包括阿拉善旗和额济纳旗。时人称："宁夏因有黄河贯穿南北，沿岸沃野，水草丰茂，实为天然

---

①周希武.玉树土司调查记[M].上海：商务印书馆.1920：26.

②马鹤天.甘青藏边区考察记（第二编）[M].上海：商务印书馆，1947：282—283.

③高长柱.开发青海之意见[J].西北问题（创刊号），1924—03—25.

④胡元民.经济部西北工业考察通讯：上（1943年）[J].民国档案，1995（4）.

⑤铁道部业务司商务科（编）.陇海铁路甘肃段经济调查报告书[M]//沈云龙（主编）.近代中国史料丛刊三编（51），台湾文海出版社，1998：35.

⑥刘友琛.开发西北与中国经济之前途[J].西北问题，1935—05，（1—3）.

⑦胡元民.中国第二历史档案馆.经济部西北工业考察通讯：下（1943年）[J].民国档案，1996（1）.

之大牧场。所产马、牛、骆驼，品种极佳，宁羊尤为特色。吾人冬季所服西口滩皮，即为宁夏、洪广羊皮所制成。”①在宁夏西蒙，“畜牧实系蒙民唯一生命线，凡中等以上之家，多雇用（佣）汉人放牧”。②因此，“羊毛、羊皮、牛皮，为西蒙两旗输出之大宗”。③宁夏建设厅1933年根据各县（不包括阿、额两旗）呈报统计，皮毛产量为：羊毛565800斤，羊皮175300张，羔皮19000张，牛皮3187张，驼毛66700斤，驼绒3500斤。④20世纪40年代前期，宁夏的各种毛年产量一直在130万—155万斤之间（如果包括西蒙两旗，宁夏的羊毛年产量当在3万担左右），各种皮张年产量在40万张左右。⑤

察、绥两省也是我国北方地区的畜牧和皮毛产区。绥远“所牧牲畜，以牛、羊、马、驼为主。羊最多，牛马次之，骆驼又次之。”⑥察、绥的牲畜数量，根据民国6年（1917年）农商部的统计，马137935匹，牛222565头，羊1422231只，驴39539头。⑦畜牧是察、绥的主要产业，故皮毛成为出产的大宗。据20世纪30年代一些调查和研究者的统计，绥远各种家畜皮毛产量大约为：羊毛3万担，马毛3000斤，绵羊、山羊皮10万张，羔羊皮10万张，牛皮10万张，马皮2万张。⑧察哈尔的皮毛产量虽没有确切统计，但“锡林郭勒盟及察哈尔旗郡的皮毛产量，亦可以张多关十九年、二十年、二十一年的进口皮毛数量统计以代表之”。⑨根据1950年至1932年统计，张多关年平均进口马皮11000余张，牛皮25000余张，羊皮40余万张，驼毛78.7万余斤，羊毛237万余斤，羊绒“万余斤，猪毛2.8万余斤，马鬃约2万斤，猪鬃1.7万斤”。⑩这些皮毛绝大多数

①傅作霖.宁夏省考察记[M].南京：中正书局，1935：124.
②陈国钧.阿拉善旗经济状况[J].经济汇报.1944.(9—11).
③孙翰文.宁夏额、阿两旗的危局[J].国闻周报，1936(14—40).
④张中岳.宁夏调查三则，宁夏出产调查[J].开发西北，1934—10(2—4).
⑤宁夏省农林处(编).宁夏省农政七年[M].银川：宁夏省农林处编，1946：103.
⑥绥远省政府(编).绥远概况：上册·第6编.牧畜[M].绥远省政府，1933：1
⑦贺扬灵.察绥蒙民经济的解剖[M].上海：商务印书馆，1935：75.
⑧张人鉴.开发西北实业计划[M].北平：著者书店，1934：42；43；44.
⑨贺扬灵.察绥蒙民经济的解剖[M].上海：商务印书馆，1935：77.
⑩贺扬灵.察绥蒙民经济的解剖[M].上海：商务印书馆，1935：78—79.

产于察省。

陕西省北部地区“素重畜牧，盖山势连绵，荒地辽阔，宜于此业也”。[①]民初以来，“皮毛昂腾，养户利倍寻常，故牧者恒多。边外伙盘居民，水草便利，大半以畜牧牛、马为生活上主要营业焉”。[②]陕北“羊毛多产于榆林区，如中部、洛川、鄜县、甘泉、肤施、延长、宜川、韩城一带，年产数十万斤”。[③]“除羊毛外，还有羊皮、生牛皮、马皮等。据1930年代初期学者的调查研究，陕西年产羊毛5万担，马毛5000担，绵羊、山羊皮40万张，羔羊皮30万张，牛皮20万张，马皮1万张”。[④]这些皮毛中大部分出自陕北地区。

（二）野生动物毛皮产地

凡是森林茂密、水草丰美的草原地区，畜牧业就比较发达，有足够的食物（肉食和草食）供给，具有野生动物繁殖和生存的条件。因此，由于食物链的关系，野生动物及毛皮产地与家畜及皮毛产地基本上是一致的。中国北方野生动物及毛皮主要生产于牧区和农牧兼营的地区。

新疆“山脉纵横，森林茂密，野生动物，种类繁多。麋鹿、旱獭、野马、彪虎、豹、熊、狼、猞猁、狐、野猪、羚羊、狒狒、鼲鼠、騊鵌、人猖、貂、𪊑、犯、野牛、犎牛、犛牛、黄羊、大头羊等皆有”。[⑤]由于有丰富的野生动物资源，野生毛皮成为新疆出口货物的大宗。根据研究，新疆年出口野生毛皮数量为，旱獭皮45万张，狐皮3000张，狼皮4000张，貂皮3000张，扫雪皮7000张，灰鼠皮3万张，猞猁皮1000张，野狸皮2500张，野猴皮3张。[⑥]这只是出口贸易的数量，如果加上猎户自身消费和内地市场的消费，产量当更多些。

---

①陕西实业考察团（编）.陕西实业考察[M]//沈云龙（主编），中国近代史料丛刊（三编），台湾文海出版社，1998:86.

②刘济南，曹子正（纂）.横山县志，实业志·畜牧[M].台北：学生书局影印本，1967:卷3.

③陕西实业考察团（编）.陕西实业考察[M]//沈云龙（主编），中国近代史料丛刊（三编），台湾文海出版社，1998:419—420.

④张人鉴.开发西北实业计划[M].北平：著者书店，1934:42;43;44.

⑤王金紱.西北地理[M].北平：立达书局，1932:131—133.

⑥王醒民.新疆之商业与金融[J].新亚细亚，1935—10(10,4).

青海属高寒大陆性气候，有很多地方灌木丛生，草原广袤，具有生物多样性的特点，野生动物种类繁多，数量较大，毛皮产量也较大。“进入市场的野牲皮张，主要有狐狸皮、沙狐皮、狼皮、猞猁皮、旱獭皮、豹皮、狗皮、野猫皮、熊皮、臭狗皮、野兔皮等。”[①]其中，猞猁皮和西狐皮为青海特产，猞猁产“海南一带草地中，状较狐为大……闻每年仅产数百张”；西狐皮在“西宁、贵德、循化等均产之，年产十数万张以上”。[②]据陆亭林估计，青海各种野生毛皮产量为，猞猁2500张，狐皮12000张，狼皮5000张，熊皮300张，草猞猁皮5000张，沙狐皮3000张，哈拉皮6000张，川猪皮3500张，艾叶豹皮2000张，水獭皮200张，崖獭皮550张，黄羊皮8000张；此外还有少量的虎、豹等大型动物毛皮。[③]甘肃“野牲皮每年由猎户捕获者不下15万余张，以哈尔皮又名獭皮为最多，占123000张，多来自民乐及夏河。次为狐皮，约14000张，以清水、民乐、夏河、临潭、靖远等县为多。黄鼠狼皮5000张，多来自清水及临潭，狼皮4000余张，产自民乐及夏河，推皮2000张，均产于夏河”。[④]据克拉米息夫（W.Karamisheff）的估计，甘、青两省通过甘肃省出口毛皮的总和约达1000万元。[⑤]

另外，宁夏、绥远、察哈尔、陕西等地出产以羊、鸡等小型动物为食的食肉动物及食草动物的毛皮为主，大型食肉动物毛皮很少出产。如根据1930年统计，归绥各种毛皮产量是：猞猁皮277张，狼皮229张，狐皮7092张，沙狐皮1783张，獭皮2452张，灰鼠皮5410张，扫雪皮306张，狸子皮16582张，貂皮66张，包庾皮20010张，夜猴皮5张，兔狲皮7张，狤子皮12730张，盘羊皮320张[⑥]，总计各种野生毛皮年产量达

①任景民.西宁皮货琐谈[A].青海文史资料集萃·工商经济卷[Z].西宁：青海省政协学习和文史资料委员会，2001:478.

②青海皮业调查[J].中行月刊，1934—22(9,6).

③陆亭林.青海皮毛事业之研究[J].拓荒，1935—1(3,1).

④胡元民.中国第二历史档案馆.经济部西北工业考察通讯：下（1943年）[J].民国档案，1996(1).

⑤[俄]克拉米息夫(W.Karamisheff)，王正旺译.中国北部之经济状况[M].上海：商务印书馆，1933:33.

⑥郑值昌修，郑裕孚(纂)：归绥县志·产业志·野业[M].台北：学生书局影印本，1967:11—12.

76000余张。1930年至1932年三年内，张多关平均年进口毛皮数量是，獭皮18.72万余张，狼皮6千余张，獾皮2.2万余张，狐皮近3万张，灰鼠皮近8万张。[①]这些毛皮主要从察省输入张多的。

从上面的论述我们可以看出，西北地区是我国最主要的皮毛产地，皮毛产量占有重要的地位。以羊毛为例，根据20世纪30年代的调查和估计，中国的羊毛总产量为54万担（包括蒙古，但新疆、东北地区没有统计），其中青海16.6万担，甘肃8万担，绥远及察哈尔6.4万担，宁夏3万担，山西及陕西2.6万担[②]，占全国羊毛产量的67.7%，如果加上新疆的产量，比例可达到70%以上。丰富的皮毛资源，为近代北方皮毛市场的兴起奠定了基础。

二、近代西北皮毛市场的兴起

近代西北皮毛市场的兴起是多种因素综合的结果。

第一，近代西北皮毛市场是随着天津的开埠而兴起的。自咸丰十年（1860年）天津开埠后，至民国初年，北方内陆地区先后开放的城市有天津、北平、大沽、秦皇岛、嘉峪关、归化城、张家口、多仑诺尔、赤峰、蒙古各处、乌鲁木齐、吐鲁番、天山南北路各城、伊犁、塔城、喀什噶尔等。[③]随着这些城市的陆续开放，带动了西北皮毛市场的兴起。天津的开埠，打开了中国皮毛进入国际市场的通道，加之国际皮毛市场对中国皮毛有很大的需求量，特别是美国的地毯制造业成为“中国内陆地区羊毛的主要市场”后[④]，洋行、买办乃至国内商人大量介入皮毛流通领域，使西北皮毛通过天津港口源源不断地进入国际市场。这不但推动了西北皮毛市场的勃兴，也使西北皮毛市场与国际市场发生了紧密的联系。因此，天津开

---

①贺扬灵.察绥蒙民经济的解剖[M].上海：商务印书馆，1935:77—78.

②我国羊毛产量调查[J].中行月刊，1934—10(9,4).

③武堉幹.商业地理[M].中华书局，1933:265—270.

④[美]詹姆斯·艾·米尔沃德.1880年—1909年回族商人与中国边境地区的羊毛贸易[J].甘肃民族研究，1989(4).

埠对西北皮毛市场的兴起起了重要作用。

第二，铁路、公路向西北延伸为近代西北皮毛市场的运输提供了现代化的交通手段。1909 年和 1923 年，京张铁路的通车以及分别延伸到绥远和包头，以京津为中心的铁路运输网把西北地区与东部沿海地区及口岸连接起来，为皮毛的运输提供了便利。京张铁路通车和京包线贯通后，越来越多的外商和京津晋商人到西北设行、庄，收购皮毛。“迨民国九年平绥路通集宁时，则有英商新泰兴、仁记、平和、聚利等洋行来兰（州）设庄。同时，又有山（山西）帮毛商，如德生合及同顺合在临夏收购羊毛，德兴旺、世诚和、义成昌、瑞凝霞、天德玉、协成裕等家在西宁、贵德等处收购羊毛，利用洋行所发之子口税票，运兰转售洋（行）。此外，普通钱庄亦在兰州收售羊毛者。兰州羊毛市场至是盛极一时。青海（指湖边附近地区而言）、西宁、临夏等地之羊毛经毛商收购运兰转包头者，每年春秋两季在二百筏左右。设每筏以三万斤计，每年亦达六百万斤左右。”① 1930 年，苏联土西铁路（Turkesta–Siberian Railway）建成，“其大部路线与我新疆边境适成平行，故亦为俄国对我新疆交通及贸易之利器焉”。② 1933 年，新疆长途汽车公司成立，绥远至哈密、兰州至哈密、绥远至肃州（今甘肃酒泉）、哈密至迪化（今新疆乌鲁木齐）各线相继通车，“而新疆与内地之商务，因运输之便利而一变”。③总之，铁路、公路的兴建，为皮毛提供了长距离、快捷的陆路交通运输手段，极大地降低了皮毛的运输成本和运输风险，对西北皮毛市场的兴盛起了至关重要的作用。

第三，外商、洋行和买办在近代西北皮毛市场的兴起过程中起了先导作用。近代中国是一个半殖民地半封建的社会，中外贸易的主要特点是西方列强利用不平等条约对中国原料的掠夺。因此，在西北皮毛市场兴起的过程中，外商、洋行、买办起了先导作用。咸丰十年（1860 年），清政府与沙俄签订了《北京条约》的续约后，俄国商人首先到张家口经营皮毛。

---

①李屏唐.兰州羊毛市场之调查[J].贸易月刊,1943—03.

②李寰.新疆研究(边疆政教丛书)[M].重庆:安庆印书局,1944:87.

③李寰.新疆研究(边疆政教丛书)[M].重庆:安庆印书局,1944:158.

光绪十年（1884年），英、美、法等国商人到张家口收购皮毛，并陆续开设洋行的分支机构庄、局。光绪十八年（1892年），英商仁记洋行派员到包头，当年就收购抓毛二三十万斤，随后俄、英、日和德国的洋行十数家在包头设立了分支机构。[①]据《清外务部商埠通商档》记载，1902年“各国在张家口买卖的洋行有四十余家”。[②]20世纪初，张家口已经成为华北地区最大的皮毛交易市场，“商贾辐辏，市面繁荣”。[③]

光绪初年，外国洋行就深入甘、宁、青地区收购皮毛。河州是甘肃皮毛产地最主要的中心市场，光绪初，英、德洋行陆续到河州设巷收购皮毛。[④]据《丹噶尔厅志》记载，到青海收购皮毛的商人“皆标英商、德商等名号”。[⑤]日本人编的《天津志》也记载，天津出口的羊毛主要来源于甘肃省的宁夏府、兰州府、西宁府、甘州（今甘肃张掖）、凉州（今甘肃武威）和归化、包头一带。[⑥]20世纪初期，洋行商人已经遍及西北皮毛产地市场，据当时甘肃官报记载，英国商人深入到宁夏、海城、平远、巩昌等地，德国商人深入到临夏等地购买皮毛。[⑦]

早在清中叶，俄国商人就深入新疆进行非正式贸易，从新疆输出的主要是皮毛。[⑧]1881年《中俄伊犁条约》签订后，在不平等条约的保护下，俄商势力渗透到新疆各个市场，“直到世界大战（指第一次世界大战——引者注，下同），中国此部（指西部），尤其新疆省，完全在俄国经济势力之下。俄人收买其全部原料，原料品之出口，年年增加。[⑨]俄商运进新疆

①政协内蒙古自治区委员会文史资料委员会.内蒙古工商史料[Z].呼和浩特：内蒙古文史书店，1990:220.

②高学忠.张垣蒙汉贸易史[A].张家口文史资料(21)[Z].张家口：政协张家口委员会文史资料委员会，1992:82.

③马清傲.张家口皮毛业的由来及其兴衰[A].张家口文史资料(13)[Z].张家口：政协张家口委员会文史资料委员会，1988:1.

④王致中，魏丽英.明清西北社会经济史研究[M].西安：三秦出版社，1989:389—390.

⑤[光绪]丹噶尔厅志·卷5 [M].兰州：甘肃省官报书局，1910.

⑥日本中国驻屯军司令部(编).侯振彤(译).二十世纪初的天津概况(即天津志)[M].天津：天津市地方志编修委员会总编室，1986:291—292.

⑦甘肃官报(50).光绪三十一年(1905年)十月:5—6.

⑧王致中，魏丽英.明清西北社会经济史研究[M].西安：三秦出版社，1989:384—385.

⑨[俄]克拉米息夫(W.Karamisheff)，王正旺译.中国北部之经济状况[M].上海：商务印书馆，1933:26—27.

的商品主要是生铁、五金器具、火柴、石油、布匹、杂货等，输出的原料主要是皮毛、肠衣、棉花、牲畜等。[①]新疆既是皮毛的主要产地市场，也是近代中国一个主要的皮毛出口市场。

总之，由于天津开埠通商以及经济腹地逐步向西北延伸，国际市场对中国皮毛的需求，京张铁路、平绥铁路以及苏联的土西（Turkestan—Siberian Railway）铁路的通车，为皮毛的运输提供了方便等因素的影响，推动了近代西北皮毛市场的兴起。近代西北皮毛市场的发展大致经历了三个阶段：从晚清到20世纪初期，是西北皮毛市场兴起阶段，西北皮毛开始进入国际市场。20世纪20到30年代中期（抗战爆发前），是近代西北皮毛市场最繁荣的时期。尽管曾受到第一次世界大战、国内战争和1929—1933年世界经济危机的影响，西北的皮毛市场发展不稳定，但就总的趋势而言呈增长态势。[②]抗战爆发后为第三个阶段，随着天津的沦陷，对外贸易受到阻遏，北方皮毛市场顿受挫折。1938年3月，国民政府财政部贸易委员会在兰州设立西北办事处，开始收购皮毛，主要对苏贸易。同年7月间，又与苏联订立售货合同，开始统筹收购各种皮毛，运往星星峡交货，“停顿年余之羊毛交易，至是乃得复苏。毛商亦因而接踵兴起，纷赴各产区收购转售”。[③]但毕竟内陆交通不便，运输困难，西北皮毛市场不及抗战前繁荣。

三、近代西北皮毛市场系统

近代西北皮毛从产地到出输出地主要有四条运输路线。一条是从青海产地通过水运（主要是黄河上皮筏运输）到包头；一条从新疆、河西产地用骆驼运输，经过北草地到达包头。这两条运输线是抗战前西北皮毛的主要通道，在包头汇合后，皮毛经过简单的加工处理后再通过铁路运往天津。另外两条，一条是从甘肃东部产地庆阳、平凉、天水运输到西安，然

①王致中，魏丽英.明清西北社会经济史研究[M].西安：三秦出版社，1989:394.
②渠占辉.近代中国西北地区的羊毛出口贸易[J].南开学报（哲学社会科学版），2004(3).
③李屏唐.兰州羊毛市场之调查[J].贸易月刊，1943—03.

后被分流到天津、汉口或上海等地；一条是青海、河西等产地皮毛在酒泉（肃州）汇集后，通过星星峡运输到新疆，从新疆各口岸出口。近代西北皮毛运销体现出了不同特色的市场结构，“1.生产羊毛的游牧民（或甘肃东部农区的羊毛生产者）可以在他们各自的城镇和市场直接和商人做交易。2.商贩们将大批量的皮毛从生产者的城镇买来，然后再转卖给另外一些商人。3.作为收购和转运中心的西宁，石嘴山和包头则不同。包头、西宁、石嘴山不仅位于主要的东西水路运输线上，同时羊毛在转运之前在一定程度上，而且能被加工。4.天津是个出口城市，既有收购和出口羊毛的外国公司，也有中国自己的毛纺厂”。[①]可见，皮毛产地周围以及通往皮毛产地的水陆交通要道上的市镇和区域性都市，在近代西北皮毛交易中扮演着各自的角色。根据角色的不同，我们把近代西北皮毛流通市场划分为三个不同的层级，即产地市场、中转市场和出口市场。

（一）产地市场

农牧民的集居点、寺庙会集以及产地附近的集镇是皮毛交易的产地市场。皮毛产地市场属于“地方小市场”，在交易形式上大多数是物物交换，“这种交换，虽采取商品形式，却是为买而卖，实际上是使用价值的直接交换。”[②]天津及北方各城市开埠后，随着皮毛市场的兴起，各中心市场洋行的雇员、国内商人和小商贩也深入到牧民集居点进行皮毛交易。如常驻包头的洋行“常在二三月间就将货款（购皮毛款）预付给皮毛店和皮庄，他们除自己直接收购皮毛外，又‘支垫’一部分给旅蒙商跑乌、伊两盟的行商以及当地小手工业毡房、毛毯社等，由他们去抓剪羊绒、毛和购皮张”。[③]在蒙古草原上，“每年归绥商贩运砖茶、棉花、米面等物，分赴各蒙旗，交易驼、马、牛、羊、皮张、绒毛等，春夏而去，秋冬而归”。[④]活动在蒙古草原牧民集居点上的商人主要有两种：一是各市场商庄，投资数

①[美]詹姆斯·艾·米尔沃德.1880—1909年回族商人与中国边境地区的羊毛贸易[J].甘肃民族研究,1989(4).

②吴承明.中国的现代化:市场与社会[M].北京:三联书店,2001:112.

③政协内蒙古自治区委员会文史资料委员会.内蒙古工商史料[M].呼和浩特:内蒙古文史书店,1990:221.

④王公亮.西北地理[M].南京:正中书局,1936:211.

十万元，使役店员百数十人，分头深入蒙古内地，以物或货币掠取蒙古人的皮毛产料①；一是被察绥人民称之为“出拨子”的小贩。他们长年累月在牧区游动经商，“绝大部分牧民生活用品经‘拨子’之手销售，而绝大部分畜产品也经‘拨子’转销出去”。②在青海牧区，“羊毛多半先由本地商人用茶布等物与牧民交换，即在收毛前一年或数月前，将布茶先交于牧民，俟届剪毛之期，商人即前往收毛，然后再转卖与直接运往天津之大商”。③此外，还活动着一些叫作“刁郎子”的小商贩，他们事先从中心市场的店铺赊买一些蒙、藏民需要的杂货，如藏刀、珠串、木碗、鼻烟、腰带等，带到牧民集居区，换取皮毛和其他土产。④

在蒙藏少数民族集居的牧区，寺庙会集具有盛大的贸易活动的功能。届时，蒙、藏牧民带上积攒下的皮毛去换回日用品，如青海“南部番人（指藏民）会市多集聚于寺院，凡会期将届，商贩不速而来，所市皆番地土产，皮张、茶、糖、布匹尤为大宗。⑤游牧在黄河南岸的“果洛番每年运牛羊、酥油、羊毛、牛皮等物，前往卡布恰、郭密、丹噶尔、塔尔寺等处贸易，回运青稞、布匹等物”。⑥一些在皮毛中心市场的皮毛庄在寺院会集时赶去收购或交换皮毛，“每于寺庙会期为交易之地，平晋皮商前来坐庄收货者，年数十家。牧地人民，以皮易粮及日用物，价值甚廉，鞣制成熟，每超过原值数倍”。⑦蒙古草原上的庙会一般分散在农历一、三、六、九月，与牧民在农历三月剪羊绒、五月剪第一次毛、九月剪第二次毛的时间大体吻合，牧民也乘庙会期间出售绒毛，因此，庙会期间是皮毛交易的旺季。⑧

---

①贺扬灵.察绥蒙民经济的解剖[M].上海：商务印书馆，1935:54—55.

②苏赫.赤峰地区（原昭乌达盟）早期商业活动[A].赤峰市文史资料选辑(3)[Z].赤峰：政协赤峰市委员会文史资料委员会，1985:5.

③安汉，李昌发.西北农业考察[M].武功：国立西北农林专科学校丛书，1936:129.

④蒲涵文.湟源的“歇家”和“刁郎子”[A].青海文史资料选辑(8)[Z].西宁：政协青海省委员会文史资料委员会，1981:37.

⑤黎小苏.青海之经济概况[J].新亚细亚月刊，1934—08—01(8,2).

⑥周希武.宁海纪行[M].兰州：甘肃人民出版社，2002:38.

⑦青海皮业调查[J].中行月刊，1934—22(9,6).

⑧[日]吉村忠山.内蒙古——地理·产业·文化[M].日本公论社，昭和十年(1935年):429.

集镇广泛地分布在西北皮毛产地，成为皮毛交易最主要的初级市场。在绥、察两省，据1930年代初国民政府内政部调查统计，人口在千人以上的市镇察哈尔省有315个（其中县城16个，市镇299个）；绥远省有365个（其中县城17个，市镇345个）。[①]黄河上游的甘宁青地区，在民国时期农村集镇有570多个。[②]这些分布在皮毛产地及其周围的集镇，是皮毛交易的主要场所。生产皮毛的农牧民，在集日带上皮毛从四面八方来到集镇，出售皮毛，或用皮毛换回他们需要的日用品。在皮毛产区，通往皮毛产地的交通要道上的集镇还形成了专门的皮毛市场，或称之为产地中心市场。产地中心市场有行庄和皮毛店以及必备的场地和仓库，在产地市场起着皮毛中转的功能。这种市场在皮毛产地颇多，如河西"一县最多者有三处，最少者亦有一处"。[③]清末到20世纪30年代，这些产地中心市场的皮毛贸易盛极一时，如绥远临河县城"本地汉、蒙交易以粮米、布、茶、糖及牲畜、绒毛、皮张为大宗"，皮张、绒毛、牲畜"销数岁值在四百万元左右"。[④]察哈尔省的多仑"输出多为牛羊皮毛骨角毡毯等，而马尤著名，沪上洋商多派员来此贩运，贸易总额年达数百万"。[⑤]据20世纪30年代调查，青海各皮毛主要通过湟源、循化、同仁、保安、鲁沙儿、上五庄、亹源、永安、俄博、贵德、鲁仓、拉加寺、郭密、恰布恰、大河坝、永昌、黄城滩等市镇或寺院运出。[⑥]甘肃南部皮毛主要通过临潭、夏河、卓尼等产地中心市场输出[⑦]可见，在西北地区，皮毛输出在产地中心市场占有很重要的地位。

活跃在产地市场及产地中心市场的主要是农牧民、小商贩以及大商

---

①贺扬灵.察绥蒙民经济的解剖[M].上海：商务印书馆，1935：69—71.

②黄正林.近代甘宁青农村市场研究[J].近代史研究，2004(4).

③甘肃省银行经济研究室.甘肃之特产[M].兰州：甘肃省银行总行，1944：78.

④[民国]吕咸等修，王文犀等(纂).临河县志.纪略·商业[M].台北：学生书局影印本，1980.

⑤黄奋生编.蒙藏新志[M].中华书局，1938：56.

⑥蒲涵文.湟源的"歇家"和"刁郎子"[A].青海文史资料选辑(8)[Z].西宁：政协青海省委员会文史资料委员会，1981.

⑦王志文.甘肃省西南部边区考察记[M].中国西北文献丛书(135)，兰州：兰州古籍书店影印本，1991：395—399.

行、洋行的雇员以及经纪人。牧民是皮毛的主要生产者，也是产地市场上的主要交易者。如在阿拉善旗，“沙漠中蒙民，常用骆驼载酥油、皮毛等来城交换米、面、茶叶等物”。①青海蒙藏牧民“每年秋、冬、春三季（即阳历七月至翌年三月底）将羊毛运至附近集市如贵德、湟源、大通、夏河、临夏等地，与汉民交换获茶、布匹、青稞等生活用品”。②除农牧民外，活跃市场上的主要是各类商人，如甘肃河西皮毛市场活跃的有毛贩、毛客、兼营毛商、行商、歇家、跑合（私人性质的牙人，从中抽取佣金）、皮毛经纪行、公庄、分庄、洋行庄口等不同类型的皮毛商人。③小贩是皮毛产地市场上最活跃的分子，他们架起了生产者与市场关系的桥梁。以经营猪鬃为例，“小贩多系挑运杂货，往来四乡，或以杂货换取猪鬃，或以金钱收买，为数零星，随地交易”。④在皮毛产地市场上，回民商人十分活跃，有小贩，也有大商。在循化，一些回民商贩将粮食运往附近藏民聚落，“易换羊毛、羊皮、羊只等物”⑤；夏河拉卜楞寺皮毛商人中“占十分之八”的是回民商人⑥；在临潭活跃着一支回民商队，“每年春秋二季，西道堂商队一批批向草地进发，到处都有他们活动的市场，商队归来时，就是洮州旧城皮毛市场最活跃的时候”。⑦在蒙古草原和庙会上收购皮毛的主要是杂货部和皮庄的商人。皮庄俗称“皮窝子”，“资本要比杂货行丰富，一方（面）依据所在的市场，直接向蒙古人购其皮毛产料，另一（方）面又将出拨子从蒙旗中换得的皮毛产料收买过来，每年探取某种时间的市场需要，输送到内地大市场或国外去”。⑧“歇家”是活跃在青海皮毛产地市场上的经纪人，“洋行离开‘歇家’的联系，难以直接收购大宗

---

①叶祖硕.宁夏纪要[M].南京：正论出版社，1947：87.

②李屏唐.兰州羊毛市场之调查[J].贸易月刊，1943—03.

③许道夫.中国农业生产及贸易统计资料[C].上海：上海人民出版社，1983：316.

④甘肃省银行经济研究室.甘肃之特产[M].兰州：甘肃省银行总行，1944：110.

⑤谢再善（编）.甘肃回族五次反清斗争资料[C].兰州：西北民族学院，1981：24.

⑥丁德明.拉卜楞之商务[J]，方志，1936(9，3—4).

⑦明驼.卓尼之过去与未来[J]，边政公论，1941(1，1).

⑧贺扬灵.察绥蒙民经济的解剖[M].上海：商务印书馆，1935：57；56.

羊毛和皮张；牧民没有‘歇家’也更无法与外商成交”。[①]因此，在青海“羊毛进口之处，均有歇家”。[②]在察、绥皮毛牲畜的产地市场上，经纪人也十分活跃，或寻访于各市场间，或开设栈房和牛马店，从中获得很丰厚的利益。

皮毛产地市场的交易方式主要有两种。一种是预购交易，即“每届旧历三四月间毛客与牧民订立预购交易合同，按毛价先付40%订金；也可以布匹、茶叶折价抵付订金，价格分两种办法计算：一是按交货时市价结算，二是按预先约定的价格清算”。另一种是现货交易，也包括两种，“一种是通过跑合或经纪人介绍，一种是直接向牧民收购零星羊毛”。设在产地中心市场的公庄与外帮毛商之间的交易“均系先付款后交货，买卖双方事先签订合同，规定数量、价格及交货地点”。[③]近代皮毛产地市场往往是不等价交换，使皮毛的直接生产者农牧民蒙受很大的损失。如在甘青藏区皮毛产地市场上，“其大量羊毛，则向寺院喇嘛以硬币收购，惟毛商与牧民每因买卖价格之差异，蒙受重大损失，而喇嘛则赖以中饱取利”。[④]在蒙古草原的皮毛市场上，商业完全操于汉商之手，“营业利息常有一倍，更以与蒙人交易，辄获十倍之利益”。[⑤]在皮毛期货交易中，“洋行代理商向大贩预买之价格，约为市价十分之七至十分之八之间，大贩向小贩预买之价格则稍低，小贩向牧户预买之价格即无一定，有仅及市价十分之五者”。[⑥]平凉海城县“小户于春季期取洋行之银，夏季以羊毛相抵，每斤值百文之毛，被洋行以五六十文得取”。[⑦]可见，洋行与皮毛商往往以低于市场50%—60%的价格从生产者手中购买皮毛。在皮毛交易中，高利贷者也十分活跃，一些皮毛商或高利贷商人，“在牧户需款孔急之时，贷以款

①蒲涵文.湟源的“歇家”和“刁郎子”[A].青海文史资料选辑(8)[Z].西宁:政协青海省委员会文史资料委员会,1981.

②周希武.宁海纪行[M].兰州:甘肃人民出版社,2002:20.

③许道夫.中国农业生产及贸易统计资料[C].上海:上海人民出版社,1983:316.

④李屏唐.兰州羊毛市场之调查[J].贸易月刊,1943—03.

⑤杨金赓.海城县志[M].光绪三十四年铅印本.

⑥甘肃省银行经济研究室.甘肃之特产[M].兰州:甘肃省银行总行,1944:85.

⑦杨金赓.海城县志·卷七·风俗志·实业[M].光绪三十四年铅印本.

项，议定毛价，于将来收毛时，即以羊毛抵偿债务，其利率之高，有达月息百分之十至十二者。亦有牧户向羊毛商贩先期购进布匹等日用品，俟羊毛上市时，按购货时之毛价，将欠款折成定量羊毛，以之清偿前债”。[①]不论是牧户预先贷款还是预先购买日用品，在皮毛交易中吃亏的，都是皮毛直接生产者农牧民。

（二）中转市场

商贩们将大量的皮毛从生产者的市场买来，然后再转卖给另外一些商人，这一过程要在中转市场完成。中转市场是皮毛的收购和运输中心，主要功能有：1.皮毛转运。即把皮毛从产地市场输送到出口市场和其他市场（如皮毛加工）上去。2.皮毛交易。和产地市场不同，很少有皮毛生产者同商人交易，主要是中小商人与大商人之间的交易。3.皮毛整理。在皮毛流通领域，对皮毛分类、洗净、包装，皮张的鞣制、加工等工作主要在中转市场进行。因此，皮毛中转市场“大都在有一定规模和重大经济作用的城镇和城市，不仅要靠近羊毛产地，而且最重要的是，它必须坐落在连接边疆和内地的陆路和水路运输线上”。[②]在近代西北皮毛市场上，兰州、包头、张家口、归绥和一些产地中心市场集镇担任了中转市场的职责。

兰州是西北甘宁青区域最大的商业都市，明清以来形成了五条商路：“东通秦豫为东路；南达巴蜀为南路；北通宁夏、包头、归绥为北路；西通新疆、俄领地为口外；西南通青海、西藏为西路。”[③]这些商路把兰州与全国市场紧密联系起来。在西北皮毛市场体系中，兰州是甘宁青最大的皮毛中转市场。据统计，1932 年至 1934 年，甘肃皮毛输出总值分别是 7088670 元，6640272 元和 10058197 元，分别占三年出口总值的 48.37%、43.08% 和 52.01%。[④]其中，绝大部分皮毛分是从兰州市场上输出的。据统计，20 世纪 30 年代兰州资本在 5 千元到 1 万元的皮商有 12 家，各皮行

---

①甘肃省银行经济研究室.甘肃之特产[M].兰州：甘肃省银行总行，1944：86.

②[美]詹姆斯·艾·米尔沃德.1880年—1909年回族商人与中国边境地区的羊毛贸易[J].甘肃民族研究，1989(4).

③王金紱.西北地理[M].北平：立达书局，1932：417—418.

④朱镜宙.甘肃最近三年间贸易[J].开发西北，1935—05(3,5).

每年在皮毛上市季节，“挟巨资赴各产地办货，所办之货，均系生货，剥割未久，血污狼藉，且极坚硬，此项生货运归兰州，即开始硝制”。[①]抗战时期，随着西北皮毛出口市场的转移，兰州在皮毛市场上的地位突显出来。据调查，抗战时期在兰州经营皮毛的商家有20家，有皮商兼营毛业、杂货兼营毛业、驼行兼营毛业、钱庄兼营毛业、过载行兼营毛业，甘省银行也兼营皮毛，估计资本在45万元至60万元的5家，在10万元至45万元的7家，在1万元至10万元的5家，1万元以下的1家，2家资本不详。[②]兰州承担了西北皮毛转运到新疆然后出口苏联的主要任务。

包头在清朝道光、咸丰年间尚是“极小之市镇，隶萨拉齐厅”。[③]随着近代西北皮毛市场的兴起和铁路的开通，包头发展成为西北著名的商业重镇。从道光年山西商人开设的第一家皮毛店“公义店”开始，到光绪年间发展到20多家[④]，一战前夕发展到30个羊毛商行。[⑤]在包头通火车的前一年，其“周围地区和青、甘、宁以及新疆、外蒙的皮毛纷纷集中到包头，待期外运。这一年经过包头的羊毛达2100万斤，驼毛800万斤，羊绒430万斤，狐、狼、狗、羊皮等245000张”。[⑥]1923年，铁路通车后，包头“成为蒙、甘、新、青、宁夏等地货物吐出之巨口”，“凡新疆、青海、甘肃等省之皮毛，阿拉善旗、吉兰泰之食盐，额济纳、鄂尔多斯、乌兰察布盟西南部之牲畜皮毛与农产，多依黄河舟运至此起卸，再由火车运销绥、察、平津”。[⑦]包头成为平绥线西端最大的皮毛购买和运输中心，“大约西进［来］货物的70%，由这里经铁路转运到京、津地区”。[⑧]抗战前包

①潘益民.兰州之工商业与金融(中央银行丛刊)[M].商务印书馆,1936:68—69.

②李屏唐.兰州羊毛市场之调查[J].贸易月刊,1943—03.

③王公亮.西北地理[M].南京:正中书局,1936:213.

④政协内蒙古自治区委员会文史资料委员会.内蒙古工商史料[Z].呼和浩特:内蒙古文史书店,1990:219.

⑤黄正林.近代甘宁青农村市场研究[J].近代史研究,2004(4).

⑥政协内蒙古自治区委员会文史资料委员会.内蒙古工商史料[Z].呼和浩特:内蒙古文史书店,1990:222.

⑦黄奋生编.蒙藏新志[M].北京:中华书局,1938:57;58.

⑧政协包头市委员会文史资料研究委员会.包头文史资料选编(5)[Z].包头:政协包头市委员会文史资料研究委员会,1984:101—102.

头的皮毛转运十分繁荣，“每年从五月份起每天都有装羊毛的平板船、牛皮筏子络绎不绝地从甘肃、兰州、西宁到来。阿拉善旗、后山、外蒙的运皮毛的骆驼队，一来就是几十峰。到旧历七月十五办的‘盂兰会’的前几天，南海子码头停满了木船和皮筏子，上下排列长达十里左右，约有三四百只，其中三分之一都是装满皮的。包头城的大街小巷，500 多辆搞短途运输的骡马车都出动，大多数拉的是皮毛”。①20 世纪 30 年代，包头专门从事皮毛运输业的 9 家，皮毛业的 15 家，生皮业的 18 家。②作为中转市场，包头的皮毛吞吐量是很大的，据统计 1925 年，羊毛 1100 万斤，羊绒 150 万斤，驼毛 800 万斤，各类皮 31 万张；世界经济危机前的 1928 年，包头转运羊毛 1600 万斤，羊绒 55 万斤，驼毛 600 万斤，各类皮 20 万张；抗战前的 1935 年，包头转运羊毛 2600 万斤，驼毛 200 万斤，各类皮张 400 吨。③由于皮毛市场发展的需要，包头出现了专门以做毛为业务的劳动力市场，在皮毛收购的旺季每天需要皮毛工人有约 1000 到 1500 人。④运到包头的皮毛经过筛选、整理、洗净、打包后，再由铁路运往天津出口，或流向河北、北平等地的皮毛加工市场。包头是一个东西皮毛商人聚会的城市，在近代西北皮毛流通的过程中，到 1930 年代，包头的“皮毛店已经达到了高度专业化的程序，它们专门在西边来的专卖羊毛的西路客及东边来的专买羊毛的东路客之间起调节作用”。⑤说明包头在西北皮毛流通过程中发挥着巨大的作用。

张家口“为商货转运总汇之地，北通内外蒙旗及库仑、乌里雅苏台、科布多等处，西通绥远、宁夏、新疆，为近边西北之咽喉”。⑥近代以来随

---

①政协内蒙古自治区委员会文史资料委员会.内蒙古工商史料[Z].呼和浩特：内蒙古文史书店，1990:216.

②包头市现状概述[J].开发西北(察绥专号),1935—01(3,1、2).

③政协内蒙古自治区委员会文史资料委员会.内蒙古工商史料[Z].呼和浩特：内蒙古文史书店，1990:216.

④政协内蒙古自治区委员会文史资料委员会.内蒙古工商史料[Z].呼和浩特：内蒙古文史书店，1990:246—247.

⑤[美]詹姆斯·艾·米尔沃德.1880年—1909年回族商人与中国边境地区的羊毛贸易[J].甘肃民族研究,1989(4).

⑥王金紱.西北地理[M].北平：立达书局,1932:193.

着天津以及北方市场的开放，到20世纪初，张家口成为西北地区最大的商品集散地，特别是1909年京张铁路通车后，西北的皮毛、药材集中到张家口后再由铁路输送到天津口岸和其他市场。在张家口市场上，出口货物以皮毛、牲畜为大宗。每年“农历八月至年底，是畜牧产品集中上市的时候，‘外管’市场，各种皮毛货栈里皮毛堆积如山，中间只留一条车道，十里长街为之闭塞”。[①]1925年至1929年是张家口皮毛市场最繁荣的时期。据统计1925年输入张家口的各种皮张839万张，其中羔皮300万张，老羊皮150万张，山羊皮100万张，灰鼠皮50万张，狐狸皮20万张，狼皮10万张，獾子皮50万张，牛皮150万张，马皮9万张。各类毛1100万斤，其中羊毛900万斤，羊绒20万斤，驼毛150万斤，猪鬃30万斤。据1929年统计，张家口经营皮毛的有769家行店，从业多达3.2万余人。[②]

归绥位于张家口与包头之间，“西经后套以通甘、新，北越蒙古而至库仑，为西北交通总汇”。[③]在清朝时期，归化就是蒙古草原上的牲畜和皮张交易中心，“归化称牲畜交易约有数处。其马市在绥远城，曰马桥。驼市在副都统署前，曰驼桥。牛市在城北门外，曰牛桥。羊市在北茶坊外，曰羊桥。其屠宰牲畜，剥皮取革，就近硝数，分大小皮货行交易，在城南门外十字街，俗呼为皮十字”。[④]天津开埠后，各国洋行在天津设庄收购皮毛，归绥成为蒙古草原上主要的皮毛市场。皮商、毛商纷纷在归绥设立庄、店，经营皮毛生意，如1876年天津驼毛的95%来自归化城。[⑤]1921年5月，平绥铁路通车后，归绥转运市场的地位日渐突显。据1930年代调查，归绥从事牲畜皮毛业90家，皮货业75家。[⑥]作为转运市场，以皮

---

①高学忠.张垣蒙汉贸易史[A].张家口文史资料(21)[Z].张家口：政协张家口委员会文史资料委员会,1992:99.

②马清傲.张家口皮毛业的由来及其兴衰[A].张家口文史资料(13)[Z].张家口：政协张家口委员会文史资料委员会,1988:3.

③王公亮.西北地理[M].南京：正中书局,1936:210.

④[清]钟秀,张曾(纂).古丰识略·卷20·市集[M].咸丰十年共,抄本.

⑤姚贤镐(编).中国近代对外贸易史资料(1540—1595)[M].北京：中华书局,1962:1117.

⑥绥远省民众教育馆(编).绥远省调查概要[M].绥远省民众教育馆,1936:105;108.

毛为大宗，以毛为例，归绥市场年销售西宁毛130万斤，归绥附近毛40万斤，套毛150万斤，羊绒160万斤。①

除了上述大型中转市场外，许多产地的中心市场兼有中转市场的职能，负责向上级市场提供皮毛货源。如青海的西宁、湟源、玉树、鲁沙尔镇等，甘肃的肃州、夏河、张掖、河州、张家川镇，宁夏的石嘴子、磴口、定远营，陕北的榆林，新疆的哈密、奇台等地是皮毛产地的中转市场。在青海，“羊毛之聚散，多由蒙藏人民用毛［牦］牛、骆驼运输于各大集聚地，如大通、俄博、永安、玉树、鲁沙尔、上五庄、贵德、循化、湟源、隆武等地后，再行以骡车、骆驼、皮筏等运输于甘肃、绥远、天津各大地，运售于洋商，或国内商家”。②湟源位于“青海蒙番出入之大道，故虽小县而商务颇盛”。据周希武在民国初期的调查，每年经湟源出口的皮毛数量为，羊毛220万斤，骆驼毛2万斤，羔皮16万张，大羊皮1.5万张，牛皮1.5万张，野牲皮5千张，马皮5千张，野马皮5千张，野牛皮5千张。③宁夏石嘴子（今石嘴山市）“为阿拉善蒙古与宁夏道属平罗交界之地，黄河纵贯南北，大山回抱东西，形势一束，诚要隘也”。此处清时期就是蒙汉贸易之地，乾隆二十五年勒碑记载：“蒙古一二月出卖皮张，三四月卖绒毛，五六月羊，七八月牛马，九月茶马毕，岁以为常。”④近代以来，因扼居交通要道仍居有皮毛集散市场的地位，洋行和国内商人在这里设有行店，“各行专在甘、青一带收买皮毛，集中于此，待梳净后，包装，以骆驼或木船载赴包头。岁约皮百万张，毛三千万斤左右”。⑤作为中转市场，皮毛集中到石嘴山后要经过简单的加工。为此，1915年，石嘴山的新泰和仁记外国公司联合开办了皮毛加工包装工厂，雇用1500多个工人，专事清理污物及冲洗和晒干羊毛。⑥这些产地中心市场是沟通

①贺扬灵.察绥蒙民经济的解剖[M].上海：商务印书馆，1935:45.

②陆亭林.青海皮毛事业之研究[J].拓荒，1935—1(3,1).

③周希武.宁海纪行[M].兰州：甘肃人民出版社，2002:17—18.

④林竞.西北丛编·上编[M].上海：神州国光社，1931:74.

⑤林竞.西北丛编·上编[M].上海：神州国光社，1931:73—74.

⑥[美]詹姆斯·艾·米尔沃德.1880年—1909年回族商人与中国边境地区的羊毛贸易[J].甘肃民族研究，1989(4).

大型中转市场，与居民点、集市等产地市场的枢纽。

（三）出口市场

出口市场是西北皮毛在国内流通过程中的终点市场。近代西北地区的皮毛有两大主要出口市场：一是从天津出口到欧美和日本，一是从新疆出口到俄罗斯及其他国家。此外，西北皮毛还通过汉口、上海、广州等口岸进入国际市场，但在整个西北皮毛的出口贸易中并不占主要地位。

近代以来，随着中国北方地区外向型经济的兴起，天津成为西北皮毛最主要的出口市场，“至1909年京张铁路通车以前，以天津为终点市场的皮毛运销体系已初具规模”。[①]京张铁路以及平绥铁路的通车，加强了西北皮毛产地市场与天津出口市场之间的联系，西北皮毛运销“最末的市场就是天津，由此再合流于世界经济的大动脉上”。[②]1925年前后，“天津输出之羊毛，青海、甘肃居其五成，山陕居其成半，蒙古居其二成半，直鲁约居一成”。[③]1930年至1952年新疆经绥远转运到天津出口的皮毛产品总计16种，价值4616700元。[④]据近人的相关研究，估计每年运销到天津的羊毛约3858万斤，大多数来自西北皮毛市场。[⑤]据1937年抗战爆发前夕的统计，天津羊毛市场交易量为约40万担，其中来自青海、甘肃、宁夏、新疆20万担，内蒙古10万担，山西、陕西6万担，河北、山东、河南4万担。[⑥]可见，在天津羊毛市场，西北羊毛占70%左右的市场份额。近代西北羊毛经天津口岸出口后，主要销往美、日、英、德等国，而美国占有80%以上的份额。渠占辉根据《海关贸易报告》1895—1936年各卷的统计，1911年经天津口岸出口的西北羊毛235016担，其中出口美国2224000担，占94.63%；1915年经天津出口的西北羊毛270330担，其中出口美国228800担，占84.64%；1925—1929年占80%以上；1930—1934年达90%。[⑦]抗战

①樊如森.天津开埠后的皮毛运销系统[J].中国历史地理论丛,2001(1).

②李洛之,聂汤谷.天津的经济地位[M].天津:经济部驻津办事处,1948:36—37.

③樊如森.天津开埠后的皮毛运销系统[J].中国历史地理论丛,2001(1).

④陈赓雅.西北视察记[M].兰州:甘肃人民出版社版,2002:14—16.

⑤李洛之,聂汤谷.天津的经济地位[M].天津:经济部驻津办事处,1948:36—37;表32.

⑥李洛之,聂汤谷.天津的经济地位[M].天津:经济部驻津办事处,1948:表36;表31.

⑦渠占辉.近代中国西北地区的羊毛出口贸易[J].南开学报(哲学社会科学版),2004(3).

时期天津沦陷后，西北皮毛市场与天津出口市场的联系基本中断。

西北皮毛的另一个主要出口市场是新疆的各开放口岸。近代新疆一部分皮毛经过北草地商路驼运到包头、绥远转运到天律出口，大部分皮毛则在本地通商口岸直接出口到俄国和中亚各国及印度。同时，青海的“西宁毛”和甘肃“平番毛”的一部分，经肃州转运到新疆市场出口。新疆对外贸易的出口市场主要有乌鲁木齐、伊犁、塔尔巴哈台、喀什噶尔等地。以光绪末年乌鲁木齐为例，根据“俄国商务表列载，镇迪道属皮毛出口数目，计羊毛五十一万六千卢布，羊皮、山羊皮、羔皮桶等共十九万六千九百卢布，驼毛二万八千七百卢布，牛马皮一万二千七百卢布，其余驼、马、牛、羊各牲畜约十万卢布”。①俄国十月革命期间，新疆出口市场受到严重影响，1917 年底比 1916 年下降 30%—50%。②苏联新经济政策实行后，对新疆人口苏联的皮毛等原料实行免税政策，推动了新疆皮毛出口市场的恢复和发展，根据李寰的研究统计，1923 年到 1932 年的皮毛贸易额达到了 5163.1 万卢布。③

抗日战争爆发后，包括天津在内的东南沿海口岸被日军占领，中国几乎丧失了所有的海上运输线，从而中断了西北皮毛市场与天津等出口市场之间的联系，如时人针对甘肃羊毛市场状况所说：“抗战以后，天津沦陷，本省羊毛，一度改销汉口、广州，旋以广州、汉口又相继失守，羊毛随陷于滞销状态。”④1938 年 3 月，国民政府财政部贸易委员会西北办事处成立后，西北皮毛市场开始恢复。同时，1937 年和 1938 年，国民政府经济委员会和交通部分别在兰州成立了陕甘运输处（1938 年改为交通部西北公路运输局）和陕甘车驼运输所，兰州成为西北最大的转运市场，苏联援华的战略物资以及中国的土产大都通过兰州转运新疆出口。新疆成为中国对外贸易的主要口岸，也是西北皮毛最大的出口市场。从 1938 年秋起，陕、甘、宁、青、绥的畜牧农产品，以及江南的丝、茶、桐油以及金属矿

①钟广生.新班志稿·卷二·畜牧[M].台北：学生书局影印本，1967:36.
②王少平.20年代新班同苏联的贸易[J].史学集刊，1990(4).
③李寰.新组研究(边班政教丛书)[M].重庆：安庆印书局，1944:153.
④甘肃省银行经济研究室.甘肃之特产[M].兰州：甘肃省银行总行，1944:84—85.

产品都是经过新疆口岸出口。[①]经新疆出口的皮毛主要运销苏联。从 1938 年开始，截止 1942 年 10 月中国出口苏联皮毛数量是，羊毛 339600 关担，山羊绒 6156 关担，驼毛 16056 关担，猪鬃 7104 关担，羔皮 1450000 张，胎羔皮 9000 张，旱獭皮 349755 张，老羊皮 30902 张，山羊皮 3740693 张，山羊猾皮 126665 张，狐皮 12650 张，黄鼠狼皮 7000 张，黄牛皮 28441 张，水牛皮 8321 张。[②]这些皮毛绝大多数是通过西北交通运输线从新疆市场出口的。

总之，西北地区的甘肃、宁夏、青海、新疆、绥远、察哈尔以及陕西的北部位于我国农牧分界线以北地区，是我国主要的皮毛产地，近代中国 70%以上的皮毛产于这一地区。近代以来，随着天津以及北方其他城市开埠，中国逐渐成为列强掠夺原料的市场，西北皮毛成为列强在中国掠夺的原料之一，由此皮毛作为出口商品通过天津和新疆各口岸运销到欧美、日本、俄罗斯等国。在西北皮毛的市场链中，以产地市场为基础，以中转市场为枢纽，以出口市场为尾闾，形成了比较完整的市场体系。通过对西北皮毛市场链的研究，我们可以看出皮毛市场的兴起对西北区域市场与国际市场的联系产生了至关重要的作用。随着西北皮毛市场体系的形成，使西北经济结构“由传统的封闭型牧畜生产结构逐步地向近现代化的外向型生产结构转化过程之中”[③]，增加了西北地区经济发展的现代化因素。尽管如此，近代中国毕竟是一个丧失了多种主权的国家，在国际贸易中处于劣势地位，这种处境就决定了西北皮毛在国际市场上的被动地位，即西北皮毛市场随着国际市场的兴衰和需求而发生波动。

（原载于《史学月刊》2007 年第 3 期）

①徐万民.八年抗战时期的中苏贸易[J].近代史研究,1988(6).

②国民政府行政院.国民政府年鉴[M].重庆:国民政府行政院,1943.

③樊如森.天津开埠后的皮毛运销系统[J].中国历史地理论丛,2001(1).

秦汉时期畜牧业发展的原因

梁志勇　杨钧期

摘　要：秦汉时期畜牧业在西北边疆地区的经济体系中仍然占据着重要的地位。这一时期地处西北边疆的六盘山地区，因其优越的过渡性地理环境，交通事业的发展及其所带动的边境贸易的繁荣，以及统治者鼓励政策共同造就了该地区畜牧业的繁荣发展。

关键词：秦汉时期　六盘山地区　畜牧业　发展

六盘山地区①是我国历代王朝在西北的重要畜牧经济区。从西周时期秦的先祖“非子居犬丘，好马及畜，善养息之。犬丘人言之周孝王，孝王召使主马于汧、渭之间，马大蕃息。”②到秦汉时期的800多年间，这一地区的畜牧业发展已经呈现出繁荣的局面。《史记·货殖列传》对此做了如下记载：“乌氏倮畜牧，及众，斥卖，求奇缯物，间献遗戎王。戎王什倍其（偿），与之畜，畜至用谷量马牛。秦始皇帝令倮比封君，以时与列臣朝请”③，可关于秦汉时期六盘山地区畜牧经济的研究，史学界多从养马业发展及马政等方面来佐证当时畜牧经济繁荣发展的局面，而对六盘山地

---

①本文所述六盘山地区，即以六盘山脉为中心，包括今宁夏南部固原市原州区、隆德县、泾源县、彭阳县、西吉县，中卫市南部海原县以及甘肃省平凉市西北部、庆阳市西部的广大地区。

②司马迁.史记[M].杭州：浙江古籍出版社，2000：27.

③司马迁.史记[M].杭州：浙江古籍出版社，2000：983.

区畜牧业发展繁荣的原因鲜有专文论及，本文拟以历代史料记载为基本依据，结合前辈研究成果对这一问题进行探讨。

一、优越的地理环境

1.温暖的气候与丰茂的植被塑造了优质天然牧场

气候环境对人类的生产活动有着重要的影响。六盘山地区处于温带大陆性气候与温带季风气候的交界地带，夏半年来自太平洋的暖湿气流可到达这一地区，但强劲而又干燥的西伯利亚寒流又在漫长的冬半年控制着该地区。在这两种气候的共同影响下，六盘山地区从总体上形成了以温带草原和温带落叶阔叶林为主的植被形态。

竺可桢先生认为：在远古时期，黄河中游地区的气候与现在大不相同。从史前时期起，经夏、商直到西汉时期的近两、三千年里，黄河中游地区其后普遍处于一个温暖时期。仅在公元前1100年—公元前950年出现过近200年的寒冷期，然而从春秋战国到秦、西汉时期，黄河中游又进入了一个长达800年左右的温暖期，这个温暖期恰恰就是六盘山地区畜牧业发展大繁荣时期。这一时期气候的逐渐转暖使得黄河中游的六盘山地区植被丰茂，亚热带森林夹杂着大片草地在这里生长，到处郁郁葱葱。①《山海经》中记载六盘山“其木多棕”；《史记·货殖列传》也记载“安邑千树枣；燕、秦千树栗……渭川千亩竹”。②气候温暖湿润、亚热带植被的繁茂生长，直接促进了这一地区以这些植物为食的动物的繁荣发展，从而出现了“陆地牧马二百蹄，牛蹄角千，千足羊，泽中千足彘”③的景象。因此，从春秋战国到西汉时期温暖的气候给六盘山地区的畜牧业发展提供了一个得天独厚的自然环境。

2.独特的过渡性地理环境为畜牧业发展提供了优势条件

---

①史念海.历史时期黄河中游的森林[M]//河山集(第二集).北京:生活·读书·新知三联书店,1981:253.

②司马迁.史记[M].杭州:浙江古籍出版社,2000:985.

③司马迁.史记[M].杭州:浙江古籍出版社,2000:985.

2.1 山川地形的过渡性特点

六盘山在我国古代一直是关中与西北边地的一个天然屏障。以此为界限，它的东部和南部是以关中平原为代表的平坦地，这里逐渐形成了传统中原王朝统治下的关中农业区；而越过六盘山的广大地域，基本上都是气候较为寒冷的高原地区，以高山草甸和荒漠为主。这里土地开发程度和生产力发展水平无法和关中相比，使得以耕作为主的农业根本无法在这里推广，但是以游牧为主的畜牧业经济在这里却长足发展，这样以六盘山为界就形成了各具特色的关中农业区和西北边地畜牧经济区。而六盘山地区，以其山川地形的自然过渡性，恰好处于这两大经济区的交汇地带，长期深受两种经济模式的影响，形成了一条纵贯南北的具有地域特色的农牧文明交汇带。

“中国文化发生，精密言之，并不赖藉于黄河本身，他所依凭的是黄河的各条支流。每一支流之两岸和其流进黄河时两水相交的那一个角里，都是古代中国文化之摇篮地”①发源于六盘山麓而最终注入黄河的清水河、泾河、茹河、葫芦河等河流滋润着各自所流经地域的土地，形成了一条条水草丰美、植被繁茂的河谷地带，造就的一系列条带状天然牧场，为当地畜牧业的发展提供了良好的条件。

2.2 游牧文明和农耕文明的冲突与融合

畜牧业的发展不仅依托于有利的自然环境，还要有相应的生产力水平。据考古发现，在距今 6000 年左右，宁夏中北部地区就形成原始畜牧经济区，而同一时期的宁夏南部六盘山地区也成功地从原始采集文明过渡到原始农业文明。此后的数千年，六盘山地区与宁夏中北部地区基本上保持着“南农北牧”的格局。直到公元前 1100 年—公元前 950 年出现了我国 5000 年来第一个寒冷期。据《竹书纪年》记载，周孝王时汉水有两次结冰，紧接着又是大旱。竺可桢先生根据《诗经·豳风》记载的物候也证明当时关中寒冷异常。北方寒冷气候使得这里的游牧民族的生活陷入了困境，他们于是从阴山—贺兰山一线及陇西地区来到相对温暖的六盘山地

①钱穆.中国文化史导论[M].上海:上海三联书店,1955:3.

区，并趁周人东迁伐商之际在这里建立了一系列小方国。他们凭借着六盘山地区得天独厚的自然环境和自身的畜牧经验，将这条农牧文明交汇带成功地向南推进到了以六盘山为中心的地区。

此后直至汉朝，我国西北边地农牧文明交汇带随着战争形势的变化而不断地在南至六盘山北到阴山的广阔地域内南北摆动，每一次的摆动又给这一地区农业文明和畜牧文明提供了更加深入融合的契机，六盘山地区恰恰就充当了这两种文明交融的桥头堡，从而形成了亦农亦牧、农牧交融的经济发展模式。技术的交流和中原地区对畜牧产品的需求，为当地畜牧业发展提供了又一有利的条件。

二、交通发展带动边境贸易的繁荣

1.萧关道等古代交通要道的发展

交通是经济发展的一个重要条件。秦汉时期，萧关道和回中道等交通要道的开通和畅达便利中原与西北边地的商贸往来，从而有效地促进了这一地区畜牧业的繁荣发展。

萧关道源于先秦时期已有的萧关古道。薛正昌先生认为，萧关道其中一条路线就是“沿泾河，过六盘山，沿祖厉河而下，在靖远县附近渡河”[①]。秦始皇统一六国后开始巡视各地，首次便是出巡陇西、北地郡路鸡头山(今宁夏泾源县境之六盘山)，随之修建驰道。此后，秦始皇又下令修筑直道，在原驰道的基础上经咸阳西北，过庆阳，经清水河谷的萧关古道而抵内蒙古包头。直道的修通使得萧关道更为畅通。

西汉时期，汉武帝在萧关道上设置了安定郡，此后又下令修通“回中道”。该道修通后成为关中通往安定的干道，也形成了今天西安至固原公路的雏形。回中道的开通把关中与安定等边郡紧紧联系起来，大大促进了关中农业文明与西北游牧文明的交流，同时为后来丝绸之路的开通奠定了基础。

---

①薛正昌.固原历史地理与文化[M].兰州:甘肃文化出版社,1995:11.

2.边境贸易的繁荣

萧关道、回中道的开通和安定郡的设置，促进了商业交换的发展，史称："汉兴，海内为一，开关梁，驰山泽之禁，是以富商大贾周流天下，交易之物莫不通，得其所欲……然西有羌中之利，北有戎狄之畜，畜牧为天下饶。"[①]这其中苜蓿对于畜牧业发展的意义尤为重要。苜蓿自从传入在民间就成为马、羊、牛等牲畜的首选饲料，可以说苜蓿的传入和种植直接带动了六盘山地区畜牧业的繁荣发展。就是这种边境贸易的繁荣发展和良种的引进，才造就了上文提到的乌氏倮那样富甲一方、位比封君的大畜牧主。

经济的发展和边境交通的畅达也使得边境贸易也繁荣发展起来，以至于在西汉的安定郡等地区出现了"舍本农，趋商贾，牛马车舆，填塞道路"[②]的特殊现象。这种现象的出现不仅说明了当时在安定郡及周边地区畜牧业在社会经济中占有举足轻重的地位，而且更说明了当时这一地区畜牧业发展的繁荣程度。

三、军事需要及政策支持

1.军事需要带动了畜牧业的发展

"马者，甲兵之本，国之大用，安宁则以别尊卑之序，有变则济远近之难"。[③]尤其是与游牧民族征战时期，马的价值更是凸显。但由于气候和地理环境的关系，中原大部分地区并不出产骑兵使用的良马，其战马依靠从西、北二边游牧地区输入。在分裂对抗的局面下，这种自然输入常常受到限制，阻碍了骑兵的迅速发展，而当时六盘山周边繁荣的畜牧业就为前线战争源源不断地提供战马，保证了前线战争对军马的需求。

秦汉时期游牧在蒙古高原的匈奴开始崛起并多次南下，为了阻止匈奴

①司马迁.史记[M].杭州：浙江古籍出版社，2000:983.

②司马迁.史记[M].杭州：浙江古籍出版社，2000:230.

③范晔.后汉书[M].杭州：浙江古籍出版社，2000:9236.

的南侵，安定西北边地，秦始皇于公元前 215 年起先后数次发兵北击匈奴，由攻打匈奴对骑兵的需求也相应刺激了对战马的需求。汉初因经长期战争的影响，马匹更是少得可怜。“自天子不能醇驷，而将相或乘牛车”[①]“平城之围”的惨败使汉朝统治者地意识到“车骑者，天下武备也”，因而更加自觉地大力发展养马业，壮大骑兵力量。

在经过汉初的休养生息之后，到汉武帝时期，随着汉朝的实力不断增强，从公元前 133 年起，汉武帝开始大举进攻匈奴。“取河南地，筑朔方，复缮秦时蒙恬所为塞，因河为固。”其后汉武帝又多次攻伐，虽历次获重大战果，但是西汉骑兵本身的损失也非常大。仅公元前 123 年伐匈奴之战“汉军之士马死者十馀万”[②]，战争的消耗使得西汉王朝一时陷入了战马紧缺时代，政府不得不大力发展西北边地官营和民间牧马业以尽快充实军马保障。

2.马政及官营收马业的发展提供了政策保障

秦于中央政府设三公九卿，九卿内的太仆就是专门管马政的。太仆属下有马苑养马，如关中有昆蹏苑。这种情况下，西北边郡民族养马也得到了相当规模的发展，北地郡的乌氏倮就以畜牧致富，“畜主用谷量马牛”。秦国还继续用中原出产的纺织物和其他手工业品交换匈奴的马匹，以改良马种。

西汉是我国马政空前兴盛的时期。汉初，由于大规模战乱刚刚平息，整个社会经济处于混乱和凋敝状态之下，战争的摧残也使得秦代在北地郡经营的官方畜牧业及民间畜牧业均受到了沉重打击，因而造成当时马匹严重缺乏，以至于“马至匹百金”[③]。一直到了汉武帝初年，经过六七十年的休养生息，社会经济呈现出极为繁荣的景象，此时政府和民间养马都非常发达。《史记·货殖列传》记载：侨姚有“马千匹，牛倍之，羊万头，粟以万钟计”[④]。景帝时，“始造苑马以广用”，在西、北边郡设牧苑三十六

---

①司马迁.史记[M].杭州:浙江古籍出版社,2000:455.
②司马迁.史记[M].杭州:浙江古籍出版社,2000:457.
③司马迁.史记[M].杭州:浙江古籍出版社,2000:455.
④司马迁.史记[M].杭州:浙江古籍出版社,2000:987.

所，以郎为苑监，分养马三十万匹。惠帝四年，设于北地郡灵州县的河奇苑和号非苑，官营牧马十分繁盛，以至于“厩马有四十万匹”。①

在政府设苑养马的同时，汉代政府还积极鼓励百姓养马。文帝时，颁布了“复马令”，“令民有车骑马一匹者，复卒三人”，以免除兵役的办法鼓励私人养马。武帝时继续实行“复马令”，当时“兵戈数动，民多买复”，又不愿为吏，“于是除千夫、五大夫为吏，不欲者出马”②。当时的政府还禁止优良种马外流，《汉书·昭帝纪》说：“禁马高五尺九寸以上，齿未平，不得出关”。不仅如此，汉武帝为改善帝国马种，从西域引进良种汗血宝马。

综上所述，秦汉时期的六盘山地区优越的地理环境成为畜牧业的繁荣发展的一个前提；以萧关道为代表的交通事业的发展及其带来的繁荣贸易为畜牧业发展提供了经济上的吸引力；军事的需要促使统治者制定鼓励畜牧业发展的政策又成为了畜牧业发展的强大推动力量。

（原载于《黑龙江史志》2014年第7期）

---

①杜佑.通典[M].北京:中华书局,1961:7.

②班固.汉书[Ml.北京:大众文艺出版社,2009:8.

丝绸之路传入物品考

——以宁夏境内几种常见物品为中心

冯　敏

摘　要：丝绸之路的历史绵延数千载，在这条沟通东西的大道沿线贸易的商品种类之丰富很难精确计算。但根据文献史料和大量考古材料仍可以较系统地勾勒出自西汉张骞通西域起，沿着丝路经由宁夏传入中原并对宁夏人民的日常生产和生活产生重要影响的几种物品。

关键词：丝绸之路　贸易　商品

自秦以来，历代王朝均在宁夏大力经营，张骞凿空丝绸之路以后，更是重视对西北边地的发展和控制。置郡设塞以保护商旅，维护边地的社会安定，开荒屯田辟出大片沃野良田以供军需民用。本地劳动人民也善于耕作，谙习农务。宁夏自古号称“塞上江南”，水利灌溉便利，黄河水灌溉了优良的土质，优越的地理位置和良好的自然条件，使得宁夏这一悬于西北内陆的边地，成为中外商旅聚集的贸易站和东西商品荟萃的集散地，自汉以来就保持着浓厚的商贸气息。

公元1世纪末，东西陆路贸易的条件已经具备。当时四大帝国正处于欣欣向荣、昌盛发达的阶段，在军事上日益强大，逐渐吞并了欧亚大陆的一部分疆土。西方的罗马帝国正处于全盛时代。东方是东汉时代的中国。在西域是大贵霜王国，它的疆域囊括了阿富汗和印度北方，此时也处于其历史上最强盛的时期。在这三者之间的是安息，它当仁不让地以一种缓冲国和调解人的身份自居。这四大帝国都执行着一种具有连续性的贸易政策。陆路丝绸之路就是在这一特殊的形势下应运而生的。①

中国的丝绸、瓷器等物产输出中原的同时，大量产于异域的奇珍异物也在汉唐时期源源流入中国，其中很多物产还在中国生根结果，成为今天我们生活中必不可少的东西。

汉代由西域传来宁夏的物产有：鹊纹芝麻、胡麻、无花果、安石榴、绿豆、黄瓜、大葱、胡萝卜、大蒜、番红花、胡菜、酒杯藤和玻璃、海西布（呢绒）、宝石、香药等。宁夏位于这些物产传入的通道上，因而也是这一时期国际和国内交流的获益者。千百年来，遍布于宁夏的胡麻、蚕豆、豌豆、胡萝卜、葱、大蒜以及核桃，其原种最早都来自西域，史籍多有记载。

1.葡萄

葡萄属葡萄科植物葡萄的果实，为落叶藤本植物，是世界最古老的植物之一。葡萄原产于欧洲、西亚和北非一带。据考古资料，最早栽培葡萄的地区是小亚细亚里海和黑海之间及其南岸地区。许多历史学家认为波斯（今伊朗）是最早酿造葡萄酒的国家。欧洲最早开始种植葡萄并进行葡萄酒酿造的国家是希腊。

唐代诗人李商隐《茂陵》诗称："汉家天马出蒲梢，苜蓿榴花遍近郊"，反映的正是当时以天马、石榴、苜蓿为标志的中西经济文化交流的盛况。由于张骞通西域直接导致许多物种传入中原，因而许多物种的引种都归于张骞名下，见于史籍记载的植物就有葡萄、苜蓿、石榴、红蓝花、酒杯藤、胡麻、胡桃、胡豆、胡蒜、胡葱等。

葡萄是我国古代吸取外来物质文化为农业经济中重要的一项，我国葡萄的栽培和加工历史虽然悠久，但葡萄和葡萄酒自汉代传入中原，直到唐代才有了较大的发展。

葡萄到三国和西晋都已被当作"中国珍果"，《史记》曰："大宛以蒲萄为酒。富人藏酒至万余石，久者数十岁不败。汉使取其实来，于是离宫别

①[法]布尔努瓦(著)，耿昇(译).丝绸之路[M].济南:山东画报出版社，2001:51.

观旁，尽种蒲萄。”《汉书》曰：“李广利为二师将军，破大宛，得蒲萄种归汉。”

《三辅决录》又载三国魏文帝曹丕诏群臣曰：“中国珍果甚多，且复为说蒲萄。当其朱夏涉秋，尚有余暑，醉酒宿醒，掩露而食。……脆而不梳，冷而不寒。味长汁多，……又酿以为酒，甘于麹蘖，善醉而易醒。道之固以流涎咽唾，况亲食之耶？他方之果，宁有匹之者！”

张骞出使西域，自大宛、康居一带引进葡萄，也带回了大宛人以葡萄酿酒的信息。高启安先生也认为唐代敦煌人“种植有大量的葡萄可以用来酿酒”。[①]

《中国经济史辞典》记载：亦称“蒲陶”、“桃”。张骞出使西域后，国内与中亚、西亚各地的贸易往来和经济交流日渐频繁。大宛、康居、大月氏以及罽宾等地的葡萄传入中原。西域且末、龟兹、焉耆等地盛产的葡萄，亦经使者、商人之手带回内地，逐渐栽培推广。据有关地下实物和历史文物的发现，远在两汉以前，新疆已是国内最早种植葡萄的地区。其后，葡萄种植技术和葡萄酿酒技术传入中原，丰富了各族人民的物质生活。

2.苜蓿

《丝绸之路文化大辞典》记载：或作目蓿，古大宛语 BuKsu-k 之译音。又称光风草或连枝草。豆科，一年生或多年生草本。西汉张骞出使西域，从大宛采归紫苜蓿（Medicagosativa）种子。《史记·大宛列传》：大宛“俗嗜酒，马嗜苜蓿。汉使取其实来，于是天子始种苜蓿、蒲陶肥饶地。及天马多，外国使来众，则离宫别观旁尽种蒲陶、苜蓿极望”。宋代梅尧臣《咏苜蓿》诗：“苜蓿来西域，蒲萄亦既随。”

《本草纲目》卷二七《菜部·苜蓿》释名：“（李）时珍曰：苜蓿，郭璞作牧宿。谓其宿根自生，可饲牧牛马也。……《金光明经》谓之塞鼻力迦。”

《广群芳谱》卷十四“苜蓿”条引《东坡诗注》：“闽川长溪县薛令之登第，开元中为东宫侍读官，作苜蓿诗以自叹。太宗至东宫，见其诗，举

①高启安.唐五代敦煌人的饮酒习俗述论[J].敦煌研究,2000,(3)

笔续之：啄木嘴距长，凤凰毛羽短，苦嫌松桂寒，任逐桑榆暖。遂谢病归。”按：太宗为玄宗之误。

《中国博物别名大辞典》苜蓿条：“苜蓿也称木宿，是营养价值极高的牲畜青饲料，张骞在当地看到名马的主要饲料是苜蓿，回国向汉武帝报告此事。良马是强兵的基本条件，因此汉代政府不仅关注大宛良马，也吩咐此后的西汉使者带回苜蓿种子，广置于离宫别馆旁边。”唐代颜师古注《汉书·西域传上》时说：“今北道诸州，旧安定、北地之境，往往有木宿者，皆汉时所种也”。

陶弘景《名医别录》苜蓿条：“味苦，平，无毒，主安中，利人，可久食。”

苜蓿长时间以来一直被认为是一种标准的牲畜饲料，目前还在广泛使用。这不仅因为其具有良好的适口性，更重要的是其营养价值很高。苜蓿含有大量的粗蛋白质、丰富的碳水化合物和多种矿物元素及维生素，有“牧草之王”的美誉。古代游牧民族很早就注意到苜蓿的营养价值，传入中原后，大量的试验和生产实践证明，苜蓿是牛、羊、鹿、马、猪、兔、禽等动物的优质饲料。我国民间苜蓿栽培的历史很早，宁夏南部的固原地区有大面积种植苜蓿喂养牲畜的传统。

3.胡麻

《本经》载：“胡麻，味甘，平。主伤中虚羸，补五内，益气力，长肌肉，填髓脑，久服轻。”黄宫绣在《本草求真》中说：“胡麻，本属润品，故书载能填精益髓。又属味甘，故书载能补血，暖脾，耐饥。”《别录》说：“利大肠，胞衣不落。生者摩疮肿，生秃发。”《神农本草》也说：“胡麻，味甘平。主伤中虚羸。补五类，益气力，长肌肉，填髓脑。”胡麻的营养和保健价值可见一斑。古人认为，常食亚麻籽（胡麻）可去除一切痼疾，还有返老还童、长生不老之功效。如与米做成饭食，民间则称为“仙家食品”。

胡麻就是油用亚麻和苜蓿都是西北少数民族最早引进或培育的，营养学家研究分析认为，在油料食物中，胡麻是对人身体极为有益的上品，因为它有补血、润肠、生津、通乳、养发等功效。常食用对人体有很多好处。临床还用胡麻油来煎熬膏药，有生肌肉、止疼痛、消痈肿、补皮裂的作用。胡麻里含有芝麻素，在用胡麻油炒制或烤制菜肴或食品时，芝麻素即可分解出芝麻酸和一些芳香的化合物，这些香味物质可在常温下挥发，其香味浓郁、清雅、诱人食欲，是其他同类植物油都难以比拟的。在中药中，有用胡麻与何首乌制成的药丸，是滋养强壮强精剂，对于便秘也有效果。食用富含 α—亚麻酸的胡麻油，就可以起到类似吃"鱼油"的效果；修复更新脑神经细胞膜的不饱和脂肪酸链，起到健脑、促智、降血脂、抗血小板聚集、扩张小动脉和预防血栓形成等。可见，胡麻油真是油中珍品！

在我国以胡麻为主要油料的区域并不广泛，主要分布在黄河以北地区，但却是宁夏人主要的食用油，老百姓对其绝对是情有独钟。西北干旱，民间还有俗语"春雨贵如油"，也反映出胡麻油的金贵，因为胡麻出油率较低，亩产量也较低，致使胡麻油价格一直居高不下，这也充分说明宁夏在胡麻沿丝绸之路东传而来的过程中曾扮演了重要角色。

从贸易角度看，中原大一统时期，宁夏只是丝绸之路途经之地，作为地方郡县，主要为商旅提供粮草食宿，货物在这里交易后，又会运回中原各地；分离时期，如十六国时期，前凉、后凉、西凉、北凉和西夏时党项族分别控扼丝路贸易，遂以河西为基地与西域交通，宁夏在丝路上的地位更加重要。①

4.玻璃器皿

1996 年，田弘墓出土了四枚金币，其一为利奥一世金币，另一为查士丁和查士丁尼共治金币，其他两枚不详。有两枚凿了四个孔。据专业人员推测，这些金币都曾在市面上流通过，后被当作装饰品穿起来套在死者身上。还有丝织品残迹，漆木器，玻璃残片及数百颗玻璃珠的出土，对研究波斯玻璃器的传入，具有重要价值。

南北朝时期中原与东罗马帝国的交往很频繁，自西域东来，经由河套

---

①李永良(主编).河陇文化——连接古代中国与世界的走廊[M].上海:上海远东出版社,香港:商务印书馆,1998:128.

的北方路线相当繁盛。此路发现的罗马风格的玻璃器，其独特的磨花技法，更因其坚定稳固，不易破裂的物理性质受到上流社会的喜爱，以致会作为珍爱之物随葬。

《世说新语·排掉篇》:“王公与朝士共饮酒，举玻璃碗谓伯仁曰：此碗腹殊空，谓之宝器何邪?”《世说新语·汰侈篇》:“武帝尝降王武子家，王武子供馔，并用琉璃器。”等等可见当时使用进口的玻璃器皿，只有高等贵族才能享用，是非常奢侈的行为，因此玻璃多在一些随葬品中出现。

李贤墓出土的玻璃碗，经过对其颜色、加工方法、类型对比、纹饰风格和成分分析，说明我国魏晋南北朝墓葬中出土的与此相类的玻璃器，大多是伊朗萨珊玻璃，这是从陆路输入中国的实物证据。伊朗萨珊玻璃说明西方玻璃器和制造技术都是沿丝绸之路输入中国的，器壁外的圆形饰是萨珊文化中的连珠纹在玻璃器皿上的反映。①

随着公元前206年西汉王朝的建立，中国文化自身的发展和中西文化之间的交流都进入了一个崭新阶段。张骞通西域以后，中国人越过葱岭直接同域外人接触，对周边外部世界的认识开始摆脱传说与神话的影响，中西方之间的联系正式确立。此后，经过中西方几百年的共同发展开拓，陆上丝绸之路到隋唐时期逐渐走向辉煌。随着陆路交通正式开启，宁夏逐步走向世界，同时，也以海纳百川的胸怀接纳了世界，为确保中西交通的畅通，繁荣中西经济文化交流谱写了一曲强劲有力的辉煌篇章。

（原载于《宁夏师范学院学报》2011年第2期）

①安家瑶.北周李贤墓出土的玻璃碗——萨珊玻璃器的发现和研究[J].考古,1986,(2).

须弥山石窟的凿造与固原社会经济

杨慧玲　佘贵孝

摘　要：丝绸之路上的须弥山石窟从北魏开始凿造，历经西魏、北周，到唐朝时已是一座规模宏大的寺院，要建成这样一座石窟寺院，没有强大的经济实力支撑是建不成的。本文依据史料和地方志书的记载，对每个建造时期固原的经济状况进行阐述，说明须弥山石窟的凿造与地方经济的发展是分不开的。

关键词：须弥山石窟　凿造　地方经济

丝绸之路上的须弥山石窟，始凿于北魏孝文帝时期，经过西魏、北周、隋唐各代的不断营造和后代的修缮，建成了宁夏境内最大的石窟群，也是全国八大石窟之一①。开凿这样宏大的石窟群，一要靠国家政策的支持，二要靠国家的经济扶持，更重要的是地方经济能力的支撑。每个凿窟造像的时期，固原的社会经济是怎样的一个状况呢？本文根据现有资料予以记述，以体现当时固原凿造石窟的能力。

一、北魏时期

在史称“孝文帝中兴”的北魏末年，须弥山迎来了开窟造像的机遇。

①《光明日报》1994年11月26日。

当时固原的社会经济形势怎样呢？

北魏统一北方后，为了加强边防，防御北方柔然族的南侵，在北方沿边地区不设州而设镇。因此，北魏在攻取固原地区后不久，即于太延二年（436 年）设立高平镇（今宁夏原州区）。北魏政府在设立军镇的同时，采取安置少数民族降众和从内地移民的办法充实这里的人口。据《元和郡县图志》记载，北魏政府还多次将降附的柔然、敕勒等族部众安置到高平等镇。皇兴四年（470 年），柔然万余户降魏，魏分徙其众于高平、薄骨律（今宁夏青铜峡境）两镇。公元 6 世纪初，中亚嚈哒进攻高车国，杀穷奇，高车（即敕勒）部众离散，其中一部分投奔柔然，一部分投归北魏。魏遣宣威将军、羽林监孟成抚纳高车降众，安置于高平镇[①]。而且在减免徭役、兵役、安辑流民、赈恤灾荒等方面实行“优复”政策。神嘉三年（430 年）初，北魏占据固原一带时，太武帝就下诏：“安慰初附，赦秦、雍之民，赐复七年”[②]，一次复免 7 年徭役、赋税，这是很大的优待。文成太安五年（459 年），因秦、雍遭受旱灾，政府开仓赈济，令州郡官吏体恤民情，“有流徙者，谕还乡梓。欲市籴他界，为关旁郡，通其交易之路”[③]。而且严令官员务必做到上恩下达，下民上赡，否则将科以重罪。通过上述政策及有关措施的推行，安定了魏初的统治秩序，为发展社会经济提供了良好条件。

农业生产方面。自魏以来，“安定、北地、上郡、陇西、天水、金城，于古为六郡之地，其人性犹质直，然尚俭约，习仁义，勤于稼穑，多畜牧”[④]。割据战争的宁息，人民的俭朴勤劳，使北魏的“农职之教”很容易得到推行，从太武帝统一北方，到孝文帝在全国颁行三长制、均田制，这半个世纪左右，是固原社会经济发展的一个重要时期，农业生产得以恢复。太平真君七年（446 年），太武帝令薄骨律镇将刁雍及高平、安定（治今甘肃泾川）、统万四镇共出车 5000 辆，将 50 万斛粮食运到沃野镇

①魏收.魏书·高车传[M].北京：中华书局，1974:2310.
②魏收.魏书·世祖纪[M].北京：中华书局，1974:77.
③魏收.魏书·高宗纪[M].北京：中华书局，1974:118.
④魏征，令狐德棻等.隋书·地理志[M].北京：中华书局，1973:817.

（今内蒙古乌拉特前旗东南）以应军需。说明当时高平镇不仅可以粮食自给，而且还有余粮供给沃野等镇的军粮。从这些地方到沃野镇，路途遥远，还需经过沙漠地带，困难重重，将这些粮食全部运完至少需 3 年时间。刁雍经过考虑后，奏请太武帝同意，决定改用水运。在牵屯山（今六盘山）靠近高平川的地方，就近建造木船 200 只，每船可装运粮食 2000 斛，60 天即可往返一次，运输量比车运超过 10 倍，还节约畜力和人力，不致因运输而影响农业生产。这件事说明了当时固原林木多，有力量建造 200 艘木船。北魏一市斤合今 0.2225 公斤，一斛合今 26.5 公斤，2000 斛就是 53000 公斤。可见木船的体积很大。同时也说明了屯田已能生产较多的粮食，否则，哪里会有粮食外运？太和十二年（488 年）五月，魏孝文帝下令高平、薄骨律镇等地兴修水利，发展农业。在北魏的墓葬里出土有陶牛车等文物，这也在一定程度上反映了当时畜牧业发展状况，形成了北魏的盛世。

畜牧业方面。汉代，“凉州（当时固原属凉州刺史部管辖）之畜为天下饶”[①]，安定郡（今宁夏固原）“牛马衔尾，群羊塞道”[②]，到北魏时，包括秦、凉和今固原在内，“以河西水草善，乃以为牧地。畜产滋息，马至二百余万匹，骆驼将半之，牛羊则无数”[③]。魏初，魏兵讨没奕于（高平镇镇将），在高平获马 4 万匹、骆驼、牛羊 9 万余头，由此可见一斑。

商业方面。丝绸之路的贸易活动，到北魏时商道更加通畅。这是因为胡商的往来增加着政府的财政收入，按照入市一人交税一文及店铺分五等纳税的条例，庞大的胡商商队与经营奇珍异宝的蕃客邸肆，是北魏官府最欢迎的纳税对象。北魏的高平镇，是北方重要军镇之一，也是东西商道重要的商业经营地区。近年来，固原出土的波斯银币和波斯萨珊王朝的鎏金银壶、玻璃碗、青金石戒指等，都是历史的见证。

①班固.汉书·地理志[M].北京：中华书局，1964:1645.

②范晔.后汉书·西羌传[M].北京：中华书局，1965:2893.

③魏收.魏书·食货志[M].北京：中华书局，1974:2857.

二、西魏、北周时期

据《续高僧传·普提流支传》及《频伽藏》等史书记载，西魏时期文帝和宇文泰均笃信佛教，在他们的倡导下，国内崇佛之风大为兴盛，须弥山石窟在西魏、北周时形成了开窟造像的第二个高潮，这个时期的开窟造像多达 29 座洞窟，数量要比前期多。特别是被誉为“须弥之光”的第 51 窟，是宏伟壮观的殿堂。

西魏、北周统治者，吸取各族人民反魏斗争的教训，一开始便注重吏治的整肃。宇文泰先后颁布《六条诏书》，将“清心、敦教化、尽地利、擢贤良、恤狱讼、均徭役”，作为各级官吏行政中遵循的准则。而且规定“其牧守令长，非通六条及记账者，不得居官”①。

均田制从北魏太和九年（485 年）创立，以后时废时兴。因为它对抑制土地兼并、劝督农民尽力于农桑，以及在增加国家赋税收入等方面有一定作用，所以，西魏、北周在《六条诏书》中的第三条就是“尽地利”，鼓励农民垦田种地，搞好农副业生产。为了执行均田，北周法律上还规定了“正长隐五户及丁以上、及地顷以上，皆死”，力求严格执行均田制。除田令、法律上的规定外，《六条诏书》还规定了劝课办法，即每当岁首，地方官要戒励百姓，无论少长，“但能持农器者，皆令就田，垦发以时”，要使“农夫不废其业，蚕妇得就其功”。如果是“单劣之户，及无牛之家，劝令有无相通，使得兼济。三农之隙，及阴雨之暇，又当教民种桑植果，艺其蔬菜，修其园圃，畜育鸡豚，以备生产之资，以供养生之具”②。这些规定，正好与均田令相互补充，来劝课农桑，发展生产。这些劝农措施，和均田法令相辅而行。原州刺史李贤、窦炽在任期内积极劝农，发展了当地生产。“甚得民和”就是原州居民对他们的赞誉。尤其是窦炽在任 10 年，抑挫豪强，清理冤狱，亲临田间，劝民垦耕。原州城北有一水泉，就是现在的北海子。窦炽也常到这里去。一次，幕僚们在泉边

①令狐德棻等.周书·苏绰传[M].北京:中华书局,1971:391.
②令狐德棻等.周书·苏绰传[M].北京:中华书局,1971:385.

设宴，大家争相向他敬酒，他跑到泉边，舀了一杯泉水，边喝边说：“我在这个州，只能喝泉水。”意思是说，他没有为老百姓办多少实事，不配喝酒。窦炽离开原州后，老百姓都很思慕这位清官。窦氏家族合门崇佛，《辩证论》卷四记窦炽“建白马、梵云二寺”。天和四年（569 年），北周曾筑原州城。特别是北周均田制在原州的实行，促进了当地农业生产的发展，也为石窟的开凿提供了比较稳定的经济来源。

三、隋唐时期

隋国公杨坚在公元 581 年迫使周静帝退位，夺取政权，建立隋朝，自称文帝，结束了魏晋南北分裂的局面。全国的统一为隋唐文化艺术的大发展奠定了基础，中外文化进一步交流，作为上层建筑的佛教及其他艺术也有了新的发展。随着历史环境的改善，佛教在全国各地都有很大的发展，建寺造像在全国范围内迅速展开。须弥山石窟也不例外，在继北周延续的基础上，出现了新的发展高潮。

唐代，使中国封建社会进入了一个繁荣的时期，在统治阶级的倡导下，呈现出异常兴盛的景象，特别是盛唐时期，高宗、武则天颇信佛法，须弥山开窟造像又进入了新的高潮，现存唐代窟龛，有 60 余座，约占须弥山现存全部洞窟的三分之二，在须弥山石窟艺术史上是一个灿烂兴盛时期。其中第 5 窟内的倚坐大佛，通高 20.6 米，是须弥山石窟的最大造像。有人说，第 5 窟的弥勒坐佛就是依照武则天的面容修建的。

为什么在隋唐时期又迎来了须弥山石窟凿洞造像的高潮呢？除了国家倡导外，固原的经济实力也允许开窟造像。隋唐时期，是我国经济向上发展和统一国家的重建时期。隋初，政府推行均田制度和轻税入官制度，有力地调动了农民的生产积极性，土地开垦面积逐步扩大。隋文帝杨坚令朔州总管赵保卿“于长城以北，大兴屯田，兴实塞下”[①]。这样，长城内外成为农业生产基地。开皇二年（582 年），原州总管司马赵轨夜晚领兵行

①魏征，令狐德棻等.隋书·食货志[M].北京：中华书局，1973:681.

巡时，左右随行的马骑跃入田中，毁坏民间禾苗。赵轨令随行人员查明禾主，赔偿损失[①]。可见交通沿线土地已被开垦为粮田。在发展农业经济的同时，隋代还大力发展畜牧业，据《隋书》记载，隋初陇右各地置有国家军马场 24 处，还在原州设羊牧、驼牛牧，分别设置总监、太都监、尉以主管其事。大业九年（613 年），灵武白瑜娑聚众起义，攻打陇西，进据平凉，在六盘山地区夺取官马万余匹。这就很能说明当时固原地区畜牧业的发展状况。唐初，固原地区仍受突厥的不断侵扰，唐王朝的统治并不稳固。对此，唐太宗李世民采取“剿抚并用”的方针，一方面，以原州为中心，对侵扰的突厥军事势力实施打击，削弱其军事力量。另一方面，对归降人员进行妥善安置，并以和亲方式与突厥统治者修好。贞观四年（630 年）二月，唐军大败突厥颉利，三月颉利被俘，其部落降唐者 10 余万众。唐王朝为妥善处理民族关系，安置降服部落，不但将突厥内附各部安置在西起灵州，东至幽州（今河北地）沿长城一线的广大地区，并设州都督府进行管理。贞观五年置原州都督府。贞观六年，又在平高县（今宁夏原州区）他楼城置缘州（今宁夏固原北），安置突厥降户。少数民族迁入本地后，逐步接受汉文化，学会了农耕技术，转入农耕生产。在民族融合中已“尽为良民”，为唐代农业经济的发展作出了重要贡献。贞观年间（627—649 年），政府在“沃衍有屯田之州，则置管田使，专管屯田”[②]。到开元年间（713—741 年），原州有屯田 4 所（按照唐朝的屯田制度，50 顷为一屯），共有地 200 顷。同时，至高宗、武后时期，屯田已成一种制度，大片牧地也“募人耕之”，旱地农业的开发也具相当规模。

唐朝初年，由于军马需要量很大，唐朝政府依然以原州为中心发展牧监基地，在原州置陇右群监牧，其职由原州刺史兼任。李吉甫在《元和郡县图志》中详细记载了这种情况：“监牧，贞观中，自京师东赤岸泽，移马牧于秦、渭二州之北、会州之南、兰州狄道县之西，置监牧使，以掌其事。仍以原州刺史为监牧使，以管四使。南使在原州西南一百八十里，西

①魏征，令狐德棻等.隋书·循吏[M].北京：中华书局，1973：1678.
②欧阳修，宋祁.新唐书·百官志下[M].北京：中华书局，1975：1316.

使在临洮军西二百二十里，北使寄理原州城内，东宫使寄理原州城内。天宝中，诸使共有五十监，南使管十八监，西使管十六监，北使管七监，东宫使管九监。监牧地东西约六百里，南北约四百里。天宝十二年，诸监见在马总三十一万九千三百八十七匹，内一十三万三千五百九十八匹骒马”[①]。从上述50监的分布位置来看，属今固原者为数甚多，有数万匹或十万匹左右。到仪风年间（676—679年）又增设牧马场，有乌氏（今宁夏原州区南）、长泽（今宁夏原州区北）、木峡等马场。在发展战马的同时，其他畜种也相应增多。天宝十三载，“陇右群牧都使奏：马、牛、驼、羊六十万五千六百”[②]，开元十三年则有马四十五万匹、牛五万头、羊二十八万六千只[③]。陇右监牧“肇自贞观，成于麟德，四十年间，马至七十万六千匹”（牛羊不计其数）[④]。原州成为全国最大的养马中心，西北牧业的指挥中心。但这种畜牧经济具有很强的军事性质，即其产品主要是为补充军队的战马，供征战使用，同时也为地方财政增加了收入。

四、明代

“安史之乱”以后，李唐王朝由盛而衰，广德元年（763年），须弥山石窟所在固原地区被吐蕃占领，须弥山石窟也由此逐渐衰落，因此，再无大规模的开窟造像活动，但作为崇仰佛教的石窟寺，仍然是统治者关注的地方，更是佛教信徒们朝拜的圣地，因而宋、西夏、金、明、清几代曾对须弥山石窟进行改凿和装修，但其规模都不大。特别是在明代时，须弥山石窟得到了朝廷的重视，而且朝廷运用国力对须弥山石窟进行一次大规模的装修和重建寺庙等活动，明代的三通碑刻（《敕赐禅林》《圆光禅寺记》《重修圆光寺大佛楼记》）和数十处题记，记述了这次装修的规模。明朝后期，随着封建王朝的衰败，须弥山石窟寺院也逐渐衰落。

---

①李吉甫.元和郡县图志[M].北京：中华书局，1983:59.

②欧阳修，宋祁.新唐书·兵志[M].北京：中华书局，1975：1338.

③张说.张燕公集·大唐开元十三年陇右监牧颂德碑[M].上海：上海古籍出版社，1992:86.

④张说.张燕公集·大唐开元十三年陇右监牧颂德碑[M].上海：上海古籍出版社，1992:86.

明朝，固原虽是王朝的中心腹地，实质上却是明王朝的边防要地。这是因为，元朝虽灭，但残余势力尚存。公元 15 世纪初，蒙古鞑靼、瓦剌各部日渐强大，成为明朝北方边境的大患。所以明王朝在东起鸭绿江、西至嘉峪关的万里边防线上设立了 9 个军事重镇，固原为其一镇，派重兵驻守，抵御来自北方的威胁。军屯由此兴起，“其闲地则为屯田，且耕且守，五年后方令纳粮”[①]，共屯田 2134.45 顷。公元 16 世纪初，军屯继续发展。平虏守御千户所“留存南方军及新募军人入伍操练，授田屯种，以为防御计”[②]。白马城堡“募军戍守，人给地一顷，使自耕种为业。奏调榆林百户五员领之”。海喇都营“成化四年（1468 年），选本府官军七百员名，冬操夏种，设操守指挥一员约束之。”[③]至嘉靖年间，耕地面积达 3300 顷。万历时屯田又增加到 4815 顷。在大力发展屯田时，水浇地也在发展。正德十年（1515 年）时，红河川、茹河川、东西海子、杨郎、关桥等地都有小规模的引水灌溉。“正德十一年，镇守总兵官赵文、兵备副使景佐，因本城井水苦咸，人病于饮，遂导引（西海水）于州城，入泮池。由西门而入，环流于街巷，自东门而出，公私两利之盛意也。”[④]粮食作物除种植麦类、豆类、谷类等粮食外，普遍种植胡麻、麻子、菜籽等油粮作物，以及各种果树和蔬菜。官牧制度重新恢复，再次大兴马政。洪武二十七年（1394 年），置群牧千户所。永乐四年（1406 年）置陕西苑马寺。苑马寺是一种专门马政机构，其主要任务是向边防部队提供军马。固原属陕西苑马寺辖地（时全国共置 4 个苑马寺）。陕西苑马寺设立后，下封工监 4 苑；开城、安定两苑隶属于长乐监，清平、万安两苑隶属于灵武监。永乐六年（1408 年）时，陕西苑马寺又增为 6 监 24 苑。据嘉靖《固原州志·苑马寺所属坐落固原州地方监苑》记载，苑马寺长乐监在固原州城内东北隅。下辖 3 苑是开城苑（在头营）、广宁苑（在固原州城监衙内）、黑水苑（在州城北 90 里）。后来，固原马政日渐衰落，监苑屡裁，

①明实录·明宪宗实录(卷一五七)[M]．台湾:中央研究院历史语言研究所校印本,1961:2861.
②明实录·明武宗实录(卷二)[M]．台湾:中央研究院历史语言研究所校印本,1961:638.
③牛达生,牛春生(校勘).嘉靖·万历固原州志[M].银川:宁夏人民出版社,1985.
④牛达生,牛春生(校勘).嘉靖·万历固原州志[M].银川:宁夏人民出版社,1985.

使朝廷所用军马一度紧张。弘治十六年（1503年），明廷以副都御使杨一清专程来固原一带整理马政，“肃振纪纲，增置官署，搜括垦田，益市民马，一时观美”[①]。督修马营19处，屋宇4100间，招募马军3343名，清出应归牧荒、熟地1280万亩，牧马增至11800匹。至万历年间（1573—1620年），各种大牲畜达到33842头。据史料记载，当时牧养的马匹，一部分充当军马，另一部分拿到集市销售。而且，马场还牧养牛羊，除牧马人食用外，大部分在集市交易。政府从中征集了大量的税金，充实了地方财政收入。

须弥山石窟从北魏开始凿造，历经西魏、北周，到唐朝时已是一座规模宏大的寺院，吸引着四方群众前往观瞻，捐款者与日俱增，数额也在加大。来来往往的丝路商人、传教士、僧侣驻足观看，捐资助佛形成常势。所以，须弥山石窟的开凿，既是地方经济实力的体现，也是捐款者众多的象征。

（原载于《宁夏师范学院学报》2015年第2期）

---

①《关中两朝文钞》卷八、赵时春《马政论》。

泾河上游石窟文化的地理环境概论

——以北石窟寺为中心

刘治立

摘　要：泾河流域在古代历史上是丝绸之路出长安向西域的咽喉地段，作为丝绸之路经行的必然结果，在泾川、西峰、镇原等地留下了大量的石窟。陇东石窟具有突出的地方特色，它在历史上出现及其兴盛是由其特定的自然、政治、社会文化环境决定的。

关键词：泾河上游　石窟文化　地理环境　北石窟寺

泾河河谷在历史上曾经是丝绸之路的重要孔道，泾河两岸留下了大小佛教石窟多处，主要有庆阳北石窟寺、泾川南石窟寺、王母宫石窟、嵩显寺石窟、罗汉洞石窟、丈八寺石窟、千佛寺石窟、太山寺石窟、镇原县石空寺石窟、万佛洞石窟、乐山石窟、玉山寺石窟等。以北石窟寺为核心的泾河流域佛教文化，对古代陇东的政治、经济、文化教育、社会风俗习惯都产生过深刻的影响，成为陇东地域文化的一个重要组成部分，为陇东文化增添了斑斓的色彩。研究泾河流域的石窟文化，就要从陇东黄土高原特定的地理环境谈起。

地理环境是人类赖以生存和发展的物质基础，对人类和人类社会生活有着深刻的影响。本文所说的地理环境，是指人类赖以生存和发展的地球表层的特定区域，根据一些权威辞书的解释，“地理环境可以分为自然环境（或自然地理环境）、经济环境（或经济地理环境）和社会文化环境……

上述三种环境各以某种特定的实体为中心，由具有一定地域关系的各种事物的条件和状态所构成。这三种地理环境之间在地域上和结构上又是相互重叠、互相联系的，从而构成统一的整体地理环境”。[①]陇东黄土高原位于黄河上游，属黄土高原的中西部，海拔1200至1800米，是中华文明的发祥地之一。在水土流失的长期影响下，陇东黄土高原的塬面被切割得支离破碎，这里沟壑纵横，塬、梁、峁、坪、崾岘、河谷、山地等多种地貌类型并存。泾河是陇东最大的河流，北石窟寺就处在泾河支流蒲河和茹河的交汇处。北石窟寺周围地区的黄土层很厚，黄土结构松软，透水性和保水力好，是历史上开发较早的地区之一，很久以前便出现了甘肃最早的人类活动的足迹。

北石窟寺位于今庆阳市西峰区西南25公里的覆钟山畔，正好处于董志塬的西部边缘，有大小窟龛295个。覆钟山俗称寺山峁，地理坐标北纬35度，东经107度。山前，南有高峻的鸡头山，北有绵缓的大坡山，蒲河之水从北向南经北石窟寺门前流过，茹河之水从西向东在石窟的南侧与蒲河合流。北石窟寺处于山环水绕之中，周围崇山峻岭，千峰凝翠，茂林修木，绰约多姿。夏季，绿树成荫，鸟语花香；冬天，白雪皑皑。早在距今20万年以前，在北石窟寺附近一带便有姜家湾和寺沟口的先民实现了人猿相揖别的巨大转变，他们使用打制的砍斫器、刮削器、尖状器和角器在蒲河两岸生活和繁衍，他们是甘肃已知最早的人群，考古工作者称之为“蒲河人群”。当时的蒲河流域呈现出以草原为主的稀树草原景观，先民们以简单的打制石器和角器改变着生存和生态环境，过着狩猎兼采集的生活，不断提高自身的适应能力。他们在考古学上属于早期智人（古人）。进入仰韶文化时代，陇东地区孕育着一支远古中华文化，位于今镇原县常山一带的常山下层文化是一种自具特色的原始文化遗存，出土的大量质朴美妙的陶器展示着氏族先民的劳动、智慧与创造，表现着氏族文化的风采，表明生产力水平已经有很大的提高。考古工作者在北石窟寺对面的居士沟发现了一处新石器时代仰韶文化，即居士沟遗址。遗址分布在居士沟

①中国大百科全书地理学卷[M].北京：中国大百科全书出版社，1990.

台地上，东西长400米，南北宽200米左右。这里的文化层厚2米，灰层中杂有各种陶片和瓦砾，陶片有彩陶、泥质红陶、泥质灰陶和夹砂灰陶，其中有属于新石器时代的泥质红陶敛口钵、灰陶盆；属于周代文化的夹砂绳纹灰陶鬲、罐、高颈鼓腹素面罐等；属于汉朝的平沿外折曲腹盆、绳纹罐等。[①]可见北石窟寺附近自古就有人类生活和繁衍。

夏朝时期，不窋率领周人迁入“戎狄之间”（今甘肃庆阳市一带），开创耕稼事业，经过几百年的发展，使陇东的农耕文化得到长足的进步，同时也使周人的势力不断壮大，史称“周道之兴自此始”。[②]春秋战国时期，董志塬上居住着义渠戎人，他们建立起众多的城池，过着定居的畜牧生活，与强秦抗衡，多次对秦国造成威胁。义渠戎人生活的时期，泾河流域的天然植被还没有遭到严重破坏，泾河清澈见底，所以《诗经·邶风·谷风》中有“泾以渭浊”的诗句。汉朝时期，北石窟寺一带属于彭阳县管辖，北石窟寺距离彭阳古城5公里，在北石窟寺的周围有较为稠密的人烟，考古工作者在与北石窟寺对面的居士沟遗址，发现了大量的汉代瓦砾，说明在汉朝时期这里就有人居住。

陇东处于中国古代农业和畜牧业的交替带上，秦汉乃至隋唐时期，陇东仍然有着较为优越的自然条件和较为合理的农牧结合的经济结构。但是随着人口的不断增长和无止境的扩大耕地，大量草地和林地被侵吞，自然环境受到严重的破坏。董志塬塬面本来非常开阔，在唐朝时被称作彭原，原面南北长40.5公里，东西宽30公里。现在南北长度变化不大，但是东西宽度已经缩至约18公里，最窄处仅仅0.5公里，是唐朝原面的1/2多一点。史念海明确指出：“南小河沟的形成是由于它本来是一条道路，这条道路可远溯到唐代，那时是由庆州到原州和渭州（镇原和平凉）的道路。后来到元、明、清代，庆阳和平凉间往来亦经过这里。年久失修，原来的道路由于冲成沟壑，因成而改行沟旁。”[③]

---

①庆阳地区博物馆(编).庆阳地区文物概况(第2集).1983:101.

②司马迁.史记·周本纪第四[M].北京:中华书局,1959:112.

③史念海.河山集二集[M].北京:三联书店,1981:22.

北石窟寺所处的庆阳在历史是一个物产较为富饶的农业区，素有“陇东粮仓”的美名。早在先周时期，农业经济已经确立了基础，义渠戎族在这里修筑了几十座城池。秦汉时期，北地郡“西有羌中之利，北有戎狄之畜，畜牧为天下饶”。[①]西汉末年赤眉军曾经到“北地就食”。董志塬平畴沃野，宜于耕牧，在历史上有“八百里秦川，不如董志源边”的说法。

以北石窟寺为代表的泾河流域石窟群所以能够在北魏时期开凿后香火千年不衰是有存在的理由的。

第一，北石窟寺位于丝绸之路东段的孔道上，有着便利的交通和优越的地理位置。

丝绸之路本身具有文化上的交汇互融、流动不止的特点，它将东方的佛教文化，在丝绸之路的中转过程中逐渐被消化、分解并与当地的本土文化熔为一炉。甘肃境内有纵横交错的丝绸之路交通网，因此佛教石窟在全省星罗棋布，被誉为“石窟之乡”。丝绸之路有一大段要经过泾河上游陇东一带。张宝玺先生认为：“泾州是西北重镇之一，位于丝绸之路上。从长安出发，经泾川（北魏泾州）、平凉、固原、靖远、景泰间渡黄河可抵武威而进入河西走廊，这是丝绸之路的东段北道。”[②]在这条道路上东来西往、奔波匆忙的人群中，不乏中外僧侣及宗教使团。佛教就是沿着这条古道进入中原的。作为丝绸之路进入长安的孔道，佛教和佛教艺术在东渐过程留下了大量的历史遗迹，大小石窟遍及泾河两岸，泾川县甚至有百里长窟的说法。这些石窟是丝绸之路佛教文化辐射陇东的结果。根据佛教的说法，只有在生前不断坐禅苦修，才能逐渐达到寂灭的境界，死后可以进入极乐世界。因此，石窟寺一般都要建立在远离闹市的僻静山林中，使苦修者一边观像礼佛，一边诵读佛经，最终达到超尘脱俗的境界。但考虑到僧侣们接受供养和方便香客的需要，石窟的位置又不能过于偏僻，往往选在既离开闹市、又能得到人间烟火供应的通衢大道旁边。北石窟寺以及上述泾河流域诸石窟就具备这样的条件。

①司马迁.史记[M].北京：中华书局，1959：3262.

②甘肃省文物工作队，庆阳北石窟文物保管所.陇东石窟[M].北京：文物出版社，1987：19.

北石窟寺是陇东众多石窟中最大最重要的一个。这是由于它的特殊位置决定的。“位于陇东高原的庆阳北石窟寺与泾川南石窟寺一样，南缘丝绸之路，北依河西走廊，经大同直达辽东的古道，东傍长安，至长安的又一条古道，故其石窟历史悠久……地处几条通衙大道的有利条件也使庆阳北石窟寺有可能吸收多民族文化的先进聚拢各地能工巧匠凿石开窟，雕凿佛像，集才华智慧于石窟艺术之中”①据李红雄、宋文玉等人的实地考察发现，连接北石窟寺的古道有三条：一是东南豳州—雍州大道。从北石窟寺东南的石道坡沿董志塬西塬蜿蜒而上董志塬面，经肖金镇、三不同进入宁县焦村，再过坳马东下马莲河（古称泥水谷）到达宁县城（北魏豳州治所）。古道东南行到早胜塬，然后分为两条道，一条过今正宁罗川、经陕西旬邑、淳化、咸阳到达西安（北魏雍州治所，西魏首都）；另一条向南折到政平古城，过泾水越陕西长武到达彬县，而后经咸阳到达西安。二是西北彭阳—高平大道。从北石窟寺沿茹河北岸西行5公里至彭阳古城，再西行两公里过茹河。走南岸，西行至祁家村，复过茹河北岸，西行10公里，到达今镇原县城。沿茹河川道继续西行过宁夏彭阳县，再西北行30公里，即可到达固原（汉朝高平城，安定郡治所）。汉文帝十四年（前166年），匈奴军队进攻萧关，杀死北地都尉卬，而后往东，经今宁夏彭阳县沿今镇原县境内的茹河河谷东进，到达北石窟寺附近的汉彭阳城，侯骑往东南经宁县、陕西旬邑，到淳化县北的甘泉宫。班彪自长安出发，经过淳化、旬邑、宁县到彭阳古城，然后沿茹河河谷到高平，与匈奴铁骑走的是同一条道路。三是西南泾州大道。从北石窟寺过蒲河沿河西阶地南行到上肖，再沿二级台地向西盘山而上到屯字塬东端的朱家嘴村，古道在杨城村南折抵万俟沟畎，这里有面积4平方公里的汉魏古城遗址和北魏胡太后祖墓等历史遗存。古道再南经上肖过下肖胡同，抵泾川县荔堡镇，西南折经小寨，从塬面下洪河谷地，沿河南至泾河北岸景家村。从景家村渡过泾河，沿泾河南岸直达泾川县城，这一段基本上与今西兰公路重合，沿途可以见到许多石窟，诸如南石窟寺、王母宫石窟、嵩显寺石窟、罗汉洞石窟

---

①徐恩存.中国石窟[M].杭州:浙江人民出版社,1999:42.

等，大多分布在山水之间。这些石窟的雕塑和壁画是我国古代艺术家把传统的艺术和外来影响密切结合起来而创造的艺术珍品，把泾河流域丝绸之路点缀得更加雄伟壮丽。在这些古道上还发现有众多的文化遗迹和古城池、村落遗址，尤其是泾州大道，沿途佛教活动的遗迹星罗棋布，不胜枚举。可以想见在漫长的丝绸之路发展史上，无数的西域胡商、天竺高僧以及中原的西行取经的僧侣、附近信仰佛教的官民僧俗，在这条古道上经行和休憩，并在这些佛教信仰场所进行膜拜和布施。①

据《资治通鉴》记载，唐朝时期“中国富强，自安远门西尽唐境万二千里，闾阎相望，桑麻遍野”②，这种便利的交通条件使北石窟寺成了陇东规模最大的佛教活动场所，与泾河流域诸多石窟遥相呼应，并对周围各地的寺院起到统摄的作用。元朝延祐七年（1320 年），北石窟寺（时称东大石窟寺）沙门义融召集“本寺僧众及本处应有各院大小法属等，并咸阳县最师空寿圣寺众法属等”，共同在七佛窟即 165 窟焚香发愿，确定共同信仰般若经，并定下了后辈僧人字号，规定“远近法属仗此般若之因，同证无为之果”③。由此可见北石窟寺在陇东地区佛教界的地位之高，其影响甚至延伸到陕西咸阳一带。从历代题记可以看出，周围许多寺院如庆宁寺、大像寺、原州崇宁寺等处的僧人也常到北石窟寺朝拜。各地的信徒也赶来礼佛，如彬州三水县范城、京兆民口式、长武客王君飒等，还有人将北石窟寺与泾河流域其他寺院进行比较，如长安何长德在题记中表示：“窟宅广深高大，凿之者其神欲（欤）？余尝游回中（泾川）之龙翔寺与南山之庆寿寺（彬县大佛寺），方此其陋矣。”④

第二，北石窟寺处于重要的战略位置上。

陇东位于秦汉王朝的心脏——关中的上游，具有“拱卫关中”的战略地位。镇原“襟带秦凉，拥卫畿辅，关中安定，系于此地”⑤；庆阳“二

①李红雄，宋文玉.北石窟寺[M].兰州：甘肃文化出版社，1999.

②司马光.资治通鉴[M].北京：中华书局，1966:6919.

③甘肃省文物工作队，庆阳北石窟寺文官所.北石窟寺[M].北京：文物出版社，1985:116.

④甘肃省文物工作队，庆阳北石窟寺文官所.北石窟寺[M].北京：文物出版社，1985:116.

⑤顾祖禹.读史方舆纪要[M].北京：中华书局，2005:2774.

水合流，群峰对峙，龙蟠凤翥，金汤城池，襟带延绥，屏藩关辅”[①]；宁县“联络关陇，襟带豳岐，川谷高深，地形险固，岭被有事，州每当其卫。秦并义渠，渐启榆中之塞。唐保豳宁，卒措吐蕃之锋，志称易守难攻，信矣。”西峰“襟带秦岭，控振萧关”。北石窟寺南边的平凉“山川险阻，控扼边陲，屹为要会……外阻河朔，内当陇口”、“外边羌夏，襟带秦凉……控制西陲，实为要地”。[②]有学者指出：“泾河、环河地区（即古雍州）由于南依丝绸之路，又距唐代都城长安、洛阳较近，因此佛教文化甚为繁盛；这里属于甘肃的陇东高原，辽阔富饶，东邻榆林，西接黑水，南通泾渭，北达贺兰山，自古是交通要冲和军事重镇，为佛教的传播与石窟的兴建提供了良好的环境条件。”[③]张宝玺说：“陇东其地北依萧关，是屏障长安北面的门户。所以陇东地区在古代交通史和军事史上占有重要的地位。北魏很重视对泾州的经营。……泾州刺史多由像狄子玉、张鸾旗、抱嶷、高绰、奚康生、元祐、陆希道、元谭这样的权臣来担任。”[④]由于特殊的战略位置，历代统治者注意加强对陇东的管辖，历代名将贤臣如蒙恬、李广、狄仁杰、范仲淹等先后在此任职，北魏时期曾经派三员名将（奚康生、崔延伯、杨大眼）中的两个先后到陇东的泾州平定反对北魏统治的起义，奚康生镇压了泾州僧人刘慧汪起义后开凿了北石窟寺第165窟和南石窟寺1号窟，而崔延伯就是在安定（今镇原）被万俟丑奴的陇东起义军打死的。许多封建帝王如秦始皇、汉武帝也曾到这里巡视。唐朝建立后首先把矛头指向控制陇东的薛举、薛仁杲父子的割据势力。安史之乱爆发后，太子李亨即后来的唐肃宗“奔彭原”，在此整军后到灵武称帝。特殊的地理环境造就了特殊的民众个性，陇东在历史上出了许多名将，如抗击匈奴的公孙敖、公孙贺、刺杀楼兰王的傅介子、抗击金军的王庶、李彦仙、曲端等。宋徽宗政和六年（1116年）十一月，宋将种师道率领军队筑席苇平城，不久，夏人大举进攻，攻陷后大肆屠城。种师道率领精兵将之

①顾祖禹.读史方舆纪要[M].北京：中华书局，2005：2755.
②顾祖禹.读史方舆纪要[M].北京：中华书局，2005：2774.
③徐恩存.中国石窟[M].杭州：浙江人民出版社，1999.
④甘肃省文物工作队，庆阳北石窟文物保管所.陇东石窟[M].北京：文物出版社，1987.

夺回，徽宗皇帝御赐“清夏城”。种师道的抗夏行动受到当地官民的拥戴，因而当他于两年后率兵过彭阳时受到人们的欢迎，大家纷纷聚集在北石窟寺迎谒种师道，以示对抗夏名将的尊重和支持。第165窟门内北壁阴刻“政和戊戌（1118年）夏五月甲辰，大帅种公统五路兵出鄜延，郡倅钱坚迎谒境上，因率巡检祁谨、权邑淳于铎、县尉元沣、工曹范直方同过彭阳石窟寺，回中宋延年继至，相与留恋，抵暮而归。”[①]金占领陇东后，派庞迪（字仲由）镇守泾河上游，庞迪的军队就驻扎在北石窟寺附近。北石窟寺165窟门南侧阴刻“客崔可宪书记一时诡异口圣像，叹灵迹之奇怪，命下校守义渠。过宝岩瞻礼。皇统丁卯（1147年）冬十月三日庞仲由。”[②]

北石窟寺就处于陇东的核心地带，有三条古道将之与周围州县城池衔接起来。当年班彪从长安出发向西北远行，经义渠戎国首都到安定郡，就曾经从北石窟寺一带经过。这种得天独厚的地理位置无疑对北石窟寺佛教文化的产生和发展产生了积极的影响。

第三，陇东地区的佛教发展受到统治者的提倡和保护。

已知开凿时间最早的陇东石窟是太和十五年（491年）合水张家沟门石窟，这时正值北魏孝文帝改革时期。孝文帝元宏（471—499年在位）“善谈老、庄，尤精释义”[③]，承明元年（476年）他为其父亲资福，度僧起寺，“度良家男女为僧尼者百有余人”[④]，又到永宁寺听讲经，下诏书允许高僧一月三次到宫殿讲论佛经。孝文帝特遣使请昙度至平城主讲《成实论》，学徒千余人。[⑤]刚到洛阳不久，“太和十九年（495年）四月，帝幸徐州白塔寺。顾谓诸王及侍官曰‘此寺近有名僧嵩法师，受《成实论》于罗什，在此流通。后授渊法师，渊法师受登纪二法师。朕每玩《成实论》，可以释人染清，帮至此寺也。’”[⑥]由于孝文帝的倡导，《成实论》在

①甘肃省文物工作队，庆阳北石窟寺文官所.北石窟寺[M].北京：文物出版社，1985：117.

②甘肃省文物工作队，庆阳北石窟寺文官所.北石窟寺[M].北京：文物出版社，1985：115.

③魏收.魏书[M].北京：中华书局，1974：187.

④魏收.魏书[M].北京：中华书局，1974：3039.

⑤释慧皎.高僧传[M].北京：中华书局，1992：304.

⑥魏收.魏书[M].北京：中华书局，1974：3039.

北魏流行，从孝文帝开始，北魏的讲经、研究义理之风逐渐兴盛，出现了许多高僧。此后，宣武帝元恪爱好佛理，经常在公众讲经，召集名僧研讨佛理，他还在洛阳的伊阙山开凿龙门石窟。北石窟寺的开凿恰好就在宣武帝永平元年（509年）。宣武帝世妇胡氏（即后来的胡太后），安定临泾人，自幼出家为尼，后出入宫中讲经，被宣武帝招入掖庭，为承华世妇，生孝明帝元诩。胡氏笃信佛教，修造永宁寺塔，高四十余丈，费用不可胜计。她的父亲胡国珍也信奉佛教，死后，胡太后将其归葬临泾，令“自始薨至七七皆设千僧斋，令七人出家，百日设万人斋，二七出家”[①]。北石窟寺及南石窟寺的最初开凿者泾州刺史奚康生是胡太后的死党，他在皇后胡氏的故乡修造南北石窟寺的举动，有逢迎胡氏的意思。奚康生“信向佛道，每舍居舍立寺塔，凡历四州，皆有建置”[②]，是个虔诚的佛教信徒。在奚康生之后担任泾州刺史的元祐也信仰佛教，孝明帝熙平二年（517年）在洛阳龙门石窟凿一圆拱龛内雕一交脚菩萨。造像发愿文是：“……持节督泾州诸军事、征虏将军、泾州刺史齐郡王祐。体荫宸仪，天纵淑茂。达成实之通途，识真假之高韵。精善恶之二门，明生灭之一理。……于是依云山之逸状，即山水之仙区，启神像于青山，镂禅形于玄石。……乃作铭曰‘……德由世重，道以人鸿。……熙平二年七月二十日造。’”从《南石窟寺之碑》的题名来看，当时担任地方官吏、把持泾州地方政治的本地大姓望族如皇甫氏、梁氏、席氏、胡氏、张氏、冯氏等也都信仰佛教，参与修建南石窟寺的有别驾从事史安定胡武伯、平洪将军统军兼别驾主簿安定胡元安、省事安定胡季安、平凉郡丞济南侯安定胡利等。另如胡太后的堂姑出家做了尼姑，并且在洛阳兴造胡统寺居住修习佛经，“胡统寺，太后从姑所立也，入道为尼，遂居此寺。”胡太后从小就跟随姑诵读佛经，临朝称制以后仍常与姑母及姑母所建造的胡统寺中的尼姑来往，“其寺诸尼，帝城名德，善于开导，工谈义里，常入宫与太后说法”[③]。胡国珍的养子

---

①魏收.魏书[M].北京：中华书局，1974：1834—1835.

②魏收.魏书[M].北京：中华书局，1974：1633.

③杨衒之.洛阳伽蓝记[M].北京：古典文学出版社，1958：62—63.

名胡僧洗，胡太后的侄儿叫胡僧敬（曾任泾州刺史），在奚康生之前任泾州刺史的高绰字僧裕，从名字中可以反映出信仰佛教的倾向。进入北周，曾于保定四年（564 年）至天和三年（568 年）担任泾州刺史的杨忠（又名普六茹忠，隋文帝杨坚之父）是个虔诚的佛教徒，他在西魏时期率领军队进攻南朝梁江陵时获得大量佛教经卷，之后任泾州刺史。所得经卷无疑会对管辖区产生影响。“及于谨伐江陵，忠为前军，屯江津。……保定四年，乃拜泾豳灵云盐显六州诸军事，泾州刺史。天和三年以疾还。”[①]陈寅恪先生根据这条材料认为杨忠在取江陵之后“又为泾、豳、灵、云、盐、显六州总管，居西北之地凡五岁之久，则此梁武之世荆州写造之佛典，殆为杨忠随军所收，因而携入西北，遂散在人间，流传至于今日”[②]。唐朝时期是北石窟寺的大发展时期，这与政府的佛教政策和地方官的推动不无关系。北石窟寺在唐朝的大发展，与唐朝政治有着密切的联系。唐高祖登基的第二年在《禁正月、五月、九月屠宰诏》中说“释典微妙，净业始于慈悲”[③]。唐太宗在战争中杀了许多人，亲手所杀就有一千左右。即位后在过去作战的地方建立佛寺，超度战争中的死者，下诏“建义以来，交兵之处，为义士、凶徒、殒身戎阵者，各建寺刹，招延胜侣，法教所振，变灾兵于青莲；清梵所闻，易苦海于甘露，”在打败宋金刚的晋州立慈云寺，在镇压窦建德的汜水立等慈寺，在镇压刘黑闼的洺州立昭福寺，在打败薛仁杲的定平（今政平）立凝寿寺，至今凝寿寺院内的唐塔依然巍然矗立在宁县政平。宋朝张舜民曾经作记：“定平山不如水，水不如寺，寺不如凝寿。”在《度僧于天下诏》中说：“三乘结辙，济度为先；八正归依，慈悲为主。留智慧之海，膏泽群生；剪烦恼之林，津梁品物……比因丧乱，僧徒减少，华台宝塔，窥户无人……其天下诸州有寺之处，宜令度人为僧、尼，总数以三千为限。其州有大小，地有华夷，当处所度多少，委有司量定。务须精诚德业，无问年之幼长。其往因减省还俗及私度白首之

①令狐德棻.周书[M].北京：中华书局，1971：317—318.

②兰州大学历史系敦煌学研究所，兰州大学图书馆合编.敦煌学文选（上）[M].346.

③宋敏求.唐大诏令集[M].北京：商务印书馆，1959:586.

徒，若行业可称，通在取限。”[①]不仅要新度僧尼，已经还俗或者私度的人也可以堂而皇之做僧尼。唐高宗、武则天、唐玄宗等也都曾大力倡佛，北石窟寺第171窟的发愿文中提及“口口皇帝口及口口四海口兴”[②]。可见信徒对提倡佛教的唐朝皇帝感恩戴德，祈祷皇业昌盛四海振兴。唐肃宗在至德元年（756年）六月奔赴灵武的途中曾驻扎彭原城（今西峰市彭原乡），他七月即位后敕令“天下寺观，各度七人”[③]，九月又回到彭原，并在这里滞留了数月，当时“彭原郡以军兴用度不足，权卖官爵及度僧尼。”[④]唐肃宗还召集一百多个和尚到行宫朝夕念经，祈祷退敌。唐肃宗不仅佞佛而且佞僧[⑤]，他在安史之乱时期来往于陇东，走的是萧关古道，要经过北石窟寺到南小河沟沿线的大道。唐肃宗到乌氏等处要经过北石窟寺，很有可能进入这座历史悠久、规模浩大的福地拜佛。他聚集僧众在行宫祈祷，距彭原仅五十多里的北石窟寺很有可能派高僧参加，他在彭原郡用右仆射裴冕权计，放宽限制，度僧鬻度牒，谓之香水钱。这项措施的初衷是为了增加政府的财政收入，但对于北石窟寺僧徒的增多、寺院势力的壮大，无疑是个大好机遇，可能会产生很大的影响。

第四，陇东地区有着佛教信仰的民众基础。

有人认为匈奴人早在秦汉时期先于中原民族接触了佛教。霍去病西击匈奴，迫使浑邪王率众投降，西汉政府将他们安置在北地等五郡，他们有可能最早把佛教的信息带入陇东地区。东汉时期，大量的羌人迁到北地郡、安定郡，历史上称之为东羌，这些纵横西北的羌人可能成为佛教在陇东的实际传播者。五胡十六国时期，各个少数民族政权竞相崇佛。时人为了逃避繁重的租役纷纷“营造寺庙，相竞出家”，致使“中州胡晋略皆奉佛”。据南朝齐陆杲《系观世音应验记》中说“南宫子敖，始平（今陕西兴平）之人也。戍新平城（今陕西彬县），为佛佛（即赫连勃勃）儿长乐

①董浩.全唐文[M].太原:山西教育出版社,2002:38.

②甘肃省文物工作队,庆阳北石窟寺文官所.北石窟寺[M].北京:文物出版社,1985:117.

③董浩.全唐文[M].太原:山西教育出版社,2002:297.

④刘昫.旧唐书[M].北京:中华书局,1975:244.

⑤郭朋.隋唐佛教[M].济南:齐鲁书社,1980:342.

公（赫连璝）所破，城中数万人一时被坑。子敖虽知必死，犹至心念观世音即救济。及至，交陨破而没，自不中人……寻因得叛归，作小观世音金像，以旃檀供养，行则顶戴，不令人知”。彬县距离北石窟寺很近，看来这一时期的豳州和泾州有观世音崇拜。南朝初年，安定临泾人胡叟到达汉中，“时蜀沙门法成率僧数千人铸丈六金像，宋文帝恶其聚众，将加大辟。叟闻之，即赴丹扬，启申其美，遂免”[①]。说明安定临泾在五世纪初已经有了佛教信仰。后赵咸康三年（337 年），安定人侯子光自称“佛太子”，聚众数千人“惑众”，“自称佛太子，云从大秦国来，当王小秦国”[②]，可见佛教在民众中的影响之大。经过几代少数民族政权的倡导，到北朝时期，陇东已经有了深厚的佛教信仰的民众基础，许多反抗封建统治的民众起义都是由佛教徒组织发动的。例如正始三年（505 年），秦州（今甘肃天水）屠各王法智发动起义，推举吕苟儿为首领，泾州陈瞻也率众响应，自称王，号圣明元年，《魏书·杨椿传》曰：“秦州羌吕苟、泾州屠各陈瞻等聚众反”。元丽率领军队镇压了这次起义后，枉掠良善百姓，滥杀无辜。《魏书·元丽传》记载：“帝问曰‘闻公在（冀州）杀戮无理，枉滥非一，又大杀道人’，对曰‘臣在冀州可杀道人二百余人，亦复何多’”。南北朝时期称道教徒为“道士”，而称佛教徒为“道人”。从元丽在冀州的行为可以推知他在秦州和泾州所杀戮的当是与屠各陈瞻起义有关的佛教徒。时隔四年之后的永平元年（509 年），泾州又爆发了沙门刘慧汪聚众造反。这些起义以佛教为号召，带有一定的神秘色彩，说明佛教信仰已经深入人心。唐朝时期无论是官吏还是百姓，动辄发愿造像，对佛教痴迷有加。

唐朝以后，佛教日益衰退，但北石窟寺附近的民众仍然坚信不疑。据《原州彭阳县石窟寺盂兰会记》记载，“每岁中元，近寺十社，建盂兰道场，设千佛之供作乐大会。四方来者，不止百千众，均施筍脯之饭，以广善因。……往来游人，其众如云。”[③]距离北石窟寺二十公里的“卫星

①魏收.魏书[M].北京：中华书局，1974：1150.

②司马光.资治通鉴[M].北京：中华书局，1956：3012.

③甘肃省文物工作队，庆阳北石窟寺文官所.北石窟寺[M].北京：文物出版社，1985：115.

寺”——肖金金城寺塔造于宋代，上面的四方题记清楚地表明陇东百姓对佛教的虔诚，纷纷舍砖建塔“祈保合家长幼清宁，国泰民安”、“祝皇帝万岁，重臣千秋，风调雨顺，国泰民安及愿舍砖施主淡氏等各人老幼众氏家门吉庆安宁”。明朝正德元年，北石窟寺附近的信徒安泰冯氏联络安氏家人、四邻百姓以及寺内僧人修造佛灯，诅咒“不善男女专心盗油永堕地狱，托生禽兽”[①]。

佛教代表着人们对自然和人生的理解，马克思说：“宗教里的苦难既是现实的苦难的表现，又是对这种现实的苦难的抗议。宗教是被压迫生灵的叹息，是无情世界的感情清，正像它是没有精神的制度的精神一样。”[②]在封建政府的残酷压迫下，人们只有从宗教中寻找精神寄托。第165窟内像头上墨书“平凉府镇原县在城里中街居住信仕段谱贤为悟赖打死人命含冤乙丑年七月十四日早到虔心奉讽祈浩万岁佛我佛我我万岁佛吾是戊子年壬戌月已卯日庚午时谁有李星打绞可出处之保佑吉祥如意”[③]。在盂兰盆会的前一天，发愿者一方面为死者信仕段濬贤祈福，另一方面在为死者喊冤并控诉杀人凶手，这段搞不清楚何朝何代且文字多处错乱、表述语无伦次的发愿文，正是千百年来陇东下层人民痛苦生活的真实写照，也是佛教信仰在民众久盛不衰的社会根源所在。对于备受苦难的广大群众来说，面前只有两条路：一是通过积极的反抗斗争，达到他们在现实生活中的翻身解放，取得真正的自由；二是回避现实社会的尖锐矛盾憧憬未来世界的幸福，以求得消极的精神解脱。因此，他们总是渴望在天国世界找到以为能够普度众生、大慈大悲的理想救世主，“对宗教的需求就其起源和本质而言是社会性的。更具体地说，对宗教的需求是一种社会制度通过幻想弥补现实的需要。人们实际存在的无能为力，人们不能把自己生活的客观条件置于自己监督之下，就是这种现实的基础”[④]。因此，民众的信仰是佛教

①甘肃省文物工作队，庆阳北石窟寺文官所.北石窟寺[M].北京：文物出版社，1985：117.

②马克思恩格斯选集（第2卷）[M].北京：人民出版社，1974：2.

③甘肃省文物工作队，庆阳北石窟寺文官所.北石窟寺[M].北京：文物出版社，1985：117.

④德·莫·乌格里诺维奇.宗教心理学[M].北京：社会科学文献出版社，1989:42.

在泾河流域存在传播的现实的文化地理基础。

（原载于《陇东学院学报》2010 年第 6 期）

从须弥山石窟看原州古典建筑式样

——略析须弥山石窟建筑

韩有成

摘　要：须弥山石窟是原州历史文化的重要组成部分，也是“丝绸之路”上珍贵的文化遗存，须弥山石窟艺术是原州历史文化的具体体现和反映。须弥山石窟所保存的各类精美的造像、建筑和壁画等是我国古代文化的一份宝贵遗产，也是我国古代建筑活动的一个重要方面，为研究佛学、历史、宗教、美术、建筑等领域提供了珍贵的实物资料，也从一个侧面反映出原州古典建筑的特点和风格类型。而在须弥山石窟建筑化的雕刻中所表现出的建筑与空间构造形式，为我们今日研究原州古典建筑式样提供了比较丰富的、间接的形象资料。

关键词：须弥山石窟　原州　古典建筑

须弥山石窟开凿时代早，规模宏大，内涵丰富，是原州历史文化的重要组成部分，它的开凿和营造，根据有关专家研究考证，当在北魏后期，西魏、北周、隋、唐各代连续营造，现存各类形制的窟龛 162 座，造像近千躯。这些窟龛分布于山峰相对独立的 8 个区域，即大佛楼区、子孙宫区、圆光寺区、相国寺区、桃花洞区、松树洼区、三个窑区、黑石沟区。这种性质不同的、以石窟形式的宗教性的伟大洞窟建筑物，经过了 1500 多年的自然力和人为因素的破坏，依然存在于今日，这为研究中国古代建筑增加了实物资料，也从一个侧面反映出原州古典建筑的特点和风格类型。

一、总体布局

须弥山所在，为六盘山之北垂，石窟群分布在须弥山自南而北八座山峰的东南崖面上，应该说，须弥山石窟在总体布局上是独具特色的，显示出极为明确的规划意识。须弥山石窟群各个时代的造像分布较为集中，从其开凿的顺序来看，是有规律可循的。北魏时期开凿的洞窟首先始于子孙宫区的南部崖面和中部崖面；西魏时期开凿的洞窟位于子孙宫区的西部崖面和东部崖面；北周时期形成的洞窟开凿高峰，重新选择了位置，在圆光寺区的东部崖面及相国寺区的独立山包，以及子孙宫区的东部崖面和松树洼区、三个窑区开凿了北周洞窟；隋代开凿的洞窟规模小，亦未形成整体，除利用圆光寺区的第 48 窟、相国寺区的第 51 窟内的壁面补凿龛像外，也选择了相国寺区中部的崖面进行凿窟造像；唐代开凿洞窟达到了盛期，唐窟的开凿始于大佛楼区的大像龛，第一、二阶段的洞窟主要集中于相国寺区，首先从中部西崖及西南部崖面自上而下逐层开凿，然后利用了中部中崖原隋代以及原北周崖面，最后折向西北方向，第三阶段的开窟造像中心转向了相国寺区西南的桃花洞区，同时，也利用了相国寺区东部崖面而凿窟造像。

总观我国各大石窟，广如云冈、龙门、敦煌等，绵延里许；高如麦积山，上下数层；一般是石窟多连续开凿在一个崖面上，而很少见这种踞独峰而分区、分时代开窟的格局，须弥山石窟的选址与布局，也可能是由须弥山这一特殊的地理环境所决定的。石窟开凿于须弥山上，南临寺口子河，窟口多东南向，所处之山势较为平缓，崖面宽阔平整，曲径幽静。按地形条件而论，此地是大面积开窟造像的极佳处所。现在石窟区已划定保护范围约 3 平方公里，其中南北长约 2000 米，东西宽约 1500 米，洞窟依山势开凿。从总体布局看，多为一层，有的地方分上下二到五层，同一时代的洞窟形式基本相同，位置并列，成为双窟，窟形多为中小者。这种分层、分时代区划的布局手法，不仅很好地解决了山势平缓、用“地”狭窄给石窟开凿带来的一些问题，而且应寓功能分区的规划意识在内。如子孙宫区北魏时期的第 14、24 中心柱窟、圆光寺区北周时期的第 42—48 窟、相国寺区唐代佛殿窟、桃花洞区唐代的第 105 中心柱窟等洞窟周围都分布有一定数量的僧房窟和禅窟，同时还附属有一些生活设施（如水窖等）。中心柱窟和佛殿窟均是僧尼礼拜、集会、说法、受戒的场所。僧房窟和禅窟是僧尼的住处，亦是僧尼持戒、坐禅修道的地方，这实际上是一种功能分区齐全的寺院形式。

北朝佛教素重禅法，须弥山早期洞窟的开凿，或许与此情势有关。须弥山自然形胜，气势宏大，环境优美，同一时代在同一座山峰的崖面上开凿洞窟，说明当时的造窟活动，确以规划意图为本。洞窟的布局方式，或取决于造窟的根本目的，或因地制宜，凭“险”巧构。与国内大多数分层分段开凿的石窟相比，须弥山石窟开凿洞窟的数量之大，可以说是总体规划意识表现得最为强烈的一处。

二、平面形式

在须弥山石窟中，唐代广德元年（763 年），即原州陷于吐蕃以后开凿的洞窟几乎没有，但此后有规模不等的佛像妆颜和寺院建设活动。因此，在此之前其洞窟的总体布局基本上保持了原状。但由于自然力（如地震等）及各种人为因素（如凿龛造像、维护修葺等）的作用，洞窟现状与原貌之间有一定的差距，特别是洞窟外观，破坏尤甚。在须弥山石窟现存的 162 座窟龛中，按规模大小和内部空间形式，主要有以下几种类型。

北魏时期的洞窟形制以中心柱窟为主，但规模不大，中小型居多，窟的平面为方形，窟门上方开有明窗，覆斗顶，壁面多不开龛，个别的三壁三龛。中心柱柱座较高，柱体四面分为三层开龛雕像，每层之间以隔梁分开，隔梁上雕三角垂帐纹。这种以隔梁分层的中心塔柱，源于云冈石窟中多层楼阁式的塔柱；龛以圆拱形、尖拱形为主。其次为僧、禅窟，方形平面，平顶，窟内一般没有造像和装饰，仅有火炕和禅座。

西魏时期洞窟的形制继承了北魏时期平面方形、穹隆顶或覆斗顶、窟内雕造中心柱的做法，但已无明窗。而这一期的中心柱窟仍为中小型，中心柱无基座，柱身分七层，每层四面开龛造像，柱的外形为梯形，接近于方塔的形制，但已没有了北魏时中心柱的隔梁，有明显简化的趋势，即向方柱式中心柱过渡。其龛形以圆拱为主，并有少量的尖拱龛的形式。这一时期佛殿窟的形制为平面方形，穹隆顶，窟内壁面不开龛或每面各开一龛或三龛，其次为方形无像的僧、禅窟。

北周时期中心柱窟的基本形制均为平面方形，覆斗顶，窟内一般雕仿木佛帐结构，中心柱单层四面各开一龛。窟内三壁各开三龛。其次为三壁三龛窟（佛殿窟）、方形平面后壁设坛窟（影窟）和方形平面无像的僧、禅窟。佛殿窟为方形平面，覆斗顶或穹隆顶，三壁各开一龛。

隋代的中心柱洞窟形制承袭北周，窟室方形，覆斗顶，后壁一龛，侧壁各开二龛，中心柱同北周时期，但形体变小。窟内仿木佛帐结构继承北周，但仿木结构简化，中心柱基座较高，柱体不分层，四面各开一龛。龛以帐形、尖拱、圆拱形为主，帐形龛雕饰简单。次为僧房窟，壁面无饰，内有火炕。

唐代的洞窟形制：大像窟的形制为马蹄形平面，平顶或穹隆顶，主室正壁起坛，坛上造像布局为一立佛或一倚坐佛；佛殿窟的形制为方形平面，覆斗顶或平顶，左、右、后三壁前部凿坛基，造像置于坛基之上，而不在开龛；中心柱窟，延续了北朝晚期与隋代中心柱窟的传统做法，也是此地时代最晚的一座中心柱窟，该窟由前室、主室、后室三部分组成，前室敞口，平面横长方形，左右侧壁后端各开二上下分布小龛，主室平面略呈横长方形，平顶，三壁各开二龛，中心柱四面各开一龛。长方形窟门，前后壁各一，前壁门上方左右两侧各开一明窗；涅槃窟，平面为方形，平顶，后壁设一涅槃台。而且僧房窟与佛殿窟成组出现。

三、窟檐形式

石窟的窟檐，指洞口之外、依附于洞窟外壁的屋檐形构造部分，包括木构与石构两种。在我国早期佛教石窟中，一般不设窟檐，或只有洞口自然凹入崖壁、不加其他处理所形成的前室或前廊。出现中国建筑形式的窟檐无疑是外来的石窟形式本土化与建筑化的标志之一。

从须弥山石窟的现状看，其艺术表现的重点已是佛像，没有出现类似的仿木构石雕窟檐的形式。但是，从一些洞窟外立面遗存的梁、椽等洞眼看，应是木构窟檐的遗迹。多为一间，在一些较大的窟室外面曾建有三间，甚至五间的窟檐，但其木构框架的形式不得而知，但是，这些仿木构石雕窟檐应该是在洞窟开凿完成后同期或后期加建的。

在我国佛教石窟中，仿木构形式的窟檐主要集中在云冈、麦积山、天龙山、响堂山等几处，年代大约自北魏太和年间始。而且越到后期，窟檐雕刻的写实倾向越明显，技术水平越高超。如麦积山北周石窟窟檐的屋面部分，已不是云冈石窟在垂直崖面上作平面浮雕，而是采用跨入崖壁的方式作出曲线屋面，并以石雕或木骨作出檐椽。而北齐天龙山与响堂山的仿木构窟檐，均为立体石雕，从屋面、屋脊、瓦件到檐椽、斗拱，各个部分皆刻画得精细逼真。说明北齐石窟在自然条件选择、规划设计、工匠技艺等方面都达到了更高的水平。这种仿木构窟檐的雕刻，是当时木构窟檐建筑发展已趋成熟的重要例证，也可见凿窟工匠非凡的胆识与技艺。也是国内所知的石窟窟檐中，写实程度最高、造型最复杂而堪称最杰出的仿木构窟檐的实例。

四、窟内空间形式

一般说来，石窟内部的空间形式，往往通过窟顶等形式加以表现。如敦煌北魏洞窟多用前部人字披与后部平綦的形式变换，来表现前后两重室内空间；而在须弥山石窟中，如前所述，无论大小石窟，基本的窟顶为平顶、覆斗顶、穹隆顶等形式。因此，佛龛的形式与设置方式、窟内设置的中心柱等成为构成石窟内部空间形态的主要因素。

在须弥山石窟早期（北魏、西魏）的主要洞窟中，窟内的空间结构形式由覆斗顶或穹隆顶和中心柱构成，中心柱为三层或七层，这种中心柱的形制大体上源于云冈石窟二、三期中第 1、2、51 等小窟中多层楼阁式塔柱。但在北魏献文帝皇兴年间，北魏平城已有仿木构石塔出现，《魏书·

释老志》记：献文帝“皇兴中，又构三级浮图。榱栋楣楹，上下重结，大小皆石，高十丈。镇固巧密，为京华壮观。”

须弥山北周洞窟则用以覆斗顶、中心柱、仿木结构及帐内构件的形式将窟内表现为帐内空间。北周洞窟中的仿木结构，由斜枋、梁架、角柱、栌斗等构成。窟壁四角雕立柱，其上承四壁上部的横梁。中心柱柱身四角雕立柱，其下有莲花柱础，上有栌斗承接中心柱顶部的梁架及窟顶的斜枋。佛龛形式，以佛帐式为主。龛楣表现为佛帐的立面，在龛楣上方浮雕有帐褶、莲瓣、宝珠、璎珞等，流苏分别悬垂在龛的两侧，流苏上端一般衔在龙、凤、象的口中。造像置于佛帐龛内的须弥座或方座上。窟顶为浅浮雕的供养飞天、莲花、博山炉、云纹、忍冬、化生、禽鸟等图案。在方形无中心柱的洞窟内，由覆斗顶、仿木构结构及帐内构件的形式表现窟内空间结构。这种仿木结构，由角柱、梁架构成。壁面佛龛为佛帐式龛，造像置于佛帐龛内的须弥座或方座上。当我们不论是面对单座佛帐式龛，还是面对周壁佛帐式龛，都会令人感到是进入到了建筑内部，置身于殿内陈设的佛帐之前。佛在帐内，人在帐外，分处两种空间之中。比较麦积山西魏、北周石窟中的帐内空间，入窟使人感觉置身帐中，显然是两种不同的空间表现意向。再看北魏云冈第 8 窟，窟顶为平綦，所示为殿内空间，但四壁下部周圈雕刻回廊立面，又表现为佛寺内院空间。说明当时石窟内部空间的表现意向不够明确，设计思想不够成熟，尚处于不拘一格的自由创作时期。相比之下，麦积山北周石窟的内部空间形式协调统一，表现手法娴熟精到，已进入相对规范化阶段。而在须弥山北周石窟中，佛塔四周雕刻仿木构建筑的做法，其目的当在于更加完善佛塔的绕塔礼拜及入塔观像等建筑功能，进一步使石窟的内部空间形式在建筑化的前提下趋向完美和统一，这种成熟的设计思想与富有创造力的变形手法，造就了中国石窟史同样是建筑史上的一个独特范例。

隋代洞窟同样是由覆斗顶、中心柱、仿木构结构及帐内构件的形式来表现窟内空间结构形式。这种仿木结构由横枋、角柱、斜枋等组成。即四壁四角雕八角立柱，柱下覆莲柱础，四壁顶端雕横枋，中心柱四角雕八角立柱，覆莲柱础，上承莲花柱头及壁顶横枋，窟顶四披有斜枋连接四壁与中心柱。佛帐式龛，龛饰较北周相比简单，龛楣为莲瓣和三角垂饰纹带，下为帷帐，两侧垂挂流苏一串，造像置于佛帐龛内的须弥座或束腰莲座上。

在唐代洞窟中，无论大小洞窟，基本为平顶和覆斗顶，因此佛龛的设计也较为简单，多为圆拱或尖拱形，而且大多数造像置于洞窟三壁的坛基上，不再开龛，其实看上去就是一顶置于窟室正中的方形佛帐。现仅存的一座中心柱洞窟，也是由平顶、中心柱和佛龛构成窟内空间结构形式。

须弥山石窟的洞窟构造形式与国内其他石窟相比，有两个比较突出的特点：

一是中心柱窟在须弥山石窟中占有相当大的比例，各时代龛像保存得完好或比较完好的均是中心柱窟，并且在石窟群中居主要位置，这在全国各地石窟中是不多见的。

二是从雕刻的内容上看，须弥山石窟各时期洞窟分区开凿，各区中分组情况比较清楚的特点，在全国各地的其他石窟中是少见的。由于各时期洞窟分区开凿的缘故，须弥山石窟少有后代改建前代洞窟的例子，各时期洞窟基本上保持了原貌。一些方形中小形洞窟虽为当时流行的石窟样式，但窟顶的形式多为平顶、覆斗顶、穹隆顶，接近敦煌、麦积山和龟兹等石窟，而且洞窟的内部轮廓近乎立方体，这是须弥山石窟内部空间形式的独特之处。

关于古代原州古典建筑的式样，由于缺少实例，因此只能借助间接的形象资料加以了解和研究。于是，从建筑史的角度看，须弥山石窟中最有价值的部分，莫过于建筑化的雕刻中所表现的建筑与空间构造形式，从中也可以看到原州古典建筑的式样，同时也为我们研究原州古典建筑式样提供了比较丰富的、间接的形象资料。

（原载于《宁夏师范学院学报》2009 年第 2 期）

浅析须弥山石窟造像艺术审美特征与表现技法的变迁

宋永忠

摘　要：本文对宁夏固原须弥山石窟总体造像艺术审美特征，及其形成进行论述。重点分析造像艺术审美特征与表现技法的内在与外在两方面的动态变迁过程。主要包括两个方面：一方面由外来佛教教义、典籍等对于佛教思想形而上的抽象；另一方面是须弥山石窟造像艺术历经千年富于时代特色的样式，从"秀骨清像""张家样"到"水月观音"等形而下的具象。两者共同形成了须弥山石窟审美特征与表现技法的变迁。

关键词：须弥山　造像艺术　审美观点　表现技法

一、须弥山石窟造像艺术的总体审美特征及其形成

外来范本与民族审美性格孕育出的传统塑造程式相结合，作为中国佛教艺术创造的内在与外在动力，促成了中国佛教艺术民族化的历程。其中涉及两点重要的趋向：第一点是外在动因。主要是印度佛教语言形而上的抽象思考，在中国艺术语言中的具象实现。表现为中国雕塑语言形而上的追溯与佛教教义着陆于中国而必须对中国语境的适应；第二点是内在动力。表现为民族传统偶像的神性与世俗文化结合形成的传统雕塑程式。这一程式在与佛教结合的过程中，是作为范式的结构模型而起作用的。范式的惯性与外来神性的结合，构成佛教艺术中国化的内在动因。充分体现在

各历史阶段的代表性的艺术样式，其中反映在宁夏固原须弥山石窟造像中的典型样式是北魏造像的“秀骨清像”、北周时期的“长安模式”和唐代的“以肥为美”。

二、须弥山石窟北魏艺术风格的审美特点

宁夏固原须弥山石窟始建于北魏太和年间（477—499 年）①，早期石窟造像中，外来范式与中国传统文化内在特质初步融合。形成既具有印度、西域等外来原形范式特征又具有中国民族审美特点的融合形象。

须弥山石窟早期开凿的北魏窟中，造像题材有交脚弥勒菩萨、单身坐佛或立佛，但是大多数为一佛二菩萨组合。典型例子是第 24 窟造像，中心柱分上、中、下三层：上层南面龛内雕三身组合，中尊佛像身穿交领袈裟，手施说法印，双腿结跏趺坐；西面龛内雕一立佛二菩萨。佛像施说法印，菩萨双手合十，侧身立于莲座上。北面龛内雕一骑象菩萨，头戴宝冠，身着菩萨装。东面龛内雕一乘马菩萨。中层：四面龛内都雕有一佛二菩萨。南面龛佛像身着双领下垂式袈裟，衣褶较密，裙摆覆座前以人字形展开，手施说法印，结跏趺坐在龛底；两侧菩萨上身敷搭披巾，下身穿裙，拱手站立在莲座上。西面龛内佛像服饰与南面龛佛像相同，手施禅定印。北面龛佛像身穿交领袈裟，手施说法印。东面龛内佛像身穿双领下垂式袈裟，内衬僧袛支，右脚裸露，手施说法印。下层：四面龛内都雕有一佛二菩萨。南面龛内佛像身穿双领下垂式袈裟，衣褶较密，裙摆覆座前以人字形展开，手施说法印。两侧菩萨都是双肩垂搭披巾，在胸腹间交叉，拱手站在莲座上。西面龛内雕有一佛像，身穿交领袈裟，手施说法印。东面龛与北面龛佛像相同。须弥山北魏时期造像的典型样式最明显的艺术特色有两个：第一，“褒衣博带”“秀骨清像”的审美观念；第二，传统阴线雕刻手法与密集式排列方式。关于雕塑技法方面，我们可以从相同地区、题材的参照物——1981 年彭阳县新集乡出土的北魏时期两尊佛教造

①吕济民.中国大百科全书·文物(博物馆卷)[M].北京:中国大百科全书出版社,1992:650.

像（宁夏固原博物馆藏）得到较清晰的认识。这两件出土菩萨像衣纹成组，密集排列，脸部清秀、面带微笑，形象慈祥和蔼。其主要造型观念和雕塑语言与须弥山北魏石窟相同——突出线条的表现力，这一中国艺术典型特征是民族范式的结构模式之一。线条不仅仅是简单地描绘形状、轮廓，更重要的是通过线条的运用表现主题感受，表达对象的质感等丰富的感受，传达主体的审美观，这也就是中国传统雕塑的写意性。

关于审美观念，须弥山北魏石窟造像呈现出的秀骨清像、褒衣博带的特点，应当是受北魏鲜卑贵族倡导的“汉化”政治气候影响。北朝统治者鲜卑族源自于东北地区草原，传统的草原上神话大单于的习俗延伸为“皇帝即当今如来”的观念，这一神性的依归落实到佛教形象的塑造上。拓跋鲜卑本是鲜卑与匈奴的混血（鲜卑父、匈奴母），入主中原后，为标榜自己血统的高贵便采用以上方式。而根据佛教教义，在袈裟上绘有小佛像或六道轮回像的佛，即“人中佛”①，两者结合，形成鲜卑族大兴佛教的观念基础。当时石窟造像流行释迦、多宝并坐像，也是魏晋汉地“垂长衣，谈清言”风气的反映。这是南朝汉人的审美意识受到北方少数民族上层统治阶级欢迎的结果，为外来佛教的彻底中国化奠定了基础。早期所采用范本是“凉州模式”融合了于阗和龟兹佛教文化，对中国早期石窟造像如敦煌、云冈、麦积山、炳灵寺等产生了巨大影响，具有原型范式作用。其中显现出的民族风格的主要变化是面相丰圆，细眉大眼，鼻高嘴薄。头顶肉髻变卷为平直，造像体魄虽然高大雄健，但并非单纯模仿域外形象，体现了西北少数民族的剽悍个性。②由于历史动荡等原因，十六国时期的河西地区各民族的文化融合规模空前。将印度、波斯、希腊文化和中国传统文化融合在一起。这些外在动力在中国传统文化的内在动力作用下，形成独具魅力的特色。形成的审美特征以云冈石窟第一期以 20 窟露天大佛为典型：面相方圆，鼻梁很高、眼睛深陷，具有犍陀罗风格的发型；衣饰有“偏袒右肩式”（7—20 窟），“通肩式”（8—20 窟）；菩萨的装束袒上身

---

①陈兆复.中国少数民族美术史[M].北京：中央民族大学出版社，2001：274.
②陈兆复.中国少数民族美术史[M].北京：中央民族大学出版社，2001：248.

或斜披璎珞，高宝冠，两耳垂饰，身佩项圈、臂饰。下身穿贴腿羊肠大裙，衣纹厚重深起，或在凸起衣纹中加刻阴线纹饰，这些特点与中亚的犍陀罗风格相近。发展到云冈石窟第二期，则把凸起的衣纹简化为直平阶梯型，服装也改换为“褒衣博带”型；尤其到第三期，佛的面相由方圆、丰腴转向清秀，削肩长颈，褒衣博带，呈现出典型的南朝汉人的“病态美”菩萨衣服下摆多表现为密褶平行线条，雕像衣纹刀法为平直阶梯式，纹饰变得较前期繁缛。宁夏固原须弥山北魏石窟的开凿时间在历史年代上正处于云冈二、三期，所表现出来的审美特征体现了这一转变。

三、须弥山北周石窟造像艺术的审美特点

在须弥山北周时期造像中，民族范式的结构模式对于佛教艺术审美风尚的转型起到重要作用。典型体现在造像样式的审美倾向由“秀骨清像”向“张家样”的转化。

须弥山北周洞窟数量多、规模大、造像精，典型代表是第45、46、48、51窟。洞窟形制为中心柱基座雕饰华丽。造像样式表现为：佛顶雕成低平肉髻，面相方圆，两肩宽厚，腹部突出。双领下垂式袈裟，手施说法印，结跏趺坐在须弥座上。两侧菩萨面相方圆，双肩披搭披巾，服饰华丽，璎珞环身，站在莲座上，微侧的双肩和略呈，形的体态给人以生动亲切的感觉。北周造像摆脱了前代清秀的程式化的表现而趋向于写实。这种趋向一方面受时代政治气氛的影响，另一方面，在艺术审美倾向上受到南朝汉地由“秀骨清像”的尚玄观念，向注重写实丰腴的观念转变的影响，在艺术风格上表现为“张家样”的盛行、发展。分析这一转变的原因，首先是政治方面，主要表现为“鲜卑化”复归运动。从“汉化”向“鲜卑化”复归，这两种运动趋向的转折点在西恭三年（554年），拓拔姓氏的恢复和胡服着装的恢复。[①]其次，在艺术上表现为两种审美风格的转化，前者是由陆探微、顾恺之等创立的“秀骨清像”，后者则体现为张僧繇开创

①陈兆复.中国少数民族美术史[M].北京：中央民族大学出版社，2001：286.

的"张家样"。对这两种艺术特点，张彦远在《历代名画记》中载："陆探微精力润媚，新奇妙绝，张僧繇点曳斫拂……"张僧繇创造的这一风格，与"鲜卑化"的审美倾向一致，也就成为了选择。其主要特点是真实生动、丰腴健硕。"右善图塔庙，超越群工。朝衣野服，古今不失。奇形异貌，殊方夷夏，实参其妙。"①可见，他的艺术风格影响深远，对于佛教艺术审美风尚的转型起到重要作用。在人物造型上，逐渐脱去造型清秀，笔迹周密的"密体"画风，另辟蹊径，形成笔意豪放的"疏体"。艺术家在形象上的这种变革，也是与探索现实人物品格相联系的，从这里可以看到艺术家在追求表现形象内在气质上的杰出创造。②

另一个重要因素是统治阶级的着力经营。历史上，原州是北周政权的实际掌控者宇文泰的发祥地，在军事上重要的依靠力量是原州的李贤一族。李贤与宇文氏过从如此密切，以致宇文泰将两个年在幼冲的儿子寄居贤家达六年。"（大统）十六年，迁骠骑大将军、开府仪同三司。太祖之奉魏太子西巡也，至原州，遂幸贤第，让齿而坐，行乡饮酒礼焉。其后，太祖又至原州，令贤乘辂，备仪服，以诸侯会遇礼相见。然后幸贤弟，欢宴终日。凡是亲族，颁赐有差。"③李贤地位显要，经营原州多年，局势相对稳定，由于雄厚的实力支持，所以规模宏大、造像精美，造像风格也趋于写实，体现出北方少数民族精神风貌。如第 45、46 窟雕凿的仿木结构帷幔雕饰华美，龛下座面雕凿的伎乐跪向博山炉，人物形象和所持器乐等都显现出西北少数民族特点。第 51 窟大型佛像造型特征更加明显，尤其面相方圆，身形伟岸，嘴边的小胡子明显带有北方游牧民族形象特点，可谓"鲜卑化"的有力注脚。

四、须弥山唐代石窟造像艺术的审美特点

民族传统偶像的神性与世俗文化结合形成的传统雕塑程式，在与佛教

①姚最.续画品[A].俞建华.中国古代画论类编[C].北京:人民美术出版社,1998:373.
②金维诺.中国美术·魏晋至唐[M].北京:中国人民大学出版社,2010:217.
③令狐德棻,等.周书·李贤传[M].北京:中华书局,1971:416.

结合的过程中，是作为范式的结构模型而起作用的。须弥山唐代造像充分体现出宗教与艺术的密切联系，使宗教艺术有了现实感受。

唐代是须弥山石窟开窟造像最多、技巧娴熟的时期。造像题材和造型特点大致分三个时期：第一期约为唐高宗至周武时期。以第5窟大佛楼区为典型。大佛依山而坐，造像高达20.6米，头顶螺发，两耳垂肩，面相丰圆，眉细而长，双目沉静地注视远方，形象亲切安详。第77、78、79窟等造像整体组合，每壁一身主佛，单铺组合为七身。佛像身材略显粗短，大衣垂领。菩萨头束高髻，圆环形项圈。身体呈现S形扭曲。天王、力士形象崇尚丰满，但造型稍显僵硬。第二期集中于相国寺区。整体组合规模扩大，出现11身、13身等组合形式。佛形象为肩宽体满，菩萨修长，天王力士体格粗壮、充满力度。第三期集中在桃花洞区。以第62、64和105窟为代表。62窟佛、菩萨等形象都有尖状光环，身体丰满。佛像高肉髻，足踏双莲座，服饰雕刻精细，身体直立。所有形象雕刻都注重深层表达传神的细节。如第105窟内容较为丰富，雕像有阿弥陀佛、弥勒佛、观音菩萨和地藏王菩萨等，内容情节也较为复杂。雕刻技法娴熟，能够表达微妙的细节。

须弥山唐代石窟总体趋向是“以肥为美”的丰圆为特征，表现在雕塑创作上是整体组合的加强，技法的娴熟和性格化。由于写实技巧的发展，造像在人体结构和形体特征等方面表现很充分，增强了面部表情与全身姿态的内在联系。所塑形象完美含蓄，富有寓意。佛的庄严、菩萨的端妍都得到了性格化的表现。第5窟“须弥山大佛”头宽阔、面庞丰圆，神情端庄，身躯伟岸，是盛唐大型佛像的典型审美观的体现。群像的“听法”作为主题性情景是表达的核心内容。突出各自形象特点，使造型与心理完美结合。尤其是菩萨呈现出的“女性美”和生活气息。充分体现出宗教与艺术的密切联系，使宗教艺术有了现实感受。虽然有佛教仪轨、度量的限制，但唐代审美影响下以丰颐为美。这一时尚造型样式的典型代表是周昉创造的“水月观音”。它一方面迎合世俗审美取向的需要，另一方面又提升这一取向，由追求外在的柔丽深入到探寻内在的端庄，是佛性的超凡与世俗人情的融合与升华。

总之，佛教雕塑一方面依归于佛典的描绘，如“三十二端严”“八十种妙好”等，追求着庄重、超凡，以体现佛教经典描述的“诸善福具足”，形成自己独特的美学观念，这是佛教思想形而上的抽象；另一方面，在中国佛教艺术上千年的发展历程中，各代艺术匠师创造出赋予时代特色的样式，从“秀骨清像”“张家样”到“水月观音”等变化，结合工匠的创造、发挥等，是形而下的具象。两者结合，浓缩在石窟造像中。作为全国十大石窟之一的须弥山石窟蕴藏着上千年的无数艺术匠师的智慧与创造，也折射出富有艺术民族化的历程，体现出独特的民族审美观念与表现手法。在这一形而上与形而下的探索与追求中，碰撞出智慧的火花，具有永恒的魅力。

（原载于《前沿》2011 年第 24 期）

历代固原城演变探述

——兼谈古高平及其城址的位置

罗　丰

固原，在古代西北的军事防务上，占有相当重要的位置。因为，当时的北方游牧民族要想进犯中原地区，只有通过这里，才能较顺利的进入关内；而关内的统治者要想进击居于北方的其他少数民族、部落，也需经过此地。为此，对予内地的历代统治政权来说，固原是必须扼守之要地。而在这里，巍立于交通要道的固原城，也就显得异常重要，“兰郡迤东形势莫如陇，陇之险莫若六盘，六盘当陇道之卫，蜿蜒而曲折有坚城也”，这就是固原城。有关固原城历史之诸问题，特别是该城始建年代，现存说法不一，本文力图就此根据文献资料结合实物资料及笔者实地勘查情况.略加阐述，借以抛砖引玉，就教于从事该项工作研究的诸同志。

一、固原城地理位置

固原，地处陕北黄土高原的西部边缘及六盘山地的丘陵沟壑地带，位于黄河支流清水河的中上游地区。这里四面为山峦环绕，形成了以固原市为中心的中部山地的特殊地形。由于该地居于重山叠嶂、群山起伏之中，从而在这里就构成了以六盘山系为主体的天然屏障。优越的地理环境，使固原城从始建之时起，就成为一个具有非常重要战略意义的边陲军事要塞；这里的自然条件，也为固原城之崛起于陇上，提供了先决条件，以此成为自古以来兵家所必争之地。

二、关于固原城始建年代及其他

我国的城池是与人类共同进入阶级社会的，因此，它的历史非常悠久。先秦时期，我国建城之记载不绝于史书。当时，在今固原地境建城，就有过这样记载：春秋战国时，该地有乌氏（音支）部落，后秦惠王取之置乌氏县。据《史记正义》引《括地志》云：“乌氏故城在安定县三十里。”胡三省以为此城应在弹筝峡口（即今三关口地带）。朝（音株）那城，此时也亦存今之固境，有人以为该城即今固原市古城公社旧城址。这一时期所建造之城郭，往往是在重要的都市或与军事活动有着密切关系的地方，而一般县邑尚未普遍建城。在全国范围内普遍始建城池，据郦道元《水经注》载：“汉高帝六年（前 201 年），天下具邑城”。

固原城建造于何时，历来说法各异，关键是汉之高平县是否就是现今的固原城。汉之高平是当时安定郡的治所，在南北交通及军事战略方面是一个要地。其地究在何处，可归纳成二大类说法：明代《陕西通志》云：高平即在今甘肃镇原县地；另一说则认为是今之固原地。

1.关于汉代高平即为今镇原县的说法

据《大明一统志》著者云：汉之高平即在镇原县东。明《陕西通志》作者也持此说：在县（镇原县）境，并证曰：东汉建武八年，光武帝征隗嚣从高平第一城若水谷入即此。《辑志》也云：今县（镇原县）东八十里屯子镇，原东台苟家地城址犹存。清代著名的历史地理学家顾祖禹在其名著《读史方舆纪要》也沿此说，该著镇原条中亦云：高平城“在县（指镇原）西二里”，并说“今城虽周不及二里而险固有余。”至于《镇原县志》则将高平城和以后由高平所考名的平高，分为数说，即高平第一城在其县“今邑东太平镇”，而平高故城“即今屯子镇寺店石圩等处之地”。该志还认为，与高平相关最紧密的高平川水也在镇原县南。下面让我们一一析之。

郦道元在《水经注》中有过这样的记载：“高平川水（即今之清水

河）……东北流，径高平县故县城东”、“川水又北，出秦长城，城在县北一十五里。”（着重号系笔者所加）考史，我们以为高平川水即今清水河。而《通鉴会编》及明《陕西通志》皆谓：高平川水在镇原县南。按《水经注》高平川水条云，高平川水流入黄河，而诸志所谓镇原境内之“高平川水”则径东流入泾水。又据该条，高平川水源出陇山，唐李吉甫《元和志》云：陇山即为人们所熟知的六盘山，六盘山则古今即立于固原地境，那么镇原之陇山又置于何地？今查镇原境地并无陇山。上云，高平川水过高平故城东北出秦长城，而镇原之秦长城又在何处？让我们再看看顾祖禹的古高平镇原说。其曰：高平城在该“县西二里”、“今城虽周不及二里而险固有余”。据载，汉元鼎三年（前114年），析北地郡西部而置安定郡，郡治高平。而安定郡则是当时的一个大郡，所属有二十一县，辖境甚大，大约相当于今之宁夏固原地区全部及甘肃平凉地区、庆阳地区之大部地境，如此广大地境岂肯用区区二里之城作治城。在东汉初，地方割据势力隗嚣之部将“高峻拥兵据高平第一城”，汉诸将围其“一岁而不拔”，后光武帝刘秀曾亲征之。二里之城岂有皇帝亲征，汉将围之达一年之久而城不破之理，又岂能独曰天下第一城。再者按高平在镇原地说，有些史实就不好解释了。如东汉初年，著名学者班彪为追随远在天水平襄的隗嚣，曾出长安都门，历经艰险，才到达彭阳（宁夏固原市境），然后西过朝那，最后达至安定郡治所高平。汉之彭阳，据今学者考证以为彭阳故城在今甘肃镇原县东南茹河北岸的陈家村。而朝那，则据地下实物资料反映应在今之固原县东南部之古城公社境。彭阳在镇原境内，朝那在固原境地，如高平则也是镇原地境，既然这样，那么班彪之行又作何解释呢？综于上述看来是顾祖禹先生错了，古高平并不在镇原境内。

2.汉之高平即在今固原市境，高平城即为今之固原城

汉代的高平，是作为安定郡之治城，与该郡同时出现。而安定郡从设置之日起即担负着当时西北边疆的部分防御任务，以备北之强敌匈奴，其地又适居南北交通中枢地带，为中原政权防守之要地，因此，高平地筑城设防，势所必然。

汉之高平，北魏时曾在此置原州，治高平，后又改高平为平高，宋为

镇戎军。

李吉甫《元和郡县志》原州条云：唐平高县，“本汉高平县，属安定郡。”《元丰九域志》亦云“镇戎军，至道元年以故高平县地置。”《文献通考》也亦同前。《通鉴揖览》注也云：高平，即“今之甘肃乎凉府固原州是也。”《大清一统志·平凉府》固原州条也说：固原“汉置高平县，元鼎三年于县置安定郡。”《元和志》云，平凉西北至原州一百六十里，也正与今之固原至平凉距离基本相符。仅从古文献记载来看，古高平县即在今之固原市境无疑。

明万历《固原州志·地理志》记载：“魏太延二年置原州，寻考郡属太平。宇文王天和四年筑原州城，已置总府隶焉。”又，清光绪间王学伊等《新修固原州志·舆地志》也云：“固原城，北周时筑之。”现在看来这两条关于固原城始建之资料，都是不足为据的。前引《水经注·河水注》云，高平川水，迳高平县故城东，又北流，出秦长城，“城在县北一十五里。”《元和郡县志》原州条云：“秦长城在县北一里。”又据顾祖禹《读史方舆纪要·陕西》固原州石城条云：“古长城亦在州西北，相传即秦所筑。”这些记载与现在固原城所处的位置完全相吻合。今固原城西北十多里处计有秦昭王时所修筑秦长城的遗迹多处。《大清一统志》也认为高平城即固原城。《甘肃新通志》也云“高平故城，即今州（固原直隶州）治。”《水经注》作者郦道元为北魏人，而自己也作过大量的实地考察，因此郦说较为可信。除此之外，从地下考古资料的发现也可说明，汉时固原城即有城，并不是北周才筑城。在固原城内发现许多汉代文物，在城周围也发现数量较多的东汉墓葬，这些墓葬中还有形制比较考究的中型墓。从这些墓葬的形制大小、随葬文物及分布情况来分析，汉时该地筑过城的可能性较大，此为一证；在今固原内城城墙的基部，曾出土两只陶水管。此器口径呈上尖下方形，两件陶器造型完全一致，属汉代遗物。水管，是城市排水装置的重要组成部分。有它，则说明这里建城无疑，这样形制较大的排水装置在一般的障、寨中不会出现，这只能在初具规模的城池中去寻找，而与之可联系的只有高平城，此又为一证。

由上述得知，汉之高平县应在今固原市境，汉高平城无疑应为今之固原城内城。如果这样的话，固原城之始建历史应追溯至汉代，至少最迟在东汉初此地业已修筑了城池。笔者还以为，西汉时的高平，也应在固原市境内。但是，是否曾建城于今城址，这将有待于作进一步的考证。

（原载于《宁夏大学学报》1982 年第 2 期）

大原、太原与固原

吴忠礼

古大原非今山西省会太原市的前身，而是今固原市境内的古大原城，也可以说是固原古城的前身，得出这个结论是有充分根据的。

大原地名的出现

中国第一部诗歌总集《诗经》中就有一首诗，题为《六月》，诗中有“薄伐玁狁，至于大原”两句。

诗歌只是文学创作，而历史上有没有这场战争呢？查《汉书·匈奴传》，确有所谓“宣王中兴”的记载。传曰：“至懿王曾孙宣王，兴师命将及征伐之，诗人美其大功，曰：‘薄伐玁狁，至于大原’，‘出车彭彭’，‘城彼朔方’，是时四夷宾服，称为中兴。”而且这条史料并不是孤证，因为在《汉书·韦元成传》中也记道：“周室既衰，四夷并侵，狁最强。至宣王而伐之。诗人美而颂之曰：‘薄伐玁狁，至于大原’”。不同时代的古史互为印证，说明《诗经·六月》所述这次战争是符合历史真实的。那么诗中所述故事和地名也应当是可信的，也就是周伐戎人确实曾打到了“大原”这个地方。

大原在何处

《诗经》的另一首《出车》诗中，还有“天子命我，城彼朔方”的句子，读后可知，周军在征服了猃狁之后，又于此地筑城镇守，这个城建在朔方。所谓朔方，就是在周京畿（今陕西关中地区）的北方。从史料分析，“大原”“泾洛之北”“朔方”，三者所指应是同一个区域，而大原则是这个区域中的一个点——大原城。

但是关于古大原在西北的泾洛之北这一观点，却有过很长时期的误解，自从宋代著名理学家朱熹在批注《诗经》时，把古大原指在阳曲县（今山西省太原市）之后，古大原城就与古太原城画上等号了。直到清初，著名学者顾炎武首先对朱熹的观点提出了质疑，他在其名著《日知录》中说：“以为今太原阳曲县者，始于朱子，而愚未敢信也。”他认为要考定古大原，“必先求泾阳所在，而后太原得而明也。”查夏、商之时，史书在记录中原王朝征伐戎族时都使用征“西戎”“鬼方”和“西落鬼戎”的文字。因为夏、商都城都在今河南省境内，戎在西北距离很远，故称“西戎”和“鬼方”（鬼方即远方），如果所征讨的戎人在今晋地太原，从今河南省过黄河就进入晋界，相比之下并不算遥远，而且位在豫省的北方，就该称“北戎”了。到周代，因周幽王被戎兵攻杀，其子周平王才不得不迁都，从镐京移都邑（今河南省洛阳市境内）以避西戎的威胁。也说明戎部落的活动中心大原在周京的西北而不在东北。所以顾炎武持太原在“泾阳”之说是正确的。从方位上来说，泾阳，系指泾水之北。《春秋谷梁传》曰：“水北为阳，山南为阳”，这是我国古地学约定俗成的通例。它与史书所记商周时，犬戎已被迁赶到“泾、洛之北”的大方位是一致的；再从地名上来看，泾阳为古县名，在今甘肃省平凉市和宁夏固原市之间的泾水之北，属安定郡（今宁夏固原市原州区境内）的辖县。将以上区域与地名两相结合，就是中原政权征伐的地区，换句话说，征戎所筑的大原城也就在泾阳县境内。这不仅仅是一种分析，在同时代的《诗经·六月》诗中也是这样叙述的。诗曰：“猃狁匪茹，整居焦获。侵镐及方，至于泾阳。”再以史文互相印证，古大原城的地点就清楚了，在泾水之北（阳），在古泾阳城之西北。这样的定位当然就把坐标定在今固原地区了。所以《清一统志》最后认定，“此大原在今甘肃固原北界。”

“大原”的含义

大原，亦即太原。在我国上中时代，文字创造还很有限的情况下，为了交流的需要，就出现多字通用、假借的方法，这些字被称之为“通假字”。古文中先有“大”字，而后才有“太”字。所以《诗经》中的“大原”也同样被后人读作“太原”，也就出现了“大原”与“太原”相混淆，以今太原代指古大原的错误。

大原，其含义是什么？据《尚书大传》解：“大而高平为大原”。所谓大，是形容面积大，体积高厚，容量多；而原，则通常指原野，或形容地貌，对地势广平或高而平的地方称为平原、高原。高平，当然就指地势既高又平的地方。固原地区位于黄土高原上，由于亿万年的风雨侵蚀和山洪冲刷，形成了许多的大塬，这是西北黄土高原上特有的地貌特征。大塬高而平，人们在塬上建房、筑城、种地，往往以某塬、某嵝岘、某峁为地名。固原的地名继大原城以后，汉代称高平城，南北朝称平高城，隋唐改称原州城，明代在废城基础上恢复重建，改名为固原城。而且固原二字也是依“古原州”、“故原州”的转音而得到的新名。可见，这座古城的名字不论如何变更，却自始至终与大原的本义不离不弃，这并不是一种偶然的现象，而是因为大原才是这座古城的根和初名。所以顾炎武在《日知录》中，在“大原”条下解释说：原州，“亦是取古大原之名”。

史书上对今山西省太原是否也有这样的记录呢？在《春秋公羊传》有一段记载曰：“晋荀吴帅师败狄于大原。此大卤也，曷为谓之大原？地物从中国，色人名从主人。原者何？上平曰原，下平曰隰。”这部形成于战国时代的儒家经典著作，已经说得非常清楚了。作者首先记录了晋师败狄于大原的史实，然后又对其中的地名提出质疑，认为晋师败狄应在“大卤”，为何记成“大原”呢？这是把京畿的地名与诸侯国的史事相混淆。接下来作者解释道“上平曰原，下平曰隰”。马融在《集解》中也说：

"上谓原，下谓隰"。所以《公羊传》的作者认为：此处的大原，应改写为"大卤"。卤，是低平潮湿、水流不畅地方所形成的盐碱地貌特征；隰，也是指低湿的地方。这与晋省太原城，位于太行山、吕梁山两大山脉之间，汾河河谷的低而平谷地的地形也是相符合的。综上所述，结论就出来了，此大原非彼太原也。古大原，可书写为太原，亦可读音成太原，它是宁夏固原古城的前身，与晋省太原城没有承传关系。千年之误应予纠正，以正本清源，还历史的本来面貌。

（原载于《共产党人》2007年第8期）

固原古城及其历史文化价值

胡永祥　杨　芳　夏　华

摘　要： 固原古城现存遗址主要有：内城墙遗址，外城墙遗址，古建筑遗迹如城隍庙、财神楼、文澜阁、钟楼大铁钟等。固原古城是固原历史发展、文化延续的象征和缩影，具有一定的历史文化价值。

关键词： 固原古城　遗址　价值

固原古城是丝绸之路宁夏段上著名的城市遗址，有内外两重城墙，平面呈“回”字形。内城墙周长九里三分，即 4650 米，高三丈五尺，顶宽二丈二尺，底宽三丈八尺。外城墙周长十三里七分，即 6850 米，高三丈六尺。内外城共开有 10 道城门，其中东城门三道，有名者二，曰安边、曰保宁；南城门四，有名者二，曰镇秦、曰兴德；西城门二，有名者一，曰威远；北城门一，曰靖朔。

固原古城从西汉武帝设立安定郡作为郡治时开始修筑，历经十六国、北魏、北周、唐、宋、元、明、清等各个历史时期的扩建、维修和加固，最终城墙外表采用砖包，形成了一座颇具规模，集政治、军事、文化于一体的历史名城。新中国建立后，雄伟的古城仍屹立于清水河西岸。20 世纪 70 年代初，方遭灭顶之灾，当时为了利用城墙包砖修筑地下防空洞，加强战备，便开始拆除城砖。到 80 年代城墙体基本上拆除殆尽，只留下了不易拆除的残壁断垣和利用墙体作为羁押犯罪分子看守所的城之西北角。虽然古城墙遭到了严重破坏，但作为城市遗址，其蕴藏着丰富的历史信息，具有深厚的文化内涵，存在有突出的普遍价值。2005 年，宁夏回族自治区人民政府公布为区级重点文物保护单位，2008 年已申报全国重点文物保护单位，也是中国与中亚 5 国政府联合申报丝绸之路为世界文化遗产的捆绑申报点。

一、固原古城的现存遗迹

雄伟的固原古城，虽遭破坏，但通过现存的残垣断壁，仍可追忆昔日的壮丽。现存遗迹主要有：

固原内城墙体遗址。西南角一段：长约 500 米，高 4—12 米不等，处于现西湖公园内，保存状况较完整。墙体上现有松树、榆树、柳树等，顶部存有民国时的砖塔一座，且有现代建筑物——凉亭。西北角一段：长约 338 米，高 12 米，处于固原市内太平巷与市医院之间。南墙一段：长约 240 米，处于固原市内后壕与小南寺巷之间。东北角一段：长约 150 米，处于固原民族师范后院。还有处在固原二小院内的属内城的一处城墙角台，顶部有清代修建的文澜阁。

固原外城墙体遗址。外城西北角一段，长约 1000 米，保存较完整，从新西院到看守所，再向东经和平门；北关路原州区林业局与武警教导队之间一段，长约 150 米；东关路原固原县针织厂西侧一段，长约 30 米；东城门一段，长约 40 米；东关路原固原县粮食局饲料公司后面与东红村之间一段，长约 50 米，2007 年，由固原市政府开辟为古城墙花园，并对城墙基址进行保护性修复，呈现出基址轮廓；另外还有南河滩清水河畔东红村一段，长约 300 米；人民街 2—27 号一段，长约 57 米，高 9 米；南城路 111 号一段，长约 42 米。

固原城内的古建筑遗迹。城隍庙。位于政府街东段，现原州区粮食局院内。始建于明景泰元年，据明嘉靖《固原州志》中“创建城隍庙碑记”载：“……有安边、镇夷二门城隍，建置莫详厥初。大明景泰庚午……乃以城池既完，非立城隍庙……始于景泰元年（1450 年）三月三日，以是年秋八月告成，俾予记之。”又据民国《固原县志·建置志》“坛坊”中载：城隍庙“同治兵燹，付之灰烬。……劝募兴修，始壮厥观。第一级门前，铸铁狮二对蹲左右，右者前腿胯抱小铜猊一，土人称为铁抱铜者……循门进第二级，中建乐楼，东西钟鼓楼。第三级献殿三楹……第四级正中为隍神寝宫”，民国年间，国民党第八战区军队占用作为粮库。从1954年始，一直被固原县粮食局占用。现存较完整的三座正殿，其中圣母宫基本保持明代建筑风格。

财神楼。位于古城南门外过店街南端，从建筑风格看，始建于明朝。过店街是清末至建国初期固原城的繁华商业地段，光绪四年（1878年），商家为了财源兴旺，捐资重修。基座为城门洞式青砖结构，门洞南面上端砖刻“五原重关”，北面上端砖刻“天衢”、“光绪四年六月毂旦，过店坊众会旧修”。楼阁为方形歇山顶式土木结构，是固原市唯一保存的城楼式歇山顶楼阁建筑。

文澜阁。位于原州区第二小学院内内城墙东南角台上，建筑风格为六边形三层檐亭式砖木结构，飞檐翘角，卷蓬复叠，是固原保存较完整的明清古建筑之一。据史载：魁星楼由明三边总督秦竑创建于弘治十四年（1502年）。道光乙巳年（1845年），杨忠武捐俸金重建，遣僚属，庀材鸠工，衣砖甃石，金碧错杂，丹漆涂施。光绪末年，知州王学伊为“招东来紫气，起地方文脉，壮山城景色”而倡议地方乡绅并带头捐资重建。1926年书法大师于右任登阁游览，题写“瑞应须弥山，翠接文澜阁”的楹联，之后魁星楼又称文澜阁。

钟楼上的大铁钟。钟鼓楼是我国古代城市的威仪建筑。明代，固原作为三边总制府驻节之地，建有雄伟壮观的钟楼和鼓楼，可惜毁于20世纪70年代后期，只留下了悬挂在钟楼上的“千古一钟”，即铸造于北宋靖康元年（1126年）的大铁钟，作为消逝的钟鼓楼的见证。钟为国家一级文物，高2.36、口径1.7米，重量约6吨，体形浑大，造型古朴。上铸各种图案及铭文436字。从北宋流传至今，保存完好，罕见而珍贵。据明嘉靖、万历《固原州志》中“固原钟鼓楼记”和“记略”记载，固原钟鼓楼，“东悬鼓，西悬钟，悬者又靖康时故钟焉”。在钟楼拆除时，钟由于体大量重，敲击发出洪大的声音，被作为战时警报器而免遭毁坏。后由固原博物馆收藏并建八角重檐的亭子，专门陈列。

二、固原古城的历史文化价值

固原古城，完整性虽遭破坏，但作为遗产，是固原历史发展、文化延续的象征和缩影，具有一定的历史文化价值。

首先，固原古城城墙内外两重，平面呈“回”字形，在中国为孤例，在世界建城史上也是独一无二的，且结合军事、人文、地形等独有的特征合理营建城池，体现出了“壮丽”的威势。

固原城池的形成，是悠久历史发展的产物。西周宣王曾“料民于大原”，即今固原。战国秦时，置乌氏县于此。西汉武帝元鼎三年（前 114 年）始筑固原城，兴建之初就显示出了区域政治、交通、文化、军事的中心地位。后历经十六国、北魏、北周、唐、宋、金等朝代的不断维护与增筑，城池逐步趋于完备。至明代弘治年间设三边总制于固原，增筑外关城，基本上奠定了固原城池“回”字形的格局，万历年间重修城池，最终形成了具备内外两重城墙的“回”字形格局。“治城形势如磐石，东岳辅于左，西坪翊于右，九龙槟于前，北塬拓于后，清水河襟带于东南，饮马河纡轸于西北。”“据八郡之肩背，绾三镇之要膂”。一座形制独特、规模宏大、蔚为壮观的西北名城屹立于清水河畔，彰显了人类的创造精神。

其次，固原古城历史上的兴衰见证了中国历史上诸多朝代更迭、军事防备、商贸发展的事实，是区域文明历史进程的折射。

西汉武帝设置安定郡后，十分重视其发展，先后 6 次巡察，开辟了后来丝绸之路东段北道的基本走向，固原作为交通重镇的历史地位初步确立。东汉初年，光武帝刘秀亲征高平，征服了陇西割据势力隗嚣属下大将高峻，固原显示出了特殊地位。北魏太延二年（436 年）在固原设高平镇。524 年，六镇起义爆发，高平镇敕勒族首领胡琛起兵响应，自称高平王。527 年，万俟丑奴在高平称帝，建立政权，置百官，年号神兽，固原遂成为起义政权的首都。

唐代，是固原的多事之秋。唐初，太宗李世民亲巡固原视察马政。756年，太子李亨率部抵原州（今宁夏固原）都督府，招募军队，补充数万匹战马，成为平定安史之乱，收复长安，力挽狂澜的有功之地，也是肃宗李亨即位的策源地，固原在这一历史转折时期发挥了巨大作用。唐代中后期，吐蕃大举入侵，原州陷于吐蕃，治所内迁，丝绸之路受阻，途经固原的通道由新灵州——西域道取代，固原在丝绸之路上的重镇地位受到了严重影响。

蒙元时期，成吉思汗、蒙哥、忽必烈等蒙元政权的创建者曾驻跸六盘山，且设立成吉思汗避暑行宫。一代天骄成吉思汗陨落六盘山，奠定了这里在蒙元政权时期的特殊地位。蒙哥汗、元世祖忽必烈等以六盘山为基地的军事行动，都与固原密切相关。

明代，为了军事防御，重新修筑固原城，成化十年（1474年）设三边总制府于固原，甘肃、延绥、宁夏诸镇总兵、巡抚皆听三边节制，自弘治十五年（1506年）起，三边总制始为定制，足见固原军事地位的重要。清代，固原处于和平环境之中，这座古城也随着清王朝的解体而在政治、军事上走到了尽头，作为人类文化遗产则永久存在。

再次，固原古城是丝绸之路中国境内东段北道上的咽喉重镇，又是中国北方游牧文化与中原农耕文化的交汇之处，见证着诸多民族徙居、融合，中西文化交流的事实。

固原处于中西文化交流，中国南北文化融合的交错地带，也是戎、狄、羌、匈奴、鲜卑、羯、氐、柔然、敕勒、突厥、吐蕃、党项、蒙古等诸多少数民族徙居、融合、发展的地区。五胡十六国时，先后有鲜卑、匈奴、羯、氐、羌等民族徙入，匈奴铁弗部首领赫连勃勃还在此建立“大夏”政权。唐代，突厥、吐蕃入居，后来他们逐步融合于汉族或其他民族中。典型代表则是“昭武九姓”粟特人的徙居，粟特人主要居住在中亚阿姆、锡尔两河流域的索格底亚那地区，自汉代起就活跃在丝绸之路上。隋唐时期，由于原州是丝绸之路东段北道的重镇，商业贸易发达，胡汉文化得到进一步交流，粟特人史系家族“因宦来徙”，固原遂成为丝绸之路沿线粟特人的主要聚落点。固原西、南郊史姓家族墓地便是实证，目前共发掘史姓及其他各阶层的墓葬50余座。其中具有墓志确切记载的大型墓葬7座，6座墓葬属史姓。从中出土了一批反映中西文化交流与民族迁徙融合的遗物。尤其是墓地中出土的欧罗巴人骨架，把欧罗巴人地理分布的最东界从哈密地区推进到了固原地区，显现了民族的迁徙与交融，说明丝绸之路上原州人种分布的多样性，具有特别重要的意义。宋夏之时，党项诸羌徙入固原，且数量较多，仅泾原路诸羌熟户一万零四百七十余帐。宋、夏还在原州、德顺军（今宁夏隆德）设置榷马场，成为吐蕃、回纥、党项人进入固原境内的又一渠道，为民族融合提供了一个新的平台。元代，安西王开城府的设置，促使蒙古族徙居六盘山地区。在蒙元统一过程中，东来中国的"回回"人在战争结束以后，随地入社，从事农业耕作，六盘山区就是回回军屯驻耕作的重要区域。这一时期，回回人开始定居固原。

历史上，固原是丝绸之路长（安）—凉（州）之道北路上的咽喉重镇，贡使、商贾、僧侣往来频繁、络绎不绝，诸多文化交流、宗教传播的事实就发生在这里。尤其是北朝、隋唐丝绸之路的繁荣昌盛时期，固原城周围出土的大批蜚声中外的文物便是见证，尤以北魏漆棺画、鎏金银壶、凸钉装饰玻璃碗3件国宝级文物而著称。还有绿釉乐舞扁壶、舟形杯、金银币等反映中西文化交流的中西亚器物。史料记载的波斯国为北魏洛阳献狮的故事就发生在这里。北魏正光五年（524年），高平爆发了万俟丑奴领导的人民起义，恰逢波斯使者途径高平，为洛阳献狮，被万俟丑奴截留，因此而建元神兽。这是中西文化交流史上的一次著名历史事件，具有重要的价值。还有大量带有或受中亚与波斯风格影响的器物，如13枚萨珊金银币及其仿制品，展现源于希腊、罗马文化艺术风格的巴克特里亚金属制品——鎏金银壶，还有来源于伊朗高原萨珊玻璃系的凸钉装饰玻璃碗，镶嵌宝石的金戒指，微雕"生命树"母题的刻有中古波斯铭文的宝石印章等，以及手握或口含金银币的葬俗，实证了沿着丝绸之路文化传播的兴盛和文化交流的发达。尤其是出土的史氏与安氏墓志，记载了粟特人中的史氏流寓原州的事实，也为丝绸之路沿线粟特人华化和民族交流提供了实物资料。

随着丝路的畅通，东西文化交流的宗教——佛教文化率先传入固原。

东晋十六国时期，北方少数民族政权大力倡导佛教，当时少数民族建立的后赵、前秦、后秦等政权统辖今天的固原。后秦政权大力推广佛教，当时安定郡朝那县出高僧道温，先于庐山事慧远大师，后又与鸠摩罗什一起在长安共相提携，发明幽教，足见这里的佛教传播已比较普遍了。须弥山石窟的开凿，就是佛教传播的时代产物。祆教，又称拜火教，也是随着粟特人在丝绸之路的活动而传入中国北方的西亚宗教，并受到政府的保护，祆教的宗教社区由自己管理，宗教首领——萨宝向政府负责，也是政府管理祆教的移民领袖和行政官吏。后来，伊斯兰教也沿着丝绸之路传入中国。蒙元时期，随着蒙古大军的西征东归，把六盘山区作为灭金攻宋的军事大本营，许多信仰伊斯兰教的中亚民族随军进入固原，加之安西王阿难答的极力传播，伊斯兰教在这里得到了很好的发展。

（原载于《宁夏师范学院学报》2009 年第 4 期）

丝绸之路与北朝隋唐原州古墓

罗　丰

一、途经固原的丝绸之路

丝绸之路是一个脍炙人口的词汇，几乎成为东西方文化交流的代名词。德国地理学家李希霍芬（F.V.Richthofen）提出丝绸之路的120年间，世界上众多的学者以此为课题进行了深入而又宽泛的讨论，研究的结果并没有使人们的认识日趋统一，相反丝绸之路概念的不断外延，使丝绸之路扩大为古代欧亚大陆交通贸易路线，但是一些严谨的学者更愿意采用所谓狭义丝绸之路，因为这其中“路”的概念是清晰的，广义的丝绸之路实际在欧亚大陆古代交流中是呈“网”状分布的。虽然东西方文化交流从公元前一千年左右就已经开始，公元前5世纪通过东西方奢侈品贸易丝绸已经传达到希腊等地中海沿岸国家，西亚的一些动物纹样也随着游牧民族流入中国北方。成书于战国时代的《穆天子传》，记录了周穆王向西旅行的故事，一些学者研究认为，这实际上记载了春秋战国时期中原商团西行贸易的情景，从其中一些地名判断，最后抵达中亚的吉尔吉斯。①《穆天子传》卷一云：“天子北征，乃绝漳水”，“至于钘山之下”，“北循虖沱之阳”，

①莫任南：从《穆天子传》和希罗多德（历史）看春秋战国时期的中西交通[J].西北史地.1984(4).

"乃绝隃之关隥"[①]，其实钘山在今固原地区泾源县，隃应当是陇山（今六盘山）。但丝绸之路的正式形成则在公元前2世纪张骞凿通西域之后，长安（今陕西西安）是这条道路的起点，沿泾、渭河寻西而去，经固原，穿河西走廊是一条国道，居延甲渠候关汉简详细地记录了这条道路。编号破城子EPT58.582简载：

> 长安至茂林七十里，茂林至茨置卅五里，茨置至好止七十里，好止至义置七十五里，月氏至乌氏五十里，乌氏至泾阳五十里，泾阳至平林置六十里，平林置至高平八十里，……媪围至居延置九十里，居延置至觻里九十里，觻里至揟次九十里，揟次至小张掖六十里，删丹至日勒八十七里，日勒至钧著置五十里，钧著置至屋兰五十里，屋兰至垦池五十里。[②]

这枚简虽然有些短缺，但基本上驿道的线路清晰可辨，是一条关于国道最重要的材料。

永嘉之乱以后，中国北方许多地方性小国都谋求向西发展，河西诸国显然有地利之便。鲜卑拓跋，以平城（今山西大同）为中心，沿鄂尔多斯南缘路缓慢地向高平一带推进。匈奴刘卫辰部为北魏所破，卫辰死，其子赫连勃勃退守高平，依附没奕干，后召其部众为猎高平川（今固原清水河）袭杀没奕干，并其部众，建立大夏国，曾议定都于高平。始光四年（427年）北魏乘夏王赫连勃勃新亡，攻破统万城，赫连定收其余部众奔平凉，魏军追至而来。神䴥三年（430年）魏太武帝拓跋焘亲征平凉（今宁夏彭阳南），平凉军民举城投降。北魏迁都洛阳以前，首都平城与高平之间的联系，有赖于这条鄂尔多斯南缘路。[③]以后的十余年，北魏窥视河西，

①王天海.穆天子传全译[M].贵阳：贵州人民出版社，1997：2—7.

②甘肃省文物考古研究所等.居延新简·甲渠候关[M].北京：中华书局，1994：上册17页上栏，下册图版389页.

③前田正名.北魏平城时代鄂尔多斯沙摸南缘路[J].东洋史研究，31卷2号（胡戟中译本载《西北历史史料》1980年3期、1981年1期），后收入氏著《平城の历史地理学的研究》，风间书房，昭和54年：154—184，李凭等中译本，北京：书目文献出版社，1994：115—156.

设立高平、薄骨律二军镇拱卫道路畅通，接着消灭北凉，居有河西姑藏（今甘肃武威）。先后六次派使者出使中亚，并与中亚、西亚的三十六国取得联系，商团结队而至，使丝绸之路达到一个继汉之后新的繁荣期。

唐时长安通往西域的驿道有两条，汇合点均在凉州，其中途经原州的路线，经依《元和郡县图志》等书整理，出长安西北行，经邠州（今陕西彬县），泾州（今甘肃泾川）过陇山关，至原州，再向西北途经石门关（今宁夏固原须弥山附近）在会宁关（今甘肃靖远县）渡黄河到达凉州（今甘肃武威），全程约一千六十里。[①]途经原州的部分，又称“萧关道”。王昌龄、岑参等人均有吟“萧关道”的诗篇。大中三年（851年），吐蕃维州副使请降，宰相牛僧孺却说：“中国御戎，守信为上。彼若来责曰：‘何事失信？’养马蔚茹川，上平凉坂，万骑缀回中，怒气直辞，不三日至咸阳桥。”[②]蔚茹川即今固原清水河，牛氏所担心吐蕃人进军路线，正是唐前期的“驿道”。陇山关是唐朝六个上关之一，会宁关则有渡船五十只，日渡千人，往来商旅之多可见一斑。唐时一些著名诗人、赴任官员、求法高僧多由此路抵达西域，当然最繁忙者，是奔波于东西方之间的商团，其核心人物是中亚粟特人。

二、北朝隋唐原州墓葬

固原范围内的北朝、隋唐墓葬，主要是围绕着当时重要的城池而营造的。北朝原州城建立在汉高平城的故址之上，《水经注·河水注》卷二载：高平川水（今清水河）“东北流，迳高平县故城东，汉武帝元鼎三年置，安定郡治也。”[③]北朝晚期原州城得以修缮，《周书·武帝纪》卷一记载：“（天和四年）六月，筑原州及泾州东城。”[④]隋唐沿用，大历年间原州城为

---

①严耕望.唐代长安西通凉州两道驿程考[J].香港中文大学《中国文化研究所学报》,1971(第4卷1期),后收入严氏著《唐代交通图考》第二卷《河陇碛西区》十一篇,中央研究院历史语言研究所专刊八十三,1985:341—419.

②司马光.资治通鉴[M].北京:中华书局,1956:7878.

③陈桥驿.水经注校证[M].北京:中华书局,2007:53.

④令狐德棻,等.周书[M].北京:中华书局,1971:76.

吐蕃所占，元载曾议修原州城，未果。贞元间吐蕃曾修原州城。[1]汉代墓葬主要分布在城的东南部，主要在城北塬之上。[2]北魏漆棺墓则位于城东郊。彭阳新集北魏墓则与平凉城相去不远。[3]从西魏北周开始，当地上层高级官员开始在原州城南塬西缘营造墓葬，以埋葬年代而言，北周宇文猛居中，李贤在其西南，田弘则居北，三者相距千米至数百米不等。墓志中称其地为“原州西南陇山之足”[4]，隋唐时该塬称“百达原”[5]，墓葬基本位于此塬南缘，塬下是清水河支流河谷，墓群中央有一条现代简易公路穿过，除二座墓位于公路左侧外，其余在公路右侧，墓葬间距百米至数百不等。[6]

彭阳新集北魏墓。墓葬位于彭阳县新集乡石洼村，有两座，坐北朝南。1984 年考古工作者对墓葬进行发掘。新集墓最引人注目的是封土之下有一个土筑房屋模型，在同期考古发现中属首例。先用夯土筑成长方形状，然后再剔刻成房屋模样，上涂白灰，门窗及檐头涂成朱红色。汉唐墓葬，多见模仿墓主人生前居所，并随葬种种生活用具明器，意在使墓葬成为死者灵魂饮食起居之所。著名的有朱鲔石室、宁懋石室等房屋建筑，新集土筑房屋模型，无疑具有同样性质。只是石室或置放墓室之中，新集墓先为长斜坡墓、天井，在过洞上部与地面平行处有一房屋模型，模拟门楼，在两个房屋模型之间有第二个天井，构成一完整的院落。

西晋在陶俑组合上已形成若干定式，其基本内容业已形成，只是由于晋灭后，五胡入主中原，西晋时形成以埋葬规范，十六国时摧毁殆尽，仅有西安草厂坡十六国晚期墓延续了西晋陶俑制度。[7]新集俑群，明显地承

---

①参见:《旧唐书·元载传》卷一百一八,《旧唐书·杨炎传》同上卷及《旧唐书,德宗本纪》卷十二等。

②参见:张宁夫.固原县汉墓[A].1984年中国考古学年鉴[C].北京:文物出版社,1984:173;宁夏固原博物馆.宁夏固原汉墓发掘简报[J].华夏考古.1995(2).

③宁夏固原博物馆.彭阳新集北魏墓[J].文物,1988(9).

④宁夏回族自治区博物馆等.宁夏固原北周李贤夫妇墓发掘简报·附李贤墓志录文[J].文物,1985(11).

⑤宁夏固原博物馆.宁夏固原唐史道德墓清理简报·附史道德墓志录文[J].文物,1985(11);罗丰.固原南郊隋唐墓地[M].北京:文物出版社,1996:96.

⑥罗丰.固原南郊隋唐墓地[M]. 北京:文物出版社,1996:3、136.

⑦参见:杨泓.北朝陶俑的渊流、演变及其影响[A].中国考古学研究——夏沛先生考古五十年纪念文集[C].北京:文物出版社,1996:268—276.

袭草厂坡十六国墓的一些基本特征。在特征性的四组内容中，没有第一组镇墓兽；第二组出行仪仗，以牛车为中心随葬武士俑、甲骑具装俑、文吏俑、女侍俑，其中甲骑具装俑是新品种，以草厂坡墓初见；第三组乐舞中，有8件吹角俑、3件击鼓俑、1件抚琴俑、l件吹竽俑，形成一组鼓吹俑。这种以鼓角为主的军乐，当时谓之“横吹”。《宋书·乐志》卷十九云：“西戎有吹金者，铜角，长可二尺，形如牛角，书记年不载。或云出羌胡，以惊中国马；或云出吴越。”[①]第四组是庖厨明器，有陶磨、陶灶、陶仓、陶碓、陶井、鸡、狗等模型，基本上都是两晋组合。随葬数量众多陶俑，逐渐成为北朝大型墓葬的重要特点之一。

北魏漆棺画墓[②]。该墓位于固原东郊雷祖庙村，1981年发掘。封土早年被挖平，东西方向，斜坡墓道，长16米。砖室，呈正方形，穹隆顶。夫妇合葬墓，虽未盗掘，70年代铁路勘探部门钻探时大量灌水，致使棺木散毁，随葬品移位。木棺两具，头南足北，男性居左女性居右。女性棺木无髹漆，木胎朽毁，两侧各有带座流鎏金铜环。男主人棺具为漆棺，木胎亦朽，其上留有精美漆画，上百块脱落的漆皮混杂在一起，经仔细拼合，大致可看出漆棺形式。墓主人骨架已腐朽，呈黄色粉末，只有发鬓尚存。随葬品集中置放在墓主人周围，共有铜锥斗、铜钫、铜壶、铜灶、铁刀、铁剑、马蹬、鎏金铜铺首鎏铜牌，萨珊银币及陶盆、罐等遗物六十余件。漆棺后档被钻机打穿完全残毁，棺盖、前档，左、右侧板部分漆画可大致复原。漆棺形制为前高宽，后低窄。棺盖为两面坡式，有140度交角。前端呈圭形，平面展开宽处为105厘米，逐渐收缩，中部有87厘米尾残，残长180厘米，占全棺三分之二以上。正中上方有两座悬垂帷幔的屋宇，鸱尾翅起，有人字形斗拱。左侧绘一红色太阳，中有三足乌，右有一白色月亮，中有墨线，当为蟾蜍之类。屋内分坐一中年男女，左右有侍者立。左屋左侧墨书榜题“东王父”。棺盖正中自顶而下有一水涡纹金色

①宋书·乐志卷十九.北京：中华书局标点本，1974：559.此段原有脱文，今据《太平御览》卷五八四(中华书局影印本)引《宋书·乐志》补。

②宁夏固原博物馆.固原北魏墓漆棺画[M].银川：宁夏人民出版社，1988：1—19.

长河，呈波状直贯尾部，河中点缀有白鹤、游鱼鸭等。两侧缠枝双结卷草图案，中有双翅长乌、双翼怪兽，人面乌身仙人等。漆棺前档为墓主人生前饮宴图，一幅鲜卑贵族的装束，漆棺侧板依内容可分为上中下三栏，上栏是孝子故事，中栏是装饰性图案联珠龟背甲纹，中间是有侍从的直棂窗。

孝子故事在上层，以横卷的方式展开，画幅之间隔以三角状火焰纹图案相间，故事情节的发展及主要人物行动方向右侧是由前向后发展，左侧则恰好相反。孝子故事由数幅具有连续性的单幅画面构成，每幅画都有各自的背景，右侧孝子故事有蔡顺、丁兰、尹伯奇等故事，其中以尹吉甫之子尹伯奇的故事最为少见。左侧是郭巨与舜的故事，并以舜的故事最为有趣。舜的故事共 11 则榜题 8 幅画面构成一连环故事画，值得我们特别关注。舜的故事，《孟子·万章》《史记·五帝本纪》均有记载，自孟子将舜事迹经过一个伦理化的过程之后，舜故事便以两条系统流传。《史记·五帝本纪》所代表的是官方记载；另外在民间舜的故事也广为流行。比较两种通行的故事，可以发现漆棺上的舜故事与《史记·五帝本纪》中记载并不一致，而其大致内容则与后世敦煌文书载录，尤其是与《舜至孝变文》中的情节非常一致。敦煌变文中舜故事无疑应以民间流传为蓝本加以改造、增补，其渊流当溯至北魏。《舜子变》中的一些重要情节在北魏漆棺已经形成。同时北魏遗物，在司马金龙漆屏风、宁懋石室、孝子石棺上也有舜的故事的内容，所不同的是舜出现时，高冠博带，并有娥皇、女英二妃侍立。与道貌岸然的舜判然有别的是漆棺当中的舜，两次出现裸体形象，似一顽童，完全是对正统的“帝舜”思想的挑战。表现内容上也较同期所见丰富，从谋害舜开始，至舜父和好，情节完整地表现了故事的全过程。故事画在北魏时日趋成熟，由过去的单幅，发展成数十幅有统一格局的连环形式，每幅距离大体相等，都有用于说明画面内容的边框榜题，无论情节繁简，形式上整齐划一；由原来表示片段情节，进展为首尾俱全的完整连环故事，无疑是一种进步。

拓跋鲜卑入主中原以后，深感统治中国需有汉文化基础，孝文帝开始推行旨在建立汉式家族秩序的活动。推广孝道思想是其汉化的主要内容，

《隋书·经籍志》卷三十二："魏氏迁洛，未达华语，孝文帝命侯伏侯可悉陵，以夷言译孝经之旨，教于国人，谓之国语孝经。"河间王元琛也曾向孝明帝"献金字孝经。"[①]《孝经》成为北魏社会最主要的思想启蒙读物，漆棺的确切年代当在北魏太和十年左右，正是冯太后推行孝悌思想之初，贯彻中国伦理思想之时，漆棺中孝悌表现内容时，人物具衣夹领小袖，当是对《孝经》的鲜卑化图解，与鲜卑语《孝经》可相互补充。应当引起注意的是依照对孝子故事内容的仔细考察，发现制造者所依据的是一种有着深刻历史传统背景孝佛故事模式绘制的，这种以民间传承为延续方式，是远非粗通汉文化的鲜卑工匠所能了解的，那么其制作者可能就是有浓厚继承传统的汉人工匠了。

随着时间的推移，一枚残破的银杯引人注意，出土时这枚银杯已经残破，墓葬又未遭盗掘，可知它随葬时已经损坏。银杯两头高，中间略低，通体呈舟形，平面为椭圆形，圆底，有一周 12 枚方形凸起的联珠组成底座，中凹，内似有填充物。两只耳非银质，是铜鎏金，似为后配。这枚粗看起来类似中国传统风格的银耳杯，实际上是由一枚萨珊式舟形杯改造而成。萨珊王朝上层贵族生活中流行许多奢靡生活方式，其中之一便是宴饮。宴饮规模宏大，有时多达几百人，图案复杂的金银器，有时不足以应付众多的来宾。很多情况下，普通宾客只能使用大众化的舟形杯来饮葡萄酒。当然大众化并非低级的代名词，萨珊帝王、王公上层贵族也经常使用这种酒具。国外博物馆等公私机构收藏此类舟形杯甚多，大同北魏封突和墓也出土一枚银舟形杯。

北周宇文猛墓[②]。该墓位于固原县南郊乡王涝坝村。封土残高 4.6 米，直径 12 米，坐北向南，斜坡墓道，共有 5 个天井，墓室呈方形，南北长 3.5 米，东西长 3.6 米，这样的尺寸，对全长达 53 米的墓葬来说，墓室不能不说是有点小。墓室西北有条砖铺设棺床，长 3.20 米，宽 1.8 米，厚度

①魏书·卷二十·河间王元琛传[M].北京：中华书局，1974：529.

②宁夏文物考古所固原工作站.固原北周宇文猛墓发掘简报[A].宁夏考古文集[C].银川：宁夏人民出版社，1996：134—147.

仅有一砖。上置棺、椁、棺经髹漆，有黄色漆皮。底部1.5厘米的木炭层，上铺石灰，其上再敷木炭，墓主人足东头西。

墓道、天井、过洞、甬道及墓室均有壁画，多已漫漶不清。目前仅存第五天井东壁一幅，高90厘米，侧身站立，头戴小冠，一横簪穿过，穿着红色交领长袍，双手柱一仪刀。出土遗物100多件，陶俑的基本组合为镇墓兽、镇墓武士；具装甲骑俑、骑马俑、吹奏乐俑、风帽俑、笼冠俑、胡俑、文吏俑和执盾武士俑、执箕俑等组成，基中后二者曾出现在北周叱罗协、若干云等墓中。[①]圆饼状饰物，应为仪仗俑所执物，中间原有木棍，将饰物与俑联结，过去李贤墓、等中亦有出土。另一类除马、骆驼、狗、鸡、鸡舍外，有灶、井、磨、碓等屋厨用具。北周陶俑，多采用半模制成，背部扁平，经焙烧后彩绘，做工粗糙，远不及北齐，除去地域风格外，北齐、北周经济实力差异，也应成为我们要考虑的因素之一。

墓志一合，志盖盝顶，四面斜杀，素面无文。墓志全文516字，题为“周故大将军、大都督、原、盐、灵、会、交五州诸军事，原州刺史、槃头郡开国襄公墓志铭。”文为“公讳猛，字虎仁，平高县人，其先颛顼之苗裔”。“惟祖、惟父世为民酋。公幼表令湟，长而雄烈，出忠入孝，志夷国难。永安元年任都将，二年补都督。普大中除襄威将军，奉朝请。大昌元年除镇远将军，步兵校尉，除龙骏将军，员外谏议大（夫）。后至永熙三年大驾西迁封长安县开国侯，食邑八百户。大统二年加平东将军、大中大夫。四年除安南（将）军、银青光禄大夫，又除通直散骑常侍，加安西将军，增邑八百户，通前一千六百户，进爵为公。十三年加持节军将军，右光禄大夫除长乐郡守。十四年授大都（督）、原州诸军事、原州刺史。十五年授使持节、车骑大将军、仪同三司，寻加骑镖大将军，开府乃属。宝历归周，以公先朝勋鹰，赐姓宇文氏，改封槃头郡开国公，曾邑一千户，通前二千九百户。即授龙武伯，三年转授龙宫伯。以公宗室勋鹰，授汾州诸军事、汾州刺史”。“春秋六十有九，保定三年岁次乙酉七月十五日遘疾薨于长安县鸿固乡永贵里。”“皇上闻而悼焉，诏赠原、盐、

①负安志.中国北周珍贵文物——北周墓葬发掘报告[M].西安：陕西人民出版社，1992:27、65、83.

(灵)、会、交五州诸军事、原州刺史，谥曰襄。礼也。即其年十月廿三日葬于斯原。”宇文猛未见史传，其姓宇文氏，为北周初年所赠，其祖、父世为领民酋长，宇文猛为少数民族无疑。不过其姓氏墓志铭中没有记载，这类情况在北朝墓志中极为罕见。

北周李贤墓①。据墓志铭记载，北周大将军李贤，卒于北周天和四年(569年)。墓葬位于固原县西郊乡深沟村南侧，虽遭盗扰，但仍出土三百多件随葬品。李贤墓是一座夫妇合葬墓，地面原有高大的封土，坐北向南，长斜坡墓道、多天井、过洞，墓室长4米，宽3.85米，基本是正方形土洞墓。壁面稍弧，有铺地砖的土洞墓，在后来的隋唐墓中颇为流行。墓道、天井、过洞、甬道及墓室均有壁画，前者内容主要以身着大口褶服，手柱或肩扛环首仪刀的侍卫为主，原有20幅，现存18幅。第一过洞有双层门楼，第二、三过洞分别绘单层门楼。墓室四壁原有18幅壁画，现仅存5幅，每幅单立人物画幅用红色连框分隔，属于较早的屏风画，大约在同时北齐亦流行人物屏风画。北魏仪卫一项很重要的内容便是门吏柱刀侍立左右，宁懋石室门左右便分立柱刀武士。李贤墓道仪卫所延续的是北魏旧制②，隋史射勿墓道亦侍立手柱环首刀的武士，亦可看作是这种制度的延续。类似李贤墓壁画的绘画布局，对以后的隋唐墓墓室壁画的风格形成有着重要的影响。

李贤墓随葬品中以陶俑为大宗，共达260多件。根据以往学者对北朝时期陶俑的分数，成组的陶俑、用具模型等明器，应包括四组内容：一、镇墓兽俑；二、出行仪仗；三、侍仆舞乐；四、庖厨用具等。除去第三组中的舞乐俑仆基本上都具备，舞乐的缺乏亦可用壁画中乐舞相互补充。第二组出行仪仗俑数量最多，占总数的80%以上。俑群中置放陶驴具有明显的时代特征。③

李贤墓中最引人注目的是几件由中亚、西亚传入我国的舶来品。凸钉

①宁夏回族自治区博物馆等.宁夏固原北周李贤夫妇墓发掘简报·附李贤墓志录文[J].文物,1985(11).

②宿白.宁夏固原北周李贤墓札记[J].宁夏文物,1989(总三期).

③杨泓.略论北周李贤墓的陶俑和铁刀[J].宁夏文物,1989(总三期).

装饰玻璃碗，是典型的萨珊朝制品[1]，20世纪50年代末以来伊朗高原西北部吉兰省古墓中，出土这类碗及残片甚多，中国新疆巴楚脱库孜萨来依遗址及最近发掘的北周田弘墓、日本冲之岛祭祀遗址、京都上贺茂神社遗址中均有残片出土。玻璃碗经科学检验属钙钠玻璃，与萨珊玻璃成分一致。吉兰省等其他出土的凸钉装饰玻璃碗或残片，由于土壤腐蚀的关系，表面有一层厚厚的风化层，使玻璃失去原有的光泽。此件玻璃碗则呈绿黄色，风化层很薄，基本上保留了原有玻璃的色泽、光亮程度。吉兰有出土品的年代原报告推测为萨珊王朝末期公元6世纪。[2]李贤墓玻璃碗的出土，纪年明确，对确定类倾玻璃制品的年代具有标尺作用。

李贤墓出土的鎏金银瓶，其形制上完全沿用萨珊王朝金银器风格，值得注意的是瓶柄上端铸以高鼻深目、头戴贴发软冠的胡人形象，这类形象与萨珊波斯人形象有别，属中亚巴克特利亚人。腹部打押出的三组六人图像，据B.L.马尔萨克（B.L.Marshak）考证所表现的内容是希腊神话“帕里斯（Paris）裁判”[3]，中间是阿芙罗狄蒂（Aphrodite，即罗马时代的维纳斯venus）向帕里斯递上金苹果，左边一组是帕里斯劫持海伦（Helen）时的情景。右边的一组是在特洛伊（Troy）之战后，海伦回到丈夫墨涅拉俄斯（Merelaus）身边，面对着美丽的海伦，墨涅拉俄斯原谅了海伦。但是O.内季摩洛夫（O.Neyemerov）却认为第二组手举盒子的女性是厄里费勒(Eriphyle)，装在盒子里的是波吕尼克斯（Polynicus）贿赂给她们的哈耳摩尼亚（Hermonia）项链。当然，关于故事内容还有一些说法。总之，这是一件具有萨珊风格的中亚制品，是希腊化对巴克特利亚地区影响的产物。

李贤夫人吴辉棺中出土一枚金戒指，戒面上雕一裸体人物手执舞弧形花环。戒面宝石原认为是青金石（Lazurite），青金石是一种蓝色基调宝石，常在抛光面上伴有金色的星点。但这枚戒面并无青金石的特征，表面有一

①参见：安家瑶.北周李贤墓出土的玻璃碗[J].考古，1987(2)；齐东方、张静.中国出土的波斯萨珊凸出圆纹切子装饰玻璃器[J].创大アジア研究，1995(第16号).

②深井晋司.キテへ二州出土の二重圆形切子装饰琉璃碗に关する考察——京都上贺茂出土の琉璃碗断片する私见[A].氏著.ペルアシ古美术美术研究(第二卷)[C].吉川弘文馆，昭和55年:193—205。

③B.L.ペハシセク、穴沢和光.北周李贤夫妻墓そのと银制水瓶について[J].古代文化，平成元年(第41卷4号).

天蓝色的表层，微雕人物在这一层面上。美国富兰克林博物馆收藏的一枚萨珊银盘中央，有一个裸体女神在舞动着手中的花环，与此非常相似，表明内容来自同一母题，由此可见这枚镶宝石金戒指的原产地是萨珊或中亚某地。

李贤的棺椁间出土一件银装铁刀，是李贤本人生前佩刀，是目前所发掘的北朝墓中出土唯一完整的铁刀。与传统环首长刀“璏式佩系法”不同，刀鞘侧有上下两个纵装附耳，耳上有凸钉，先固定刀带，然后将二根短刀带挂于腰带之上使刀悬垂，这种悬刀方式最早是5世纪时在西土耳其斯坦发明，然后向东西方传播。①向西通过萨珊王朝传入欧洲，向东先传入中国，后传达到日本。李贤墓出土的长刀，是简单的环首，并无文献记载中的仪刀那样名目形式繁多，那么铁刀来自遥远的中西西亚是我们首先应考虑到的因素。

李贤墓志的发现对于厘清史书中关于其族属的记载很有帮助。志称：李贤“本姓李，汉将陵之后也。十世祖俟地归，聪明仁智，有则哲之监。知魏圣帝齐圣广渊，奄有天下，乃率诸国定扶戴之议。凿石开路，南越阴山，竭手爪之功，成股肱之任，建国拔，因以为氏。”南北朝时昌姓攀附名门之后的鲜卑人屡见不鲜，因汉将李陵投降匈奴后，有妻子留于匈奴，所以攀附者甚众。《宋书·索虏传》卷九十五载：“索头虏姓托跋氏，其先汉将李陵后也。陵降匈奴，有数百千种，各立名号，索头亦其一也。”②《南齐书·魏虏传》卷五十七云：“魏虏，匈奴种也。姓托跋氏。……初，匈奴女名托拔，妻李陵，胡俗以母为姓，故虏为李陵后。”③李贤十世祖俟地归，与此相似的鲜卑人，亦可找出其他例证。《隋书·宇文述传》卷六一云：宇文述“代郡武川人。本姓破野头，役属鲜卑俟豆归，后从其主为宇文氏。”④《周书·文帝纪》卷一也称：“九世至侯豆归，为慕容晃所灭。

①参见：古代オリユニト博物馆.シルクロヘトの贵金属工芸[M].有限会社会シマフレス，1981:5；孙机：玉具剑与璏式佩剑法[J].考古，1985(1).

②沈约.宋书[M].北京：中华书局，1974:2321.

③萧子显.南齐书[M].北京：中华书局，1974:983—993.

④魏征等.隋书[M].北京：中华书局，1973:1463.

其子陵仕燕。”①《广韵》:“鲜卑呼草为俟汾，遂号俟汾氏。后世通称宇文，盖音讹也。”②其含义与“草”有关。③侯豆归即俟地归，名字只有一字之差。时代接近，估计含义相当，亦同属鲜卑。俟地归参加鲜卑所谓“第二次推寅”，“建国揄拔，因以为氏”。《周书·李贤传》卷三十：其弟李穆字显敬，平江陵后，“寻进位大将军，赐姓拓跋氏。”④《北齐书·解律光传》卷十七有“中国公揄拔显敬”⑤，当为李穆。拓跋、揄拔似不通，西魏末赐姓，当为复姓李氏。北周武成年《合方邑百数十人造像记》题名中有姓揄拔者十一人。⑥

北周田弘墓⑦。1996年由中日联合考古队联合发掘。墓葬由封土、墓道、天井、过洞、甬道、墓室组成，全长50余米。封土残存高4.0米左右，直径约20米；斜坡墓道，有5个天井，每个天井长、宽均有差别；3号天井被宋代灰坑和沟打破，3号与4号天井间过洞早塌陷，4号与5号天井过洞内有4层封门砖，内外两层斜人字状铺砌，中间两层横立砖铺砌。斜坡墓道至5号天井变为平底。由于早年盗掘，墓室和雨道部分大面积塌陷，墓室顶部结构不清。甬道中央有木质封门，门立框嵌于两壁内，用砖加固稳定，门已不存。甬道和墓室内有铺地砖，封门外侧两层铺地砖，内侧一层，与墓室铺地砖处于同一平面。墓室由主室、后室和侧室三部分组成，主室基本呈正方形，后室和侧室为长方形，铺地砖高于主室。后室有木质封门。

这一是座夫妇合葬墓，在后室和主室西北角处各有棺一具，后室棺较大，均为双重棺，榫卯结构，不见棺钉。骨骼被盗墓者所扰，主室棺内骨

①令狐德棻等.周书[M].北京:中华书局,1971:1.

②周祖谟.广韵校本[M].北京:中华书局,2011:262.

③周一良.论宇文周之种族[J].中央研究院历史语言研究所集刊,1993(第七本第四部分).后收入氏著《魏晋南北朝论集》,中华书局,1963年,亦收入《魏晋南北朝史学论集》,北京:北京大学出版社,1997:239—55.

④令狐德棻等.周书[M].北京:中华书局,1971:528.

⑤李百药.北齐书[M].北京:中华书局,1972:224.

⑥马长寿.碑铭所见前秦至隋初的关中部族[M].北京:中华书局,1985:57—59.

⑦谷一尚. 中国·北周と唐の壁画墓 [J]. 季刊考古学_日本·オリユニト=シルクロヘト特集,1997(第61号).

骼大多置于棺外，后室棺内骨骼下铺有较厚的石灰。从人骨和随葬品出土情况分析，后室内为墓主人，主室内为夫人。从墓道至墓室纵向剖面看，在3号天井内填土剖面出现二次堆积的打破现象，而且过洞封门铺砌杂乱，这表明夫人是二次葬于墓室内的。夫人棺侧殉葬有狗骨骸。在5号天井上都距地表4.0米左右处的盗洞内发现墓志，为“大周少师柱国大将军雁门襄公墓志铭”，记载了墓坟人田弘的生平事迹。田弘建德四年（575年）死于襄州（今湖北襄樊），同年4月归葬原籍原州。

田弘墓从规模、形制、天井数目上都有别于邻近的李贤墓，其规模仅次于咸阳地区叱罗协墓。由主室、后室、侧室组成的墓室结构在固原地区发掘的北周墓中第一次发现。田弘，原州人，历经北魏、西魏、北周三朝，战功卓著，是北周时期较为重要的人物，最后官至大司空、少师。

尽管此墓早期盗掘严重，仍出土有大量的珍贵文物。主人棺内出土有玉环、玉佩和5枚东罗马金币，以及“五铢”钱，玻璃、玛瑙、水晶饰珠和丝制品残迹等；夫人棺内有玉钗，“五铢”钱，数百枚玻璃串珠、泥质串珠等；主室西南角均匀摆置有十余件陶罐，大多内盛糜子等粮食作物，其他散置有鎏金铜花饰件、木器、漆器等物；东侧室内出土有骑马俑、武士俑等。5号天井内出土有较多的陶罐、盆、玉磺、玉环、铁钩、铁钉、玻璃器，以及漆器、残丝制品和大量的木构件；一些木器贴附有云母片装饰，其上用金粉绘制几何纹、勾连纹、莲花纹等纹饰，十分精美；另有鸡、狗、镇墓兽等陶俑。田弘基中共出土5枚东罗马金币，这是在目前我国墓葬中出土最多的一座墓。

田弘墓墓道、天井、过洞两壁没有绘制壁画，从甬道开始，墓室四壁及后室、侧室均绘制壁画。甬道与主室顶部壁画内容不详，从保存的情况看，甬道与主室四壁为人物形象，东、西壁仅存人物下肢部分。北壁后室两侧保存有两幅较为完整的人物形象；后室与侧室两壁及后壁仅饰红、白两色，没有其他图案。田弘墓是继李贤墓之后北周墓发掘壁画保存较好的一座，从壁画的构图、绘制手法两者都有所不同。李贤墓从墓道到墓室均绘制壁画，内容为单幅人物，色彩变化总有一个渐变的过程；田弘墓为成组人物或群体人物，颜色红黑为主，色彩鲜艳，不过两者相同的是，人物在一个屏风框中。

隋唐墓地。从1982年至1987年，在固原西南5公里的羊坊村、小马庄村、王涝坝村发掘隋唐墓[①]9座，隋墓1座，唐墓8座。其中属羊坊村两座，小马庄村4座，王涝坝两座。7座出土有墓志铭，除1座唐梁元珍墓外，其余6座均为史姓墓，其中唐史道洛墓是中日联合考古队共同发掘，另外两座虽没有墓志出土，但也极有可能同属史氏家族，根据墓志记载，可知此史姓即是魏晋以来由乌兹别克沙赫里夏勃兹地区东迁，后定居于原州（固原）的“昭开武九姓”中的史国人氏。这一墓葬群的发现，使原州与西域的密切关系获得了实证。隋唐间，活动于中亚地区阿姆河与锡尔河之间索格底亚那（soodiana）的粟特人，中国史籍称之为“昭武九姓”。主要为康国、米国、何国、史国、曹国、石国、安国、火寻、戊地等9国。9国均为康居之后，其祖先温王旧居祁连山北昭武城，被匈奴所破，西逾葱岭至两河流域，子孙繁殖，分王9国，并以昭武为姓，示不忘本。粟特人以擅长经商而闻名于世，北朝初期以来，通过漫长的“丝绸之路”，他们来往于中亚与中国之间，操纵着国际商贸活动，对于中西文化的沟通、交流，起过至关重要的作用。

墓葬都坐北朝南，每座墓葬之间距离数百米不等，从东向西呈一字形排列，依次为史索岩墓、史铁棒墓87M1、史诃耽墓、史道洛、史射勿墓、史道德墓、82M2。仅就有墓志出土六座墓来分析，史射勿、史诃耽、史道洛和史铁棒之间，互为子孙的关系，而史索岩和史道德之间也有叔侄关系，但根据墓志所显示出的史姓谱系，两支史氏并不属于同一史姓，却同葬一处墓地，很可能是在某种密切认同关系之下聚族而葬的。

墓葬形制为封土，斜坡长墓道、多天井、单室墓葬。8座墓除1座墓外，都有封土。唐代对品官、庶人埋葬时的封土高度有明确规定，与之相对照，除去自然和人为因素不计，史道洛墓没有封土，以现存封土高度看，只有史索岩一人封土在唐制规定的标准以下，其他6座墓葬封土高度均大大超过了唐制的规定，或是因在京城以外遵制方面不太严格的缘故。

---

①罗丰.固原南郊隋唐墓地[M].北京:文物出版社,1996:7—135.

南郊隋唐墓葬盛行长墓道、多天井的做法。8座墓葬均有天井，数量为2至7个不等，它们与官品的高下并无直接关系，与地质条件有关系，西北地区多为湿陷性黄土，结构极差，易塌陷，不适宜构筑长坡洞墓道，故而才在长斜坡墓道上凿天井，以满足人们在构建大规模墓葬上的礼仪需要。

墓室分为砖室墓和土洞墓两类。史诃耽墓为砖室墓，规模较大，营造较为考究，有石门、石棺床等。其余6座为土洞墓。其中仅史索岩墓有石门。一些学者通过大量分析石棺床使用者的身份，认为石棺床的使用亦是特殊的荣誉。使用石门亦为三品以上的贵族和官吏。

这些墓葬虽然均遭盗掘，但仍然出土了一批珍贵的壁画和器物。这些实物对研究当时的社会生活及中外文化交流均极为重要。

隋史射勿墓道、天井处绘有武士、侍从10幅，过洞处绘门楼、莲花各一幅，墓室内绘侍女，是一座壁画墓，为隋代考古中所稀见，艺术价值颇高。隋代墓葬壁画发现为数不多，除1976年，山东嘉祥满硐杨楼村开皇四年（584年）徐敏行墓壁画保存比较好以外，其余保存都不太好。史射勿墓道两壁所绘侍卫形象，所表现的是北魏旧制，武士执仪刀的做法，也明显地承袭了北周，这类执刀形象在隋唐有着广泛的影响，成为最常见的武士形象，执笏板武士在汉代画像石中是表现最多的题材之一，后渐衰，降至隋唐又重行盛行，在唐墓壁画中是常见的内容，但以史射勿墓为初见。武士手中所执笏板又称手板，主要功能是上朝记事。

史索岩墓原有壁画，由于后世大量进水，墓道、天井之上的壁画基本与填土黏合在一起，完全不可剥离。墓室壁画则因墓室被盗后进水塌毁，现亦无存，只有墓道第5过洞上方的一幅朱雀图保存完整。在唐代，朱雀作为一种最常见的题材，大量出现在石刻、金银器上，而出现于墓葬壁画中则多是盛唐以后，且仅集中在西安地区。史索岩墓过洞上方出现的朱雀图，应该被看作是北朝时期传统的延续，与长乐公主墓中朱雀图具有相同的意义，其目的主要是导引墓主人的灵魂。此墓朱雀一脚下垂，一脚呈凌空气翔状造型，在段简壁墓、李仁墓的石门上均可看到。

南郊隋唐墓中共出土5枚外国金银币，有明确纪年的墓葬除梁元珍墓外，另外5座史姓墓葬中均出有外国金银币，史道德墓金币是含在墓主人口中，其余四座墓的金银币均出土于棺床处，可能是墓主人上肢的部位。这5枚外国金银币经过初步研究，有一枚属萨珊卑路斯（Peroz）朝银币，一枚是萨珊阿尔达希尔三世（Ardashir Ⅲ）金币的仿制品。阿尔达希尔三世金币或银币及其仿制品在中国境内属首次发现，具有极为重要的意义。其余3枚则基本可以确定是东罗马拜占庭金币的仿制品。死者口手中含握金币，无论在中亚、新疆吐鲁番或中国内地，其所能得到合理的解释应该只有一个，他们或同为中亚人，因此共同信仰一种宗教的可能性应是存在的。总之，虽然在死者口手含握钱币的习俗，起源于古代希腊，中亚地区的这种习俗与古希腊习俗也有着某种渊源的关系，但就其深刻含义而言，二者显然是有一定的差异。据推测，其与中亚地区流行的某一宗教，或与拜火教信仰有一定的联系。中国吐鲁番、固原、洛阳、西安等地死者含币习俗与中亚地区是一派相承的。中亚、中国的发现表明，虽然古希腊习俗对其有所影响，但并不是严格意义上的，其主要原因是传统不同。

史诃耽长期担任朝廷翻译，墓中出土一枚蓝色宝石印章。类似的宝石印章是萨珊印章系统常见形式，中有一卧狮，上有3棵石榴（tnlip），周围有一周铭文，笔者在原报告中经比较推测此属于波斯帕勒维（Pahlavi）铭文，根据林梅村先生的解读报告，铭文属中古波斯文应转写为’z’tyh’b’tyhs’tyh读azadihabadih sadih，译为“自由、繁荣、幸福”。①不过最近，伊朗德黑兰大学伊朗学博士山内和也先生对这枚印章进行研究，依照他们解读，印章铭文属帕勒维（pahlavi）铭文，拉丁文转写为：axward axwa［n］r［a］d awwa［n］rad，可译为“世界宽容!世界宽容!世界宽容!”前者axwad是其单数，axwa［n］rad则是其复数形式，是萨珊王朝一种祈祷文。②当然由于中亚阿拉美铭文系统的复杂性所在，语言学家之间常常对同一铭文有不同的解读和理解，不同的转写词汇含义相去甚远。除去语汇范式比较外，国外公私机构类似收藏品也是我们用于衡定这

①林梅村.固原粟特墓所出中古波斯文印章及其相关问题[J].考古与文物，1997(1).后收入氏著《汉唐西域与中国文明》，北京：文物出版社，1998：198—208.

②承山内和也博士教示，并蒙使用其结果，谨表谢意，山内君的详细解读报告即将发表。

枚印章的基础。

覆面的习俗可追溯公元前许多世纪以前，东西方都有非常相似的覆面，丝绸物缀金属在表达埋葬思想时有着特别的意义。这种习俗相配合的是在死者眼部盖上金、银等贵金属硬币，金、银光泽分别表示太阳、月亮的解释有着古老的传统，贫穷者则以青铜代替，这一习俗的传播与波斯安息帝国有着非常密切的关系。眼口部的睁张是死后死者在地下仍可看见光明，可以呼吸。蒙古高原的 Kazakhs 人是这种信仰的忠实信徒，中亚甚至在遥远的匈牙利都有覆面习俗的发现。[①]史道德墓中金覆面，新月托金球可能和中亚的拜火教有一定的联系，这种有祆教色彩的覆面习俗可能旨由粟特人传播至内地。

梁元珍墓虽然同处于隋唐墓地，但与史氏墓群并无关联。据墓志记载，其为安定朝那人，终身不仕，死于圣历二年（699 年），终年 72 岁，其先夫人弘农杨氏，后夫人为范阳卢氏，均属当时大姓望族，虽然梁氏仅为一隐士，但在婚姻关系上却表现出与望姓大族联姻的特征。梁氏墓葬因被盗所留文物甚少，壁画内容则较为有趣，首先，天井、甬道两壁绘有牵马图，不同于同时期其他墓葬绘仪卫、侍骑、列戟等内容，当与其未仕有关联。其次，墓室壁画除侍者图外，围绕棺床的有 10 扇屏风，结合梁元珍经历中崇尚玄学的思想，屏风画所表现的内容是魏晋名士“竹林七贤与荣启期”的故事，其年代在唐代屏风画墓葬中属较早者。

三、结束语

对于北朝、隋唐历史来说，原州是一个不可忽视的地方，这一点，已经被来自固原的诸多考古发现所证实。原州是西魏北周的根据地，固原在北周、隋、唐时期由于近离首都长安，并且是汉唐国道的必经之地，东西方商人络绎不绝，结队而至。中亚粟特移民值得我们特别关注，史姓墓地是我们在中国首次发现的粟特人墓群，一些遗物，其中所包含着粟特人特

①参见：Mihaly, Benkd.Burial Masks of Eurasean Mounted Peoples in the Migration Period(Ist Millenium A.O)[J].Acta Orientalia Hung, XLVI, 2—3, P127—28, 1992—93.

殊的习俗，丰富了我们对于流寓中国中亚粟特人的认识。遥远而漫长的丝绸之路传播了东西优秀的文明，使远隔万水千山的人民处在相互了解之中，虽然距离其鼎盛时已经过去一千多年，先辈们对待文化传播中宽容性的一面仍然值得后人深思。

（原载于《固原师专学报》1998 年第 5 期）

金币辉煌　丝路遗珍

——丝绸之路宁夏境内的金银币

马建军　周佩妮

正面　　反面

图 1

1897 年，俄国人古德弗雷（Godfrey）在新疆和田古城废墟中发现中国境内出土的第一枚东罗马金币；1915 年，英国人斯坦因（Stein）在吐鲁番地区发现中国境内出土的第一枚波斯萨珊王朝银币，此后的近一个世纪，特别是 20 世纪 50 年代以来，中国境内相继出土了大量的金银币。其中，东罗马金币及其仿制品出土多达 50 枚以上，分布地点有新疆和田、叶城、吐鲁番，青海都兰，甘肃武威、天水、陇西，宁夏固原，陕西西安、咸阳、定边，内蒙古呼和浩特、武川，河南洛阳，河北赞皇、磁县，辽宁朝阳等。萨珊银币出土数量接近 2000 枚，分布地点有新疆高昌、乌恰山，青海西宁，甘肃张掖、天水、临夏、陇西，宁夏原州、彭阳，陕西西安、长安、耀县、商洛、紫阳，内蒙古呼和浩特，河南洛阳、陕县，河北定县，江苏南京，湖北安陆，广东英德、曲江、遂溪等。金银币出土数量之多、分布范围之广，引起国内外学术界的极大关注和深入研究。这些金银币在中国境内大致与南北朝至隋唐时期所见的其他金银钱一样，是由西向东主要在丝绸之路沿线逐渐传播的。宁夏作为丝绸之路主干线沙漠绿洲一线的必经之地，从20世纪80年代以来，北朝至隋唐时期的墓葬中不仅出土了众多中西亚风格的金银器，而且出土了诸多萨珊银币、东罗马金币及仿制品，说明丝绸之路上宁夏境内的商业贸易与文化交流一并呈现出繁荣景象，且蕴含着当时商品贸易、经济往来的大量信息，是丝路遗珍的重要组成部分。

一、萨珊银币

萨珊银币通过丝绸之路上的商业贸易进入我国，并在一定范围内流通。目前，在中国境内出土总数达2000枚左右，其中以卑路斯银币为主，有468枚。从银币上打押的国王名字看，萨珊王朝12位国王制作的银币都曾流传到中国。由于萨珊王朝的新王即位后就可以铸造新钱币，萨珊王朝的每位统治者都铸造有钱币，这些钱币遗留至今，具有不可估量的历史、文化、经济和史料价值。他们所有铸造的钱币采用固定的面额和重量标准，以自己的半身像图案为主，正面是国王的半身像，肖像的脸朝右，国王的名字和称号用古波斯文镌刻在靠近边缘的地方，肖像和铭文的周围环绕由细小联珠组成的圆圈。每个统治者都有自己个性化的王冠，成为伊朗艺术及其断代的可靠标志，在钱币上只出现过一位王后的肖像，就是普兰的像。背面的图案总是古波斯国教——琐罗亚斯德教（袄教、拜火教、波斯教）圣火熊熊燃烧的火坛，主要由火坛本身，火坛及其两侧的两个人物，或者火坛火焰中有半身肖像以及镌刻铸币地点和铸币年代的文字三种变体内容组成。其中陪侍在火坛旁边的两个人物代表的意义尚在探讨之中，有可能是袄教中普通僧侣“美葛（Megush）”和“摩倍德（Mobadh）”，也可能是祭司或者国王。钱币开始发行时，人物的手中拿着长杆，后来改为拿着一捆短棒，面向火坛，或者面向外。在胡司洛一世时期，他们以正面形象出现，从白赫兰二世（275—293 年）起，陪侍者之一从其冠冕上判断可能代表国王，这种设计暗示君权神授。

萨珊王朝采用帕提亚时代最通用的货币，即以雅典重量单位计量的传统银德拉克姆（drachm）。除了少量例外，银币的重量（约 4 克）和所用金属的考究一如既往。除德拉克姆之外，还有半德拉克姆，奥博尔（六分之一德拉克姆）和半奥博尔，以及劣质银合金（含铜较多的银）的四德拉克姆。钱币铭文的范式取决于王朝的政治和宗教动机，用萨珊帕勒维文书写，掺杂使用一些表意文字。正面镌刻国王的名字和称号，背面镌刻王家圣火的名称，后来则镌刻铸币地点和君主纪年。后期钱币的主要特点之一是背面右侧镌刻有铸币厂的首字母图案，并以缩写形式刻上铸币城市的名字。这些缩写形式代表那些被授权拥有铸币厂的城市的萨珊全名。这些铸币厂的标记中，大约有 200 个为后世所知，如 W 代表霍尔米兹德—阿达希尔（今艾海瓦兹［Ahvaz］）；PR 代表阿巴尔沙赫尔（尼沙普尔）；RT 代表阿尔达希尔—赫瓦列（菲鲁兹阿巴德）；HM 代表哈马丹；YL'M 代表伊朗—赫瓦列—沙普尔（苏萨）；BYS 代表法尔斯的比沙普尔。宁夏境内现存有 5 枚萨珊朝卑路斯（459—484 年）银币，集中出土在丝路重镇固原及周边地区。

1.1984 年出土于固原北魏漆棺画墓中（图 1），直径 2.7 厘米，重 3.5 克，圆形。正面为萨珊王卑路斯侧面肖像，王冠中部与后部为雉堞形（城齿状）装饰物，雉堞为波斯宗教中“天”的象征，也是阿胡拉·马兹达的象征，前部有一新月。冠顶有翼状物翘起，再上有一新月，新月托一圆球。边饰一周联珠纹，肖像前自下而上有半周铭文，已模糊不清。完整的铭文一般应是“KaDI PiRUCI MLKA”，译意为“圣上，卑路斯，王”。背面亦有联珠纹组成的边框，中央为拜火教祭坛，祭坛下部有两级台座，台上立一圆柱，柱系缎带，缎带两边下垂。祭坛上火焰熊熊，火焰由小圆点组成，呈三角形，在火焰的左右侧为新月与五星。祭坛两侧的祭司相对作拱手状。边缘镌刻的铭文为铸造地点的缩写和铸造纪年，纪年文字已经无法辨认。

2.1987 年出土于固原南郊隋唐墓地之隋史射勿墓中（图 2），直径 2.7

厘米，重3.3克，圆形。正面由联珠纹构成边框，中为萨珊王侧面肖像，与北魏漆棺画墓出土的银币完全一致。背面不同之处是火焰两侧的新月在左，五星在右，与一般五星在左新月在右相反，很少见。

正面　　反面

图2

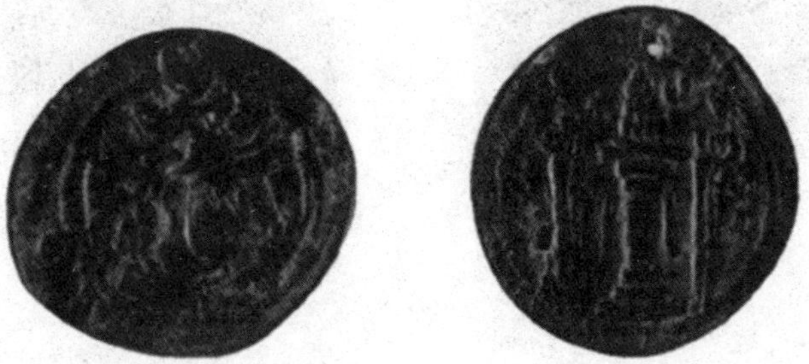

正面　　反面

图3

3.2003年出土于固原南塬开发区一座唐早期墓葬（编号M15）中（图3）。银币面呈黑灰色，外轮廓不甚规则，直径2.55—2.8厘米，厚0.4毫米左右，重3.07克，萨珊银币的单位之一是“德拉克姆”，据测其平均重量3.906克。银币正反两面的浅浮雕纹由印模打压而成，两面主体图案的外周围环绕以联珠纹圈框，磨蚀严重近似弦纹，联珠纹圈框外的边缘空白处较大。正面为王者头冠像不甚清晰，面向右，鼻挺眼圆，头像后面由小圆点组成如梅花的飘带似由肩部出来，王冠中间为雉堞形（城齿状物）饰物，前后各有一翅膀（鸟翼冠）（翅膀是祆教中屠龙之神未累什拉加那的象征或说象征太阳似乎更为恰当）。冠顶为一新月抱托一圆球（发髻），圆球叠压于外周联珠纹圈框上。冠前有一新月，冠的底部有联珠一列。王像左边下角开始的波斯帕勒维铭文已模糊不清。背面图案的中央是琐罗亚斯德教的祭火坛，底座3级，中心柱较细，有条带在柱的两侧，柱顶部3层逐层外展扩大构成坛面，坛上火焰以椭圆形小点4层共10粒堆积呈三角状，火焰纹右侧一月纹，左侧一星纹，互相对称。祭坛两侧有祭司，相对侍立，头部有椭圆形冠帽，顶饰出联珠纹圈框之外。右侧祭司身后为铸币地点的古波斯帕勒维铭文缩写，转写为拉丁文是“ART”，地望为ARDAXSIR—XVARRAH，FARS。左侧祭司身后有纪年铭文模糊不能辨认。银币正反两面的浅浮雕主题图案呈90度左右错位，币面边缘最大空白处穿透有径1毫米的一个孔眼。

正面　反面

图4

正面　反面

图5

4.2009年出土于彭阳县新集乡姚河村海子塬墓地的一座北魏墓（M14）中（图4）。圆形，外轮廓不甚规则，直径2.6厘米，重3.7克。正面因打压图案较模糊，为萨珊王者头冠像，面向右。头像周围有一圈联珠纹，打压变形似菱形纹。中部王冠下有一周连珠纹装饰，前有一新月，冠上有雉堞形饰物，前后有翼状物，或为翅膀。冠顶部为一新月托圆球，超出边圈框。肖像前自下而上半周铭文，是一种草写的古波斯帕勒维文，字体较模糊，辨别困难。背面的图案与正面的图案正好垂直，即图案向下而不是向上，有联珠纹边框，中央为拜火教祭坛，祭坛上有四层联珠纹组成燃烧的三角形火焰，火焰左侧有一五角星，右侧有一新月。两侧站立祭司，相对呈拱手状，祭祀的头部和面部不清晰，头部有冠帽，帽顶饰出圈框之外，双腿和身躯由螺旋纹构成。右侧祭司身后为铸币地点的古波斯帕勒维铭文缩写，左侧祭司身后有纪年铭文，字迹较清晰。

5.2009 年出土于彭阳县新集乡姚河村海子塬墓地的一座北魏墓（M14）中（图 5）。大小形制与第 4 枚相同，边缘有残缺，锈蚀严重，正反两面图案比较模糊。

二、东罗马金币

东罗马金币及其仿制品在中国境内有 17 处出土地点，出土 53 枚。金币均由正面图案、反面图案和正反面的铭文构成，在不同时期图案与铭文有细微变化。其在丝绸之路沿线广泛流传和使用，宁夏现存金币 7 枚，均出土于丝绸之路沿线重镇固原的北周墓葬和西南郊隋唐墓地中。其中 5 枚出土于北周建德四年（575 年）田弘墓中，以数量而言，一座墓中一次出土 5 枚金币，在中国尚属首例。分别为：

1.列奥一世（457—474 年）（图 6），1996 年出土于固原北周田弘墓中。直径 1.54 厘米，重 2.6 克，圆形。双面打押，正面为皇帝半身肖像，头戴盔，冠缨两飘带自脑后上翘，冠后下垂卷发露于颈后，身着铠甲。右

正面　反面

图 6

肩扛短矛，端露于左侧鬓边。左手持盾掩盖肩和胸部，头像两侧各有两孔，正面铭文为 DNLEO　PERPETVG；背面为一女神像，身体稍偏向右，右手扶一长双杆十字立柱，左侧有翼。从两肩起围绕头像有一周铭文 VICTORI/A　AVGGGI/CONOB。

2.查士丁一世（518—527 年）（图 7），1996 年出土于固原北周田弘墓中。直径 1.67 厘米、重 2.9 克，圆形。双面打押，正面为皇帝半身肖像，头戴王冠，冠上有 3 周联珠纹，右侧有束起的冠带，身着铠甲，右手持标枪扛于右肩上，枪尖露于左耳上侧。左手似持盾护左肩和胸部。有 3 孔，呈不对称三角形，其中一孔从王冠中间打穿，右上侧边缘处有半周铭文 DNIVSI/（NVSPPAV）；背面为一胜利女神立像，右手执一长十字架，左侧有翼。铭文为 VICTORIA/AAVGGGI/CON。

正面　　反面

图 7

3.查士丁一世与查士丁尼一世共治（图 8—1）（图 8—2），2 枚，1996 年出土于固原北周田弘墓中。直径均 1.62 厘米，重 2.6 克和 3.3 克，圆形。双面打押，正面为两帝并肩坐于王座之上，头部均有神圣光环，两帝头部之间有一十字架。两帝左手各持一球体，右手微抬贴于胸前。两侧各有两

正面　　反面

图 8—1

正面　　反面

图 8—2

孔，边缘有一周铭 DNIVS/TINVS□ TIVS/TINIANVSPPAVG/CONOB；背面为一正面站立带翼神像，右手执一长柄十字架，左手托一圆球，球上有一十字架。铭文为 VICTORT/A　AVGGGI/CONOB。

4.查士丁尼一世（527—565 年）(图 9)，1996 年出土于固原北周田弘墓中。直径 1.6 厘米，重 2.5 克，圆形。双面打押，正面为皇帝半身肖像，头戴王冠，两边有垂索，身着铠甲，冠带及盔甲均用联珠纹来表示。右手举一十字架。铭文为 DNIVSTINI/ANVSPPAVT；背面为带翼的神像，右手执一长柄十字架，左手模糊，坐立亦难以分辨。铭文为（VICTORI）/A AVCCCA/CONOR。

正面　　反面

图 9

5.查士丁二世（565—578 年）(图 10)，1996 年出土于固原南郊墓地史道洛墓中。直径 2.1 厘米，重 4.6 克，圆形。正面为皇帝肖像，肖像的上部用拉丁文刻印该皇帝的名字。头戴珠饰皇冠，两耳侧垂珠饰，铭文为 DNIVSTINVSPPAVG；背面刻印有阿波罗神的立像，铭文为 VICTORIAAVGGG，底部铭文为 CONOB，在肖像的两臂处各打有一孔，孔径 2 毫米。从制造年代（578 年）到随葬年代（658 年），已有 80 年的流传经历。

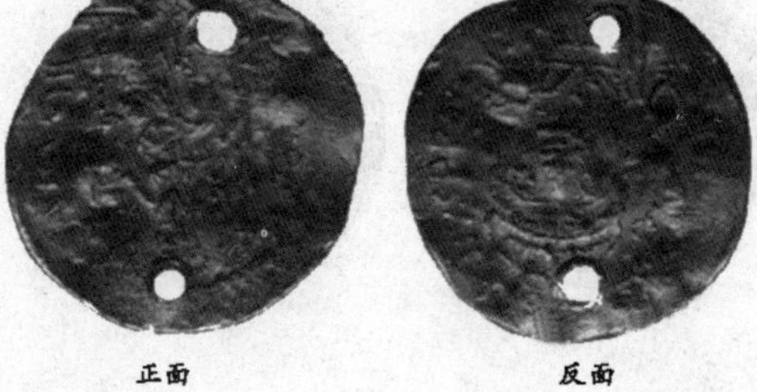

图 10

6.阿纳斯塔修斯一世（491—518 年），1998 年 6 月发现于固原南郊的农田中。直径 1.76 厘米，厚 0.54 毫米，重 3.1 克，经 X 射线荧光光谱测定，含金量为 99.2%。正面是皇帝半身像，戴头盔，盔顶有翎羽耸立，冠缨飘带两股自脑后上翘，冠后下垂卷发露于颈后，身穿高领铠甲，外加开襟战袍，右手持一标枪扛在右肩，枪端露于左侧鬓边，左手持盾掩盖肩和胸部，铭文在金币上方两侧按顺时针排列，为“DNAN-ASIASIYSPPAYG”，共 17 个省略和变体拉丁文字母，其中“Y”为“V”不分，应释为：“我们的主上，阿纳斯塔修斯，永远是我们的至尊（皇帝）”。金币背面为胜利女神像，侧脸向右立姿，右手持长柄十字形器，左手下垂，背后双翅朝向左侧，翅膀中间右侧有一颗光芒四射的星，脚底横线下铭文为“CON□□”，后两字母不清，立像两侧均环有铭文，左侧铭文已被剪去少许，隐约可见“□ICIORI”，右侧为“AAVGGG1”，合计 14 个字母。完整的铭文应是“CON（OB）”，即“CON（cstantino-ple）OB（signata）”，为拉丁文省写，意为“印铸于君士坦丁堡”。两侧铭文连起来应是“[V] ICIORIAAVGGG1”，其中“Victoria”，即胜利女神，而“AVGGG”意为帝国的胜利，GGG 代表当政的诸罗马帝王，常以复数形式出现。合起来应解释为“帝王们的胜利女神”，末尾的“1”字表明此金币是由第一铸币局铸造的。

三、东罗马金币仿制品

宁夏境内现存东罗马金币仿制品 4 枚，均出土于固原西南郊隋唐粟特人墓葬中。

1.史索岩墓一枚（图 11），1985 年出土于固原西南郊隋唐墓地唐墓中。直径 1.9 厘米，重 0.8 克，剪边，仅余中间部分，很薄，单面打压花纹，上下均有一个穿孔。正面为一东罗马皇帝半身肖像，头戴盔，身穿铠甲，肩扛一短矛，耳际似有飘带，盔完全用小联珠纹组成，虽有铭文但已经大都不清，难以辨认。

正面　反面

图 11

2.史诃耽墓一枚（图 12），1986 年出土于固原西南郊隋唐墓地唐墓中。直径 2.3 厘米，重 2 克，有一周弦纹形成边框，外边较宽，单面花纹。正中为一东罗马皇帝肖像，头戴盔，身着铠甲，肩扛一短矛。有一周铭文，铭文大多已经变形。

正面　反面

图 12

3.史铁棒墓一枚（图 13），1986 年出土于固原西南郊隋唐墓地唐墓中。直径 2.5 厘米，重 7 克。单面压花纹，正面上方有一小穿孔，穿孔口有打磨过的痕迹。中为一国王侧面肖像，头戴王冠，脑后飘发，眼睛较大，鼻子凸尖，身着铠甲，头部有项圈，周有一圈铭文。铭文模糊难以辨认。从

正面　　　　反面

图 13

肖像完全呈侧面、雉堞状王冠等因素可以看出，它不是东罗马金币仿制品，而与阿尔达希尔三世（628—630 年）有着密切的关系。从重量上看可能是按照阿尔达希尔三世金币仿造的。阿尔达希尔三世金币或银币及其仿制品在中国境内均没有出土，属首次发现。金币上只有正面王像而无背面，可能与仿造者宗教信仰有关。

4.史道德墓一枚（图 14），1982 年出土于固原西南郊隋唐墓地唐墓中。直径 2 厘米，重 4 克，圆形，双面打押图案，顶部有一孔。正面中央为一皇帝的侧面肖像，头戴盔，头盔用小联珠组成，身穿铠甲，甲的边缘也用小联珠纹组成，肩扛短矛或标枪，矛头稍现。边有一周拉丁铭文，多已残损。背面为一胜利女神像，模糊不清。上亦有一周拉丁铭文，字迹模糊难以辨识。

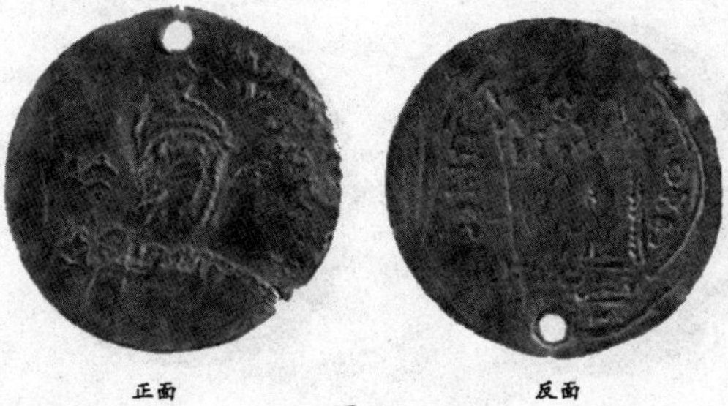
正面　　　　反面

图 14

波斯萨珊金银币是北朝、隋唐间具有国际地位的通用货币，即使是仿制品，也依然流通，因为使用贵金属仿造铸币，其流通价值是等同的。在中国境内发现的萨珊银币和东罗马金币及仿造品，是由商贾们作为货币带入，并在中国部分地区流通。仿制品的流入，一方面说明东罗马帝国与中国有着频繁的往来，另一方面说明东罗马为了摆脱萨珊人的封锁，与中国发生贸易关系，只能在中亚某一地区或“昭武九姓”即粟特人居住之地仿制其货币，然后通过丝绸之路运往各地。

（原载于《文物鉴定与欣赏》2012 年第 10、11 期）

李贤墓出土之波斯萨珊器

冯国富

1983 年在固原北周李贤夫妇墓出土的文物中有四件波斯萨珊手工艺品，计：鎏金银壶、凸钉装饰玻璃碗、镶嵌青金石金戒指、有刀鞘的环首铁刀。

鎏金银壶　为我国首次发现之萨珊器珍品。壶通高 37.5 厘米。长颈、鸭嘴状流，颈高 6 厘米，流长 9 厘米。上腹细长，下腹圆鼓，最大腹径 12.8 厘米。壶把两端铸成两个兽头与壶身相接，把的上方面向壶口铸一深目高鼻的胡人头像。壶颈腹相接处焊一周 13 个突起的圆珠，形成一圈连珠纹饰。壶腹与高圈足座相接处以及足座下部亦分别焊一周 11 个和 20 个突起的圆珠，形成连珠纹饰，足座高 8 厘米。

鎏金银壶

壶身腹部用凸纹锤出三组男女人物图像。从壶把左侧起，第一组为：左侧男子发束带，身着短袖衣和短裤，足穿靴，右手拿盾牌，左手持短矛；右侧女子发束带，身着衣裙，披斗篷转身回顾男子，左手持一物上举，右手抬起，食指指向自己。第二组为：右侧男子身着短袖衣和短裤，披斗篷，足穿靴，左手持一物至胸前，右手持一物举至女子面前；女子发束带披斗篷，身着衣裙，右手在腹前持一物，左手抬起，食指指向自己。第三组为：右侧男子头戴帽，肩披斗篷，赤身裸体，左手握住女子右腕，右手伸出二指托女子下颔；女子发束带身着衣裙，似披斗篷，左手放在抬起的右膝上。三组人物形象相同，从形貌发式和服装看，都具有典型的罗马特征。它描述的似应为一组描写情人送别战士出征的连续画面。

鎏金银壶腹部图案展开图

据学者考订壶的颈部和底座均有十数道凹槽，凹槽剖面呈“)”形，极似希腊建筑上的廊柱，整个银壶可以看作是一个变化了的爱奥尼亚式圆柱。其来源应该是古代的希腊和罗马。它的制作地点应该在中亚两河（锡尔河和阿姆河）以南，伊朗以东的地域范围内，即萨珊以前帕提亚王国东部行省和巴克特里亚一带。这些地区在帕提亚和贵霜时代就有浓厚的古典艺术传统，一直延续到萨珊时代，这件鎏金银壶正是这一传统的体现。至于这件银壶的制作年代，由于李贤墓志记载他卒于北周天和四年（569年），因而此壶不会晚于公元6世纪后半叶，这可以作为年代的下限。又据国外学者研究，罗马4至5世纪才出现此种带节的高圈足的形制，而这种壶大都为公元6至7世纪之物，所以它的上限不会早于公元4世纪。那么，这件银壶的制作时间应该为5—6世纪之间。当然，学术界目前对于具有萨珊特点的银器还没有一个可靠的断代标准。总之，这件鎏金银壶的价值绝不止于它的自身，可能对国际学术界悬而未决的萨珊式金银器的研究产生深远的影响。

玻璃碗　碧绿色，直口，圆底，矮圈足。碗外壁饰有突起的圆圈图案两周，上圈6个，下圈8个，上下错位排列，从一处可透视对面3个以上圆圈图案。口径9.5厘米，腹部最大径9.8厘米，腹深6.8厘米，高8厘米。

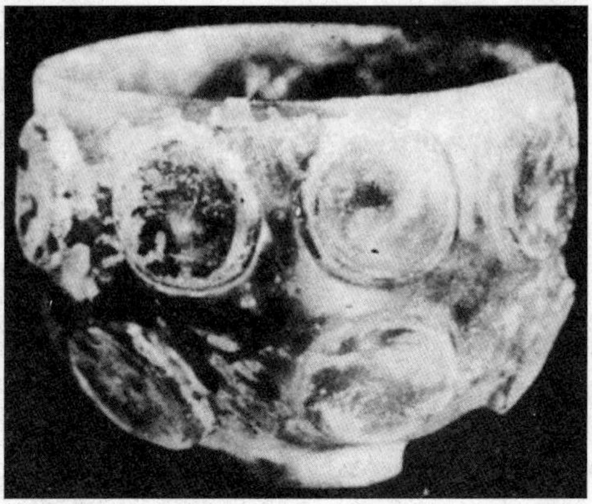

玻璃内含气泡，但气泡均很小，直径一般不超过 0.5 毫米，气泡分布均匀，不见明显的条纹、结石，透明度好。碗内壁光洁无锈，外壁有分化层，主要分布在下腹部和底部，分化层呈金黄色。口沿有水平磨痕。碗壁厚约 4 毫来，突起纹饰最厚处为 7 毫米。腹部突起的圆形纹饰不很规则，有的呈长椭圆，有的呈扁椭圆，一般长径 27—29 毫米，短径 25—26 毫米。图饰面呈凹球面，貌似吸盘。圆饰基本成排，略略错落不齐，圆饰之间的距离也不完全一致。底部的圆圈是由一个长径 31 毫米，短径

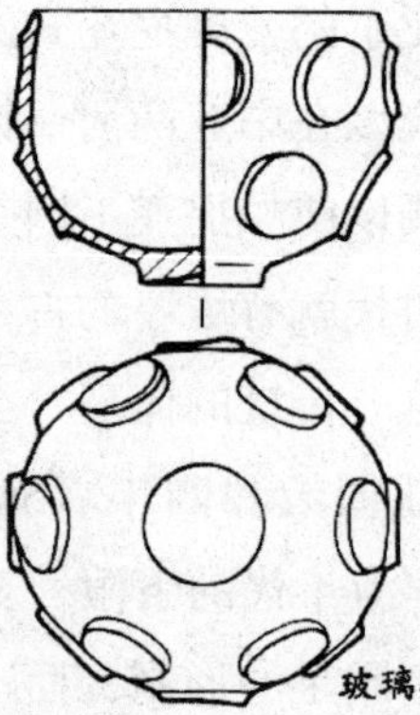

玻璃碗1：3

31 毫米的突起凹球面构成。玻璃碗重 245.6 克，比重 2.46克 / 立方厘米，经 X 荧光法无损检测，不含铅钡。从比重和 X 荧光检测结果为钠钙玻璃。玻璃的原料比较纯净，含铁低，熔制温度较高。碗腹部的突起圆形纹饰与碗壁浑然一体说明纹饰不是形成后补加上去的，而是一次成形。碗内壁光洁无锈，无打磨抛光痕迹，外壁磨痕明显，方向多为水平或垂直，碗壁厚薄不匀，说明是吹制形成厚壁，然后壁径磨琢变薄而留下两排圆形纹饰和底部，圆形纹饰的面又被磨琢成凹球面。磨琢后的玻璃碗通体经过抛光，但有些部位不易被抛光，磨痕仍清晰可见。与此玻璃碗相类似的，有在我国北京（西晋华芳墓）、湖北（鄂城西晋墓）出土的玻璃碗，以及新疆楼兰出土的玻璃杯和巴楚采集的玻璃残片。

伊朗高原的玻璃制造业历史很悠久，公元前一千年前后，在两河流域的影响下就开始生产玻璃珠饰等。公元 1 世纪开始生产吹制玻璃器皿。公元 3 至 7 世纪是伊朗高原玻璃业最为兴旺发达的时期，除了生产大量的玻璃珠饰、纺轮外，还制造精美的高级玻璃器皿，供上层社会享用和出口，

本文介绍的碗就是其中之样品。由于此时正当萨珊王朝时期，一般将它们简称为萨珊玻璃。萨珊玻璃器皿造型浑朴，喜欢用连续的圆形作为装饰，这与萨珊流行的联珠纹相一致。萨珊玻璃工艺继承了罗马玻璃工艺的传统，特别是发展了冷加工的磨琢工艺，在玻璃上磨琢出凹球面或突起的凹球面，形成一个个小凹透镜。透过碗前壁的凹球面装饰，充分表现出玻璃的美丽风采。萨珊玻璃的发现及研究虽然较晚，但在世界玻璃史上却占有重要地位。

有学者提出，与李贤墓玻璃碗类似的玻璃器在日本、朝鲜也有发现，在美国、英国等国家的博物馆和私人手中也有收藏。但缺少明确的出土地点和共出器物。据安家瑶先生考证：李贤墓出土的这件玻璃碗体现了萨珊玻璃器形和纹饰上的独特风格和精湛的磨琢工艺，是古代玻璃之精品。这不仅在国内罕见，就是在国外也很少见，为我国古玻璃的研究提供了宝贵的资料。

金戒指 环状。环正中的圆形部分镶圆形青金石，石面上雕一人双手举一弧圈，弧圈两端各垂一囊形物。戒指最大径 2.4 厘米，青金石面直径 0.8 厘米。与此类似的戒指有国内河北赞皇李希宗夫妇墓、西安隋李静训墓（李贤孙李敏之女）出土的金项链和戒指。其式样和镶嵌青金石以及石面上雕刻的纹饰均类似。据专家鉴定，这类饰物与我国传统同类饰物不同：青金石多产于阿富汗，以青金石作装饰自古以来流行于葱岭以西，因此，此青金石饰物当来自葱右。

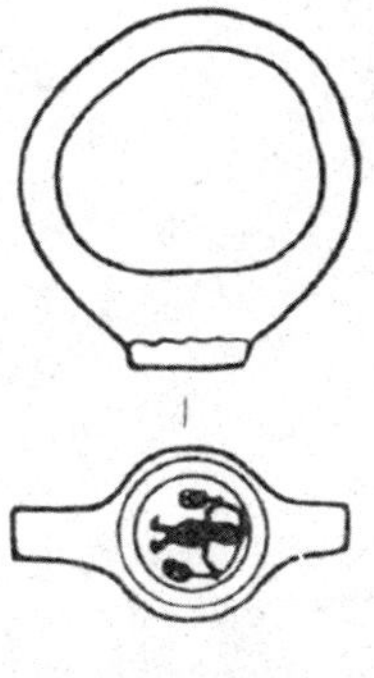

金戒指　1：1

铁刀 环首，系银袋，外套木鞘，木鞘外表髹漆，现呈褐色。出土时刀已锈入鞘内，通长86厘米，柄部过短，似有断缺，原长应在100厘米左右。刀的环首作扁圆形，以薄银片镶包柄部，鞘附有一对附耳，亦为银质。刀的材质，应为钢质，因锈蚀过甚未经科学检验，故现仍称为铁刀。出土于木椁右侧，应为李贤的佩刀。它是目前所发掘的北朝墓中出土的唯一完整的铁刀。对了解刀制，对中国古代兵器的研究及中西文化交流的研究，都提供了重要的实物资料。

（原载于《固原师专学报》1991年第1、2期）

论固原边塞文化

佘贵孝　郭勤华

摘　要： 固原地处中原农耕文化和北方草原游牧文化的交汇地带，自商周始，一直为中原统治集团的北部边陲。本文从固原边塞地区各民族生活、争战的遗留物，特殊的边塞史事，胡汉相交的边塞民俗，风格独特的边塞文学艺术和众多的边塞历史文化遗迹等多方面进行记述分析，说明边塞文化是固原历史文化的一个显著特征。

关键词： 固原　历史文化　边塞特色

固原，在我国历史上属于北部沿边地带、军事要塞，战略地位十分显要。《读史方舆纪要》称固原是“左控五原，右带兰会，黄流绕北，崆峒阻南”、“据八郡之肩背，绾三镇之要膂”的咽喉要地。

一、固原是关中的北边门户

秦汉时期，固原为中原王朝的边疆地区，是抵御匈奴的前沿。高诱在《战国策·秦策》中说“东函谷，南武关，西散关，北萧关”，这四关之中的地域空间就是关中，而萧关（今宁夏固原市原州区南至瓦亭）就是关中北面的门户。匈奴为了挺进中原，在汉文帝十四年（前166年）冬，沿清水河通道破长城大举南下，与驻守在萧关的北地郡都尉孙卬大战一场，孙印阵亡。匈奴趁势焚烧回中宫，前锋部队到距长安仅 300 里的甘泉宫附近。汉文帝急忙调骑兵 10 万人屯驻长安周围，以备匈奴进犯长安。另外，又调兵反击，匈奴抢掠月余后退回。这次萧关之战，朝野震惊。司马迁在《史记》里多次提到孙印，并将孙印的独特业绩当作重大历史事件加以记载。西汉末年，历史学家、文学家班彪北游安定郡时，专程凭吊了孙印殉职的萧关。

魏晋南北朝时期，各少数民族为维护自己的统治利益，在固原刀戈相向。东晋十六国时，曾有前赵、后赵对峙高平，前秦、后秦高平之战，西秦也企图占据固原。更有赫连勃勃在固原征战，为创立大夏政权奠定基础。

隋末至唐代，突厥、吐蕃先后侵犯原州（今宁夏固原市原州区），乃至占据了原州。唐朝中央在无力反击的情况下，于建中四年（783 年）一月与吐蕃在清水县正式签订了"盟约"，"盟约"正式将原州划给了吐蕃。吐蕃的原意不仅要占据原州，其野心在于图谋关中地区。贞元二年（786 年），吐蕃越界分别扰掠泾、陇、邠、宁等州，唐将领不得不奋起反击。吐蕃又数次派遣使者，请求重新缔结盟约。贞元三年（787 年）五月，唐以侍中浑瑊为会盟使，兵部尚书崔汉衡副之。闰五月，浑瑊等与尚结赞会盟于平凉。吐蕃突然袭击会所，唐会盟副使崔汉衡以下 60 余名官员被吐蕃所擒拿，唐军死者数以千计。代宗广明元年，吐蕃攻陷唐都长安，于是陇山（今六盘山）、贺兰山以西，泾州（今甘肃泾川）以北，皆陷于吐蕃。唐司空图在《河湟有感》中感慨道："一自萧关起战尘，河湟隔断异乡音"，正是吐蕃占据原州以后的写照。

西夏立国后，固原成为宋夏交锋的主战场。北宋与西夏的好水川之战、定川寨之战、三川寨之战，使宋朝损兵折将，连丧数十员大将和数万名士兵。宋高宗南渡后，这里又为金政权所有。一些爱国将领吴玠、吴璘、刘锜多次与金发生战事。

蒙古太祖二十二年（1227 年），成吉思汗除留兵继续围攻西夏国都中兴府（即兴庆府，今宁夏银川市）外，自率师渡过黄河，由西道攻克临洮，进入金境。当时，六盘山区所属州县，都在金政权的版图之内。夏四月，进入六盘山地区，拔德顺州（今隆德县城）。闰五月，避暑六盘山。《金史·爱申传》记载了蒙古军队攻克德顺州的战况：“正大四年春，大军西来，拟以德顺为坐夏之所。德顺无军，人甚危之，爱申识凤翔马肩龙舜卿者可与谋事，乃遣书召之……既至，数日受围，城中共有义军乡兵八九千人，大军举天下之势攻之。爱申假舜卿凤翔总管判官、守卫一与共之，凡攻百二十昼夜，力尽乃破。”在这场恶战中，德顺州节度使爱申、进士马肩龙等人被俘后宁死不屈，刚烈自缢。成吉思汗军队占据固原后，宪宗蒙哥汗、忽必烈先后驻跸固原。

明代，固原为九边重镇之一，是明王朝北部边疆防御鞑靼入侵的重心。据明嘉靖和万历《固原州志》记载，陕西三边总督驻节固原，指挥军队抗击鞑靼铁骑。清时，固原成为祖国的腹心地区，不见烽火硝烟。

纵观固原的历史，凸显出一种边塞文化的特征。

二、固原边塞文化

1.边塞各民族生活、争战的遗留物

春秋战国时期，固原是北方游牧文化和中原农耕文化的交汇之处，生活着史书上记载的“西戎八国”中的义渠戎等。他们创造了发达的青铜文化。1960 年，在西吉白崖乡半子沟村率先发现青铜文化遗存。到 20 世纪末，在固原地区发掘和清理各类青铜文化墓葬百余座。以原州区杨郎马庄墓地和彭堡于家庄墓地为代表，出土了数以万计的陶、铜、铁、金、银、骨、石等各类质地的器物，其中触角式短剑、长胡、中胡多穿戈，柱状缨珰的当卢，椭圆形口、饰品字形镂空的大型车铃，饰以各种动物纹样图案的精美带饰和透雕动物形饰牌，如虎噬鹿、虎抱鹿、翼马纹、奔牛纹、怪兽纹、子母豹、狮子扣饰、人驼纹饰牌等，还有铜柄铁剑，最具代表性。其特征具备“北方系青铜器”的一般特征。这些与众不同的器类，许多学者认为，应当命名一种新的考古学文化——“西戎文化”。

魏晋南北朝时期，固原是中西文化交流的重镇。李贤夫妇墓中出土的鎏金银壶、凸钉装饰玻璃碗、镶宝石金戒指成为国宝级文物。墓葬中出土的具装甲骑俑和武士俑、吹奏乐俑及伎乐壁画，反映出受到来自中西亚乐舞与戎装甲胄的影响。出土的东罗马金银币是中西文化交流的重要实物见证。漆棺画是北朝画迹的重大发现，精美漆画上的宴饮图、狩猎图和装饰联珠纹等，展示的文化内涵颇具波斯风格。还有10多枚金币，特别是其中的两枚即雷奥I世、尤斯第尼阿努斯I世大帝期的金币在我国境内属首次出土。这些绚丽多彩的器物代表着中西文化交流在丝路东段北道上的见证。

隋唐时期，固原仍为丝路重镇。这一时期的文物考古主要表现在对南郊隋唐墓地的发掘，其中有6座墓葬属中亚粟特人史姓，即史射勿墓、史索岩与夫人安娘合葬墓、史诃耽墓、史铁棒墓、史道洛墓、史道德墓，出土了一批反映中西文化交流与民族迁徙融合的遗物，如精美的壁画、石门、石棺床、金覆面、小玻璃器、蓝宝石印章、金花饰、镇墓武士俑、人面兽身镇墓兽等，还有数枚波斯银币和东罗马金币，证实固原在隋唐间中西文化交流和国际商业贸易中有着举足轻重的作用，显现了丝绸之路上的民族迁徙与交融。墓志记载了隋唐间活动于中亚索格底亚那的粟特人即“昭武九姓”人中的史氏流寓原州的事实。墓葬中流行口含或手握金银币及使用金覆面的葬俗，体现了其祖上在中亚的埋葬习俗，而这种习俗是他们沿丝绸之路带入中国的，并传至其后裔。该墓地的发掘，为粟特人及其创造的文明提供了特殊见证。

2.胡汉相交的边塞民俗

在历史的长河中，固原是民族融合的典型地区，胡汉民族在这里长期杂居，在衣食住行及语言等方面形成了一种我中有你，你中有我的特殊风俗。

服饰。在20世纪60年代以前，固原农村汉族中的男子头扎白羊肚手巾，身穿光板老羊皮袄和大裆裤。有的头戴毡帽，脚穿毡靴。这些均体现出历史上各游牧民族、农耕民族服饰文化的相互影响与继承。《汉书·匈奴传》载匈奴服饰：“自君王以下，盛食畜肉，衣其皮革，被旃裘”。《旧唐书·党项传》载党项服饰：“男女并衣裘褐，仍披大毯”。显然，大裆裤、裹腿、头上扎羊肚手巾是由游牧民族服饰演化而来。

地名。宋元明时有羊牧隆城（今宁夏西吉火家集）、海喇都（今宁夏海原县城）等地名，至今人们不知其意。元朝，蒙古人住固原，今天仍有斡耳朵地名。明朝，为战备提供军马，在固原修筑大营城、头营、二营，直至八营共 9 座城池，既是马政的管理机构，也是牧马人的住宿之地。其名至今沿用。

方言。历史上，猃狁（荤粥）、义渠戎、乌氏戎、匈奴、羌、羯、鲜卑、柔然、突厥、党项、女贞、蒙、鞑靼、回等民族都曾在此征战、生活过，是一个多民族聚居的地方。此地除语言“渐染胡语”外，历史上多次大规模的移民和朝廷派往这里驻守的各地文官武将及大批外籍士兵所携的多方语言在此交融、演变，使这里的方言丰富而杂乱。或受北方民族语言影响，或带一点京腔，甚至一些南方方言也可以在这里听到。如固原人把中间有圆圈的油饼叫囫圇（kulue），古代蒙语囫圇（kulue）就是圈子。把“今天”、“明天”说成“今儿”、“明儿”（如京儿化韵）。把“闲（xian）”说成“闲（han）”（客家话、粤音和闽南话白读音 han），再如把“眉（mei）”说成“眉（mi）”（吴语白读音、赣语、客家话、闽东话音 mi），把“街”说成“该”，等等。

3.风格独特的边塞文学艺术

边塞诗词。固原地处边陲且具有十分重要的军事地位，是历代边塞诗人们创作和吟诵的主要地域之一，其中大部分诗作描写的都是边地的悲怆与荒凉，战争的残酷与血腥。

盛唐时的丝绸之路已发展为驿道，也就是国道。而经过固原的这一段道路，也称萧关道。萧关道在唐代非常著名，好多诗人都曾经诗咏萧关、萧关道、陇山。在唐边塞诗中，萧关诗多达数十首。这些诗皆为不朽的诗篇，有的甚至成为千古绝唱。王昌龄《塞下曲》：“蝉鸣桑树林，八月萧关道。出塞复入塞，处处黄芦草。从来幽并客，皆向沙场老。莫作游侠儿，矜夸紫骝好。”岑参《胡笳歌送颜真卿使河陇》：“凉秋八月萧关道，北风吹断天山草。昆仑山南月欲斜，胡人向月吹胡笳。”贾岛《送李骑曹》：“归骑双旌远，欢生此别中。萧关分碛路，嘶马背寒鸿。朔色晴天北，河源落日东。贺兰山顶草，时动卷帆风。”王维的《使至塞上》：“单车欲问边，属国过居延。征蓬出汉塞，归雁入胡天。大漠孤烟直，长河落日圆。萧关逢侯骑，都护在燕然。”卢伦的“今来部曲尽，白首过萧关”，以及陶翰的《出萧关怀古》、储光羲的《使过弹筝峡》等，皆不失为佳作。

明朝为抵御蒙古贵族的侵扰，建国伊始即把重点放在北方，修筑和加固东起鸭绿江、西至嘉峪关的长城，并在沿长城一线先后建立起辽东、宣府、大同、延绥（后迁榆林）、宁夏、甘肃、蓟州、太原、固原九镇，称为九边。成化十年（1474 年）春始设陕西三边总制（后改总督），开府于固原州城，寻建为重镇。三边总制官概由朝廷选派兵部尚书、侍郎等文职京官出任。这些人都是文化人，他们在固原不仅写诗词，还办教育、建公园、修城墙、劝农桑，做了很多有益于人民的事。

民间舞蹈、社火。社火中的“害婆娘”，手拿一把笤帚，见人就扫一下，扫除疾病和驱邪。这个“害婆娘”极有可能是鞑靼舞蹈文化的遗存。新中国成立前，有些人以相面、占卜、乞讨、流浪为生，乡民俗称“蛮子”，极有可能是羌人遗民。在社火中还有一种比高跷低的称“寸跷”，与满族的寸跷舞蹈基本相似。

书法绘画。固原遗留有许多反映战事和各民族和睦共处的书法绘画。有些人家中保存的书法作品就有“蒙汉一家”、“威震九边”等条幅。在出土的墓葬壁画上绘有农耕图、狩猎图、胡人牵驼图等，都是当时固原边塞地区亦农亦牧生活和各民族在此进行贸易和文化往来的反映。

4.众多的边塞历史文化遗迹

固原地区遗存的大量历史文化遗迹，是边塞历史的见证物。

长城。战国秦昭襄王时修筑的长城，在固原地区有 200 多公里，至今有些地段保存完好。

古城址。在固原地区有大小不等的古城堡寨百余座。将台城是战国秦长城的障城。秦汉时期有朝那城（今宁夏彭阳县古城镇）、固原城、瓦亭城，唐代有彭阳城，宋代修筑的有火家集城、平夏城、大营城、北嘴城、西安州城、安化县城、德顺军城（今宁夏隆德县城）。元、明、清时对城堡维修，继续利用，同时修筑了很多堡寨。

古墓葬。固原边塞曾是中原王朝和北方少数民族长期征战之地，难免损兵折将，一些名人将士葬于固原。这些名人、大将的墓葬有：拥节巴湘敦煌、柱国大将军、北周开国勋臣李贤之墓；宋代坚决抗金、不甘偏安、遭遇可歌可泣的曲端之墓；血溅北疆、绘像紫光阁的豆斌之墓；在廊坊“庚子之役第一恶战”和东交民巷使馆区激战的甘肃提督董福祥之墓。

古道。固原的古道有秦直道、萧关道、丝绸之路、驿道和驿站等，这些历史上帝王巡边、官商行旅、军队进攻、迅速传递军事消息的交通动脉与设施，对于促进当时固原边塞地区的经济、文化发展与繁荣发挥过重要的作用。

5.特殊的边塞史事

移民实边。从汉朝开始，朝廷为发展边塞地区的经济建设，多次将内地居民迁徙到本地。仅元朝初期，先后有 3 万余军民来到六盘山至黄河屯田。明清时期，山西人到固原者不少，至今有人还称其老家在大槐树一带。有些人家的家谱就记载了从大槐树迁到固原定居的经过。

马政。固原历代为朝廷牧马之地，提供军马，以作战时之用。西汉时国家为了发展畜牧业，设立了 6 个畜牧业管理机构“牧师苑”，其中有 5 个就靠近今固原地区。至东汉时已出现“牛马衔尾，群羊塞道”的繁荣局面。隋代，在原州设羊牧、驼牛牧，分别设置总监、太都监、尉，以主管其事。唐朝，固原已成为西北养马中心，以原州刺史为监牧使，以管四使。除南使和西使在其他州县，北使和东使都在原州城内。明永乐四年（1406 年），又置陕西苑马寺于固原，因管理不善，马政衰退。弘治十五年（1502 年），杨一清擢都察院左副都御使，专职管理陕西马政。杨一清到固原后，增修城堡，各牧场设置马厩，修筑房屋供牧军居住，恢复群牧司的工作。固原头营、二营、三营、四营、五营、六营、七营、八营各城堡原是驻军营房，因年久失修，坍塌不堪，遂修葺一新，作为牧军歇息住所。十七年（1504 年），奏请太仆，要求增添苑马寺员；十八年又奏请添设专员。为大力发展养马业，杨一清获准支取太仆马价银 42000 两，于平、庆、临、巩等地买种马 7000 匹，以振西北马政。同时，马市交易继续进行。早在唐朝以前，封建王朝以绢帛向西北各少数民族易马，唐以后逐渐以茶易马。至宋代出现了专门管理马政交易的茶马司等机构，明代则继续了这种交易制度。明朝向以茶叶易马以资军用。杨一清督理马政 4

年，“易马九千余匹，而茶尚余四十余万斛。灵州、盐池增得五万九千，贮庆阳、固原库，以买马给边”。不仅足用边备，且有库储。

少数民族内附。秦汉以来，固原地区经常作为安置内徙各族的“缘边六郡”之一。公元前127—121年，汉武帝令卫青、霍去病和公孙敖等率兵一举将匈奴逐出塞外。汉武帝徙内地70余万灾民到地饶人稀的西北边郡屯耕。为了鼓励他们垦荒种田，由政府供给口粮、衣物、种子和耕牛。并令百姓在边郡各县发展畜牧业，由政府贷给母马以繁息马匹，三年后，“息什一，以除告缗”。

《后汉书·西羌传》记安定郡的西羌，最初是永平二年（59年），大豪滇吾降汉，入居陇西塞内，至永元元年（89年），其孙东号率部民又降，始徙安定郡。当时，又有一个称为先零别种的滇零部落，也住在陇山（六盘山）一带。

魏晋时期，固原地区不仅有汉族居住，还有鲜卑族、羌族、氐族、羯族、匈奴等少数民族居住。鲜卑鹿结部7万余户屯聚高平川（今宁夏固原清水河），与西部的祐邻部相攻劫。鹿结部退至略阳（今甘肃秦安），祐邻尽并其众，入居高平川。祐邻死，其子结权立，徙居牵屯山（今六盘山）。在此前，乞伏鲜卑一直活动在高平川、牵屯山一带，另外，活动在高平川一带的还有破多罗部（又作破多兰部）。《魏书·高车传》有“而牵屯山鲜卑别种破多兰部世传主部落，至木易于（又作木奕于、没奕于）有武力壮勇，劫掠左右，西及金城（治今甘肃兰州附近），东侵安定（今甘肃泾川北），数年间诸种患之”。北魏天兴四年（401年）为魏讨灭，余部在木易于率领下仍居高平，臣属后秦。

唐元和三年（808年）六月，西突厥沙陀酋长朱邪尽忠与其子朱邪执宜为吐蕃所逼，率其众3万余降唐。途中与吐蕃屡战，自洮水转战至石门（今须弥山口），坚持到灵州降唐。

这些羌民和匈奴族与汉族在经济文化上互相交流，共同书写了固原历史上的重要一页。

羁縻州县。秦惠文王时（前337—前311年），将降附的月氏族安置在今隆德县境内，设置月氏道（道相当于县级政权，是中央政府专为安置少数民族设置的管理机构）管理月氏族的生产和生活。也就是在这个时候，秦国还在彭阳县古城镇设置朝那县（有人考证朝那也是一个少数民族部落）。

《旧唐书·地理志》载：贞观六年（632年）“置缘州，领突厥降户，寄治平高县界他楼城”。降附唐朝的突厥首领，多数被任命为将领。

明朝，政府对未撤离的蒙古人给予安置，有些被任命为官员。满四的爷爷巴丹就被任命为千户。

帝王及文官武将。历代帝王巡幸固原当以古圣轩辕黄帝向广成子问道为始，以后更有秦始皇巡视固原，汉武帝六巡安定郡，光武帝为消灭割据政权的隗嚣而到六盘山地区，唐太宗在六盘山观马牧，唐太子李亨在固原扩充士兵和军马后而登基于灵州，成吉思汗驻兵开城。毛泽东同志率领中国工农红军翻越长征途中最后一座高山六盘山，奠定了中国革命胜利的基础。清代林则徐、谭嗣同，民国时蒋经国等人也都翻越了六盘山。

历代朝廷为防守西北门户，均派出文官武将协助镇守固原。明代成化以后，在西北边防线上设立9个军事重镇。其中三边总制开府固原，总制延绥、宁夏、甘肃、陕西四镇军务，直至明末。期间140余年，先后有61人到固原任三边总督府的总督。这些部院大臣有一个共同特点，凡出任固原陕西三边总督者均身兼要职，即以左副都御史、巡抚左都御史、兵部尚书、户部尚书、兵部侍郎兼都御史、太子太保兼左都御史等身份出任固原陕西三边总制，可以看出明政府对西北的苦心经营和固原军事地位的重要。

边商。因为固原地处边地，往来客商较多。宋朝与西夏为了互通有无，在高平寨（今宁夏原州区头营镇马园村）设立榷场（集市贸易的市场），供商家经商，“商贾云集”。

（原载于《宁夏师范学院学报》2014年第2期）

中西文化交流的见证

——须弥山双层礼拜道洞窟

韩有成

摘　要：须弥山中心柱形、双层礼拜道洞窟是本地形制独特的支提窟，在内地各石窟中仅为孤例，其渊源是由印度支提窟演化而来的，其窟制也最接近于印度支提窟的原型，同时也受到龟兹及河西诸地中心柱窟的影响。这种窟制与中国传统的建筑形式相结合，形成了中国式的中心塔柱窟。这类支提窟的发展演变，是丝绸之路上中西文化交流的见证，对研究佛教及佛教文化艺术的传布和中西文化的交流融合具有十分重要的意义。

关键词：须弥山石窟　支提窟　发展　演变

中国和印度的文化交流有着悠久的历史，如东晋高僧法显、唐代三藏法师玄奘及义净、慧超、悟空等都西行求法；而天竺的高僧也到中国进行佛经的翻译和佛法的弘布，不仅把印度和其附近各国的文化传至中国，同时也将中国的传统文化和古代文明传布到了印度和其他国家。在印度，具有代表意义的佛教石窟寺有很多处，如巴雅、阿旃陀、卡尔拉等地。中国的石窟艺术除了在艺术风格上受到犍陀罗式、尤其是笈多式的影响外，在窟形和造像雕刻上又直接受到了阿旃陀石窟的影响，阿旃陀石窟艺术也与中国佛教石窟艺术结下了不解之缘。须弥山双层礼拜道洞窟就是中西文化交流的有力见证。

这座洞窟现编号为第 33 窟，位于须弥山石窟群子孙宫区域的东部崖面，该窟由前室、主室两部分组成。前室敞口，左右二壁后端各开一小室，正壁上部现存两个梁孔，左右壁各存一个梁孔，系木构窟檐遗迹。在前室正壁上部的崖壁上凿有人字形排水沟槽，前室左侧沿崖面凿有台阶，可通主室。主室为平面方形中心柱窟，进深 8.80 米、宽 8.00 米、高 3.00 米。无明窗，覆斗顶（图 1）。原有的中心柱已凿毁，但在窟顶和地面存有遗迹。在中心柱及左、右、后三壁之间，凿出八个列柱将两者隔开，形成内、外层（双层）礼拜道。列柱上端有一道屏墙，在每面的屏墙上各凿出 5 个小圆拱浅龛，龛内均雕坐佛一躯。佛像衣纹为阴刻线，风化剥蚀严重；屏墙下端的列柱之间为长方形、帐形顶门道，又将中心柱与三壁空间沟通。每个列柱的正面凿出一个圆拱形、尖拱楣浅龛，龛内均雕一坐佛，残毁严重。主室左、正、右三壁各开三龛，龛内均雕一坐佛，皆因风化严重，形象不清。窟顶残存雕刻痕迹。

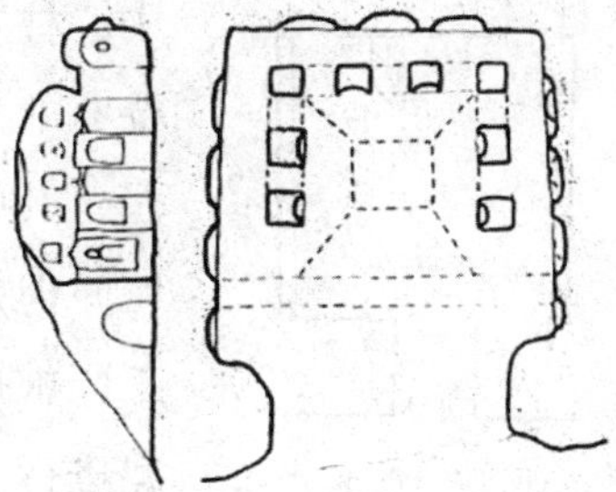
图 1　第 33 窟平、剖面图

须弥山第 33 窟这种特殊的窟形，在内地各石窟中仅为孤例，其渊源是由印度支提窟演化而来的。

印度阿旃陀石窟的洞窟按性质和用途可分为两类，一类是僧人居住的僧房窟，音译为毗诃罗或毗诃罗窟；另一类是有礼拜塔的塔堂窟，音译为支提或支提窟，现在也有译为塔庙或佛殿窟，也就是石窟艺术史上通常所说的中心塔柱窟。印度支提窟的形制一般为：窟门上方开有明窗，洞窟平面为马蹄形，即后端为半圆形。窟室前面为长方形正厅，接着是礼拜的主体——圆形塔。侧壁与后壁有一列八角列柱，形成前部由列柱分割而形成正厅与两侧廊；后部为半圆形后殿和后廊，后殿中心有塔（图 2）。这类洞窟后殿中心雕造的塔是用来藏舍利，一般都称其为舍利塔，供佛教徒顶礼膜拜。

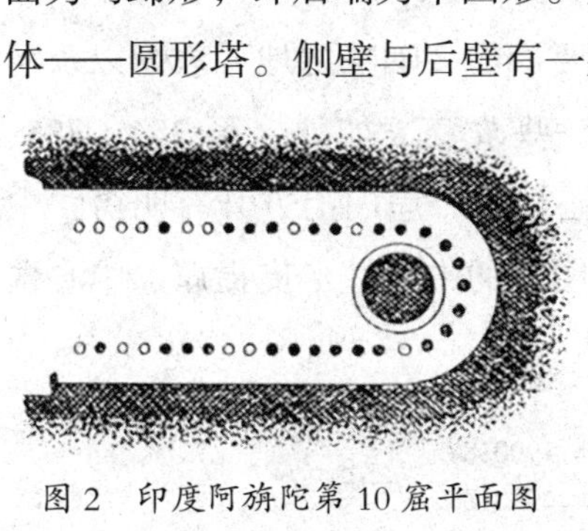
图 2　印度阿旃陀第 10 窟平面图

教传入我国新疆地区以后，这种佛教石窟艺术形制也一并传入。在龟兹的支提窟中，只有中心柱形支提窟最接近于印度支提窟的原型①。龟兹中心柱形支提窟一般多分前室、主室、后室三部分（图 3）。前室现已大部分塌毁。主室平面一般呈长方形，后部凿出方柱，上连窟顶，柱前开龛，塑坐像一躯，有的三面或四面开龛。柱前也有不开龛的，而是凿出基座，上塑立佛。中心柱左右开甬道连接后室，后室比较低窄阴暗，后壁有的凿出涅槃台。另有一种带明窗的中心柱形支提窟，其中心柱四面开大龛，后室两侧壁开明窗。

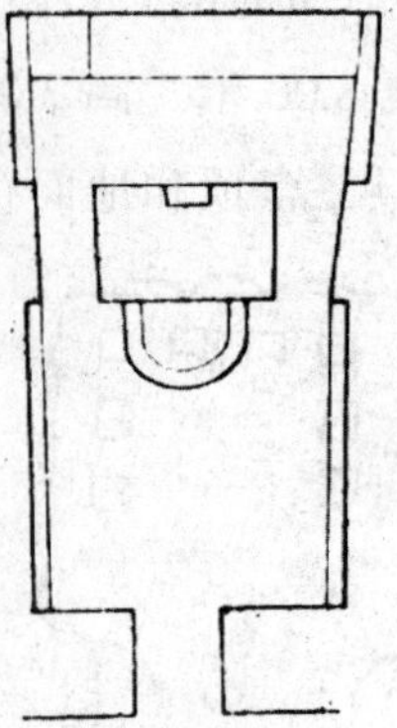

图 3　龟兹中心柱形支提窟平面图

但是，在印度支提窟传入龟兹地区之后，龟兹的工匠根据本地的自然特点和传统习俗，对印度的支提窟进行了改造，建筑了以印度支提窟为范本、又具有本地民族特征的支提窟——中心柱式支提窟，如龟兹中心柱支提窟中的中心方柱就是由印度支提窟中的舍利塔改变而来的。在印度支提窟中，侧壁和后壁用一列石柱来支撑窟顶，使之免于倒塌；而在龟兹，支提窟中不凿出石柱，而是用与窟顶相连的中心柱来支撑窟顶的重量。又如，印度支提窟内舍利塔周围都留有回旋礼拜的半圆形空间，以供佛教徒举行宗教仪式之用；而在龟兹，支提窟中这种半圆形空间被改成方形，这也是适合当地民族建筑习惯的。再如，印度支提窟门上的明窗，自然是为了采光的需要，但也与印度气候炎热的自然条件有关；而在龟兹，支提窟门上不再开明窗，也是与龟兹地方夏天多风沙、冬天气候寒冷的自然条件迫使工匠们作出此种改变②。从一定意义上讲，龟兹中心柱支提窟在很大程度上是受到来自印度佛教石窟影响。

而当佛教从新疆地区传入至中西交通要道的“咽喉之地”敦煌以及河西地区之后，这种支提窟窟制又发生了一些改变，如敦煌第 254、285、487 等窟。第 254 窟是一个方形平面的中心柱窟，窟门上方开有明窗，中心柱四面及侧壁开龛，这种窟制与龟兹有明窗的中心柱形支提窟、中心柱

①韩翔，朱英荣.龟兹石窟[M].新疆：新疆大学出版社，1990:88.
②韩翔，朱英荣.龟兹石窟[M].新疆：新疆大学出版社，1990:88.

四面四龛的形制十分相似。第 285 窟是一座禅窟，方形平面，覆斗顶，分前后室两部分，前室有部分壁画；后室较完整，侧壁各开四个小禅室，正壁开一大二小龛，中部地面设一低矮的方坛，侧壁无列柱支撑窟顶的重量。这种布局与龟兹支提窟四壁开大龛的形制多有相似之处，所不同的是把龟兹支提窟中侧壁开大龛的形式改变为侧壁开禅室的形式，把龟兹支提窟中的中心柱改变为低矮的方坛，当然这种改变仍然是以龟兹中心柱形支提窟为范本的。在敦煌第 285 窟的正壁绘有诸天形象，包括日天、月天、摩醯首罗天、鸠摩罗天、毗那夜迦天、四大天王及外道等。摩醯首罗天、鸠摩罗天最先出现在云冈石窟中，在龙门石窟未曾出现，而在克孜尔石窟的天象图中，其主要形象就是日天、月天，可以说，这类洞窟不仅在题材上受到了新疆石窟的影响①，而且洞窟形制也同样受到了新疆石窟的影响。

随着佛教通过河西走廊逐渐向内地的传布，从而使丝绸之路沿线地带的佛教和佛教石窟造像也迅速发展和兴起，如河西走廊地区的武威天梯山石窟、酒泉文殊山石窟、张掖马蹄寺石窟及天水麦积山石窟、永靖炳灵寺石窟、庆阳南北石窟寺等，都是丝绸之路上重要的石窟造像地。而须弥山石窟所在固原地区，史称“居八郡之肩背，绾三镇之要膂”，是古代拱卫中原的一个重镇，同时也是丝绸之路东段北道上的要邑②，地理位置十分重要。由于须弥山石窟处在重要的地理位置，这就决定了它必然要受到来自各个方面文化的影响，须弥山第 33 窟便是其中的一例。这个特殊洞窟的形成主要是受到了印度、新疆、敦煌等地石窟的影响，而这种特殊的支提窟也最接近于印度支提窟的原型。

我们可以看出，须弥山第 33 窟中的中心柱同龟兹支提窟中的中心柱一样，也是由印度支提窟中的舍利塔改变而来的，所不同的是把中心柱置于窟室的中央位置，侧壁与中心柱四面开龛和窟门上方不开明窗，这些都与龟兹、敦煌等地支提窟布局相似，在印度支提窟中，侧壁和后壁用一列

①国家文物局教育处编.佛教石窟考古概要[M].北京：文物出版社，1993:55.

②甘肃省文物考古研究所.陇东石窟[M].北京：文物出版社，1987.丝绸之路东段北道“从长安出发，泾河而上，经泾川、平凉、固原至靖远、景泰间渡黄河，抵武威而进入河西走廊。”

八角石柱来支撑窟顶的重压，在须弥山第33窟中，侧壁和后壁用一列方柱与中心柱共同来支撑窟顶的重量；同时，用列柱把窟室分割成正厅和回廊两部分（图4），这与龟兹、敦煌等地有所不同，与印度阿旃陀第12窟极为相似（图5）。同龟兹支提窟一样，在须弥山第33窟中，把印度支提

图4 须弥山第33窟正厅

图5 印度阿旃陀第12窟正厅

窟中舍利塔周围的半圆形空间，改变成了方形，以供佛教徒巡回礼拜之用，这些改变，同样是以印度支提窟为范本，形成了具有本地特征的支提窟——中心柱形、双层礼拜道支提窟。

另外，从开凿时间上看，公元1至2世纪印度出现支提窟，约在公元4至5世纪西域龟兹境内出现凿甬道的中心柱窟，公元5世纪末河西诸地出现中心柱窟，公元6世纪初须弥山石窟出现的中心柱形、双层礼拜道支提窟，显然受到了上述石窟的影响。

通过对上述诸地支提窟的初步探析，我们也基本上探明了须弥山第33窟窟制的源流，即从印度支提窟到西域龟兹中心柱式支提窟，再到河西敦煌等地的支提窟，然后到内地的须弥山石窟的支提窟。各地的支提窟都有着印度支提窟相近的特征，而且须弥山石窟中的支提窟又有和龟兹、敦煌等地支提窟中某些相似的特点，以及当地特有的自然特点和民族习惯性，创造出了具有本地特征的支提窟形制，而且也最接近于印度支提窟的原型，它与中国传统的建筑形式相结合，形成中国式的中心塔柱窟。这类支提窟的发展演变，对研究佛教及佛教文化艺术的传布和中西文化的交流融合都具有十分重要的意义。

（原载于《宁夏师范学院学报》2015年第2期）

观念转变是我区丝绸之路经济带建设的前提

李保平

丝绸之路经济带建设是在党的十八大和十八届三中全会召开后，我国推进的重大发展战略。如何以十八大和十八届三中全会精神为指导，推进丝绸之路经济带建设，观念转变是取得实效的前提。

丝绸之路经济带建设要实现由政府推动向政府与市场双轮驱动，更加重视市场规律的理念转变。我国传统的治理方式是政策推动，治理理念是行政主导，政府在经济发展中起主导作用，往往不同程度忽视了市场主体和其他社会组织的作用。政府主导可以充分发挥和调动各种资源，见效快，但政府主导最大的弊端是在缺失市场主体的情况下，这种运动式治理的方式不具有可持续性，往往声势很大，收效甚微。党的十八大特别是十八届三中全会明确提出要充分发挥市场在资源配置中的决定性作用，丝绸之路经济带建设作为一项国家发展战略，市场主体应该也必须是经济带建设的主力军。将丝绸之路经济带建设看成是政府的事，不同程度忽视市场主体和社会其他组织的参与，由政府唱独角戏，这种思维方式必须改变，在这方面我们也有一定的经验和教训需要汲取。由于丝绸之路经济带建设是作为国家战略提出并实施的，政府作用不能忽视，特别是像宁夏这样的省份，政府在项目争取、规划制定、保障服务方面将发挥重要作用，但这也不应该成为忽视市场主体的理由，多好的规划也需要企业等市场主体去实施，实现丝绸之路经济带建设中的政府与市场主体的双轮驱动，充分发挥市场主体的作用，制定出符合市场经济规律和我区实际的规划，是丝绸之路经济带建设取得实效和可持续发展的基础。

丝绸之路经济带建设要从突出经济建设向经济、文化发展并重的理念转变。在信息化发展的新阶段，社会各领域的发展关联度越来越高，经济建设早已超越单纯的经济发展思维，而与政治、社会、文化、生态融为一体，形成一种和谐共生、相互促进的关系。所以，丝绸之路经济带建设，不单纯是发展经济，社会各领域的发展也要协调推进。古老的丝绸之路既是一条商贸之路，也是一条文化交流之路，在新丝绸之路建设中，文化交流是推进新丝绸之路经济建设的重要推手，文化合作构成新丝绸之路经济带建设的重要内容。在文化与经济的关系上，我们长时期实行文化为经济服务的政策，倡导“文化搭台、经济唱戏”，这种将文化交流功利化的做法，不但使文化失去了原有的意义，被庸俗化，也使文化的交流停留在表层，无法发挥文化交流的真正价值和影响。丝绸之路经济带建设中，文化建设是目的而不是手段，和经济交往一样，文化交流构成丝绸之路经济带建设的重要内容。特别是在地缘政治复杂的中亚、中东、南亚地区，文化交流对丝绸之路经济带和海上丝绸之路建设意义重大，它不但是经贸交流的重要保障，也凸显了丝绸之路经济带建设和平共荣的理念。

丝绸之路经济带建设要实现由以我为主的单向型思维方式向树立互利互惠、合作共赢的市场理念转变。在对外开放和交流的过程中，人们往往容易陷入一种单向思维定势，暨以自己为中心去判断、度量别人的需求，并依此设定目标、方法，而没有站在对方的角度看待问题。它遵循的是我有什么（输出）、我需要什么（引进）的逻辑，追求的（或更多考虑的）是自己的发展和利益，不同程度忽视了对方的感受，从而给双方的经济合作造成困难。在中阿合作论坛第六届部长级会议开幕式上，习近平主席明确指出，“中国追求的是共同发展。我们既要让自己过得好，也要让别人过得好”。互利互惠、合作共赢的理念不但体现了中国在推进丝绸之路建设中的全新思维，也为同丝路沿线国家的合作奠定了坚实的基础。2010年以来，我区通过中阿经贸论坛和中阿博览会推动了宁夏同中东阿拉伯国家的经贸合作，取得了一定的成果。在今后的工作中，如何遵循市场经济发展的规律，站在市场的角度看待问题，审视我们的优势与不足，制定切实可行的发展规划，是我区打造内陆开放型经济试验区，推动丝绸之路经济带建设取得成效的重要条件。

（原载于《宁夏日报》2014 年 7 月 20 日）

原州区丝路文化遗产土遗址保护的现状及对策

胡永祥

摘　要：固原市原州区地处丝绸之路东段北道的交通要道上，是中原通往西域的咽喉要地，是中原文化、秦陇文化、草原文化和中亚文化的交汇地。在漫长的历史岁月中，先民在这片土地上创造并遗留下无数珍贵的文化遗产，出土了大量的反映中西文化交流的文物。通过对原州区文化遗产土遗存现状、主要病害及管理状况的考察，提出了在文化遗产保护工作过程中的相应对策。

关键词：原州区　丝绸之路　文化遗产　保护

一、原州区文化遗产遗存

固原市原州区处在丝绸之路东段北道的交通要道上，是中原通往西域的咽喉要地，也是中原农耕文化、北方游牧文化和中西文化的交汇地。

据原州区第三次全国文物普查登记，原州区现有不可移动文物 364 处，包括古遗址 274 处、古墓葬 54 处、古建筑 7 处、石窟寺 6 处、近现代史迹及代表性建筑 23 处。其中土遗址类全国重点文物保护单位 4 处、自治区级重点文物保护单位 3 处、县级重点文物保护单位 9 处。

原州区境内重点文物保护单位(土遗址)一览表

序号	遗址名称	级 别	时 代	位 置
1	开城遗址	国家级	元	开城乡境内
2	秦国长城遗址	国家级	战国	张易镇、中河乡、开城镇、清河镇、河川乡
3	黄铎堡古城址	区级	宋、明	黄铎堡乡政府南约20米
4	固原古城墙	国家级	汉、明	原州区城内
5	大营城址	国家级	宋、元、明	中河乡
6	西、南郊墓地	区级	隋、唐	开城镇羊坊村、官厅镇大堡村
7	马园村古城址	县级	宋	头营镇马园村
8	北十里古城址	县级	秦汉、明	清河镇北十里村
9	隔城子古城址	县级	宋	彭堡镇别庄村
10	上店子古城址	县级	宋	中河乡硝口村
11	东海子遗址	区级	战国(秦)—明	开城镇马场村
12	闫家墩烽火台	县级	明	清河镇什里村二队西侧
13	墩梁堡遗址	县级	宋—明	开城镇冯庄一队
14	胡大堡梁城址	县级	隋—宋	彭堡镇石堡村北200米
15	五爪山烽火台	县级	明	头营镇马店村
16	王浩堡城址	县级	宋	三营镇白河村三组

在这些不可移动文物中，其中以土为建筑材料的遗址占91%。这些土遗址的建造方式主要有：（1）生土建筑。土遗址中，有相当一部分是直接在生土上挖掘建造而成，如窑、窖、穴、墓葬等。（2）夯筑。即以厚木板式排列的椽子（小的原木）为模具（有的地区称夹板），就地取湿土，夯筑建造墙体。固原地区土质较好，黏性强，整个墙体完全以土分层夯筑而成。夯筑时，用石础（杵）夯筑，每层夯土的厚度一般在8—12厘米（秦汉时期的夯层较薄在4—6厘米）之间，大多数古建筑的墙体、古城墙、长城、烽燧及陵墓的墙体、军事设施、堤坝，包括现在部分民居的围墙都是就地取土夯筑而成。如战国秦长城、固原古城墙、黄铎堡古城、烽火台、碉堡、堤坝（现在还有部分堤坝以土为材料建造，但不再是夯筑，而是大型机械碾压）。（3）胡墼砌造。“胡墼”就是将湿度适中的黏土放

在模子中夯打而成的长方形土坯。胡墼房是在砖成为普通建材之前我国北方农村的主体房舍。

二、土遗址的保存现状

原州区土遗址保存形式两类，一类为地面遗址，一类为地下遗址，其分布特点是点多线长面广。这就为保护管理带来很大的困难。

目前对土遗址的保护，仅仅停留在日常管护和防止人为破坏上，而对土遗址的破坏机理，病害调查，土遗址的结构研究及加固技术，土遗址表面使用化学材料加固的方法等，由于缺少资金和缺乏专业文物保护人才而都未开展。

土遗址病害主要由自然和人为两方面的因素形成，因此，可将土遗址的病害成因分为两大类：自然破坏和人为破坏。

（一）自然破坏

原州区地处黄土高原丘陵沟壑区，属暖温带半干旱气候区，是典型的大陆性气候，形成冬季漫长寒冷、春季气温多变、夏季短暂凉爽、秋季降温迅速，昼夜温差大，春季和夏初雨量偏少，干旱、局部冰雹、暴雨灾害性天气多，区域降水差异大等气候特征。

这种气候特征决定了土遗址自然破坏因素不一，很少有单个因素作用的病害，往往是多个因素综合作用的结果，也可能是多种因素交替作用的结果。因此按不同病害的形成机理和表现形式将原州区土遗址病害分为以下几类。

1.结构失稳。表现为遗址主体结构产生开裂、变形甚至坍塌等现象。该类问题直接关系到文物的安全性，如果不控制将直接导致文物主体的毁灭性破坏。

（1）裂隙。指土遗址土体出现开裂的现象。裂隙往往会造成土遗址局部缺失。土遗址出现裂隙的主要原因与土体结构的变化以及土遗址建造的工艺等有关。裂隙的主要表现形式为卸荷裂隙、收缩裂隙、构造裂隙(图 1)、变形裂隙等。

图 1　构造裂隙

图 2　缺失

（2）缺失。遗址在受到风蚀、雨蚀、地震等自然因素以及人为因素的影响下造成的局部土体结构不稳，最终脱离遗址本体的现象（图 2）。土遗址缺失是由于其结构方面的原因造成的，脱落会更进一步加剧现存土体结构的不稳定性，造成新的悬空面出现。

（3）掏蚀。在自然因素的影响下，遗址表面出现的明显的凹陷或空洞（图 3）。掏蚀是影响土遗址安全的重要因素之一，尤其是遗址主体根基部位的凹陷会不断扩大、加深，使土遗址土体出现薄弱面。

（4）变形。变形是指在内外力作用下，土遗址形状发生改变（图 4）。

图 3　掏蚀

图 4　变形

（5）坍塌。土遗址在自然以及人为因素下完全倒塌，在地面只残留有倒塌堆积物或者遗址的基础部分（图 5、图 6）。

图 5　坍塌前

图 6　坍塌后

2.水害问题。（1）河水冲刷。有的遗址依河而建，常年河水冲刷，使河岸坍塌，而建于河岸之上的遗址就不可避免地遭到坍塌，直至消失。如木峡关城址，建于海子峡河西岸，由于河水的长期冲刷，城址的东墙已大部分坍塌消失（图 7）。

图 7　河水冲刷

图 8　冲沟

（2）水痕。由于降水冲刷使得遗址土体表层酥松成为泥浆在遗址本体上流动的痕迹。

（3）冲沟。指由于地表径流对土遗址表面及其载体造成的侵蚀破坏作用，如开城遗址北家山 Ⅰ 区（图 8），常年的降雨汇集使遗址南部遭到侵蚀破坏。

（4）积水。指地下水涌出或降雨在遗址区域内集聚而引起的危害。固原古城西北角，由于和平村没有排水设施，降雨全部经过护城壕外排，

图 9　积水

由于城市建设过程中将古城西北角护城壕修建为道路与绿化带，导致降雨汇集于西侧护城壕内（图 9），对墙体造成一定程度的破坏。2009 年，原州区文物管理所为解决这一问题，对古城西北角进行改造。

3.表层劣化。

（1）酥碱，是指遗址本体出现的结构酥松，土体呈粉末状脱落。酥碱的形成主要是由于遗址建造材料及其载体内的可溶盐在水分的作用下大量富集于遗址表面，在周围环境的影响下盐类不断结晶—溶解—结晶，造成遗址土体结构收缩—膨胀—收缩，从而破坏了此区域内土体结构。酥碱病害是在土遗址中极为常见的病害（图 10），尤其是遗址根基部位发生的酥碱会直接影响遗址的结构稳定。

图 10　酥碱

（2）表层剥蚀，土遗址表层呈片状的离散、脱落。表层剥蚀主要是由于雨水冲刷后在遗址表面形成的表层硬壳所致（图 11）。

图 11　表层剥蚀

（3）龟裂起甲，土遗址表层有大量的细小裂纹，呈现出龟裂状。这主要是由于温湿度变化引起土体的收缩而产生的。

4．生物问题。生物问题是指由于生物作用对土遗址造成的破坏。它包括动物病害和植物病害，以及霉菌等对土遗址造成的损坏。

（1）植物损害。植物在生长过程中根茎对遗址本体产生根劈作用，从而使遗址受到破坏。

（2）动物损害。动物在土遗址表面遗留下的活动痕迹，主要是指一些虫洞、鼠洞、鸟巢、鸟类粪便等。

图12　微生物损害

（3）微生物损害。微生物菌群在土遗址表面生长对遗址造成的表面变色及表层风化的现象（图12）。

（二）人为破坏

改革开放以来，随着经济社会发展和城镇化步伐的加快，城建规划中文物保护力度不够，建设进程中出现了建设项目任意选址，大拆大建遍地开花的无序状态，给文物带来的建设性破坏越来越突出。

1.建设性破坏。建设性破坏主要是对辖区内的墓葬群、城址人为破坏。根据文物普查和考古发掘结果，固原城内共有和平村汉墓群、北塬汉墓群、文化西街汉墓群、古雁岭北朝墓群、南塬墓群等，在这些墓群范围内进行建设时，不按《中华人民共和国文物保护法》的要求，先期进行钻探发掘，导致在施工中经常发生古墓葬被毁的事件。有时，建设单位为了赶工期，发现文物故意隐瞒不报，到了夜晚，将古墓葬突击挖毁，造成大量文物被毁、被哄抢。而作为文物管理机构的文管所，只能在各基建工地上疲于奔命，抢救清理微乎其微的文物。

2.农田建设对古遗址的破坏。随着社会生产力的发展，农田建设以机械为主，这就对大量分布于农村的古墓葬、古遗址等造成毁灭性的破坏。

3.故意挖毁古墓葬、古遗址。近年来，受收藏之风影响，文物市场空前繁荣，地下交易日趋频繁，诱发盗掘之风盛行。政府投入较少，防范措施乏力。

三、存在的问题及对策

（一）存在的主要问题

1.文化遗产保护经费严重不足。原州区地方财政薄弱，用于文物保护的经费每年（人员工资除外）不足10万元，原州区现有不可移动文物364处，其中全国重点文物保护单位5处，自治区级重点文物保护单位9处，县级重点文物保护单位13处，因此保护经费仅仅能够维持日常巡视检查。

2.文化遗产科技保护人才匮乏。原州区文物管理所现有工作人员10人，其中40岁以上的8人，30岁以上的2人，虽然都取得了大专及本科文凭，但大部分是二次学历，没有1人是文保、历史、考古专业的。

3.政府部门的责任意识不强。各类基本建设中屡见不鲜的文物被损毁现象，文物管理部门的工作得不到重视甚至得不到认可的现象反映出了政府部门的文物保护责任意识不强。

4.全社会保护文物的意识和观念淡薄。党的十七大报告指出，要加强对各民族文化的挖掘和保护，重视文物保护工作。文物是不可再生的资源，保护文物是全社会、全民的共同义务。注重实效，逐步树立全民文物保护意识，培养文物保护观念。形成一种全民爱文物、护文物、同文物违法犯罪分子作斗争的氛围。但部分群众在基本建设中对损毁文物的现象不及时制止、举报，甚至隐瞒真相等等，都说明目前全社会重视文物保护工作的意识和观念不强。因此要充分发挥全社会力量来做好文物保护工作，提升全社会的文物意识和文物保护观念，使爱护文物、保护文物成为全社会的自觉行动。

（二）对策

1.地方财政要加大资金投入。保护文物是一项惠泽子孙万代的公益事业，社会效益多而经济效益微。特别是那些不可移动文物本体的保护，更需要较多的资金投入去实施。因此，各级政府都应站在对历史负责、替未来着想的高度，把保护文物作为一项传承历史，激励后代的“千秋工程”，决策上列入议事日程，资金上给予较多投入，而且要一届接着一届做，一年接着一年做，这样，才能使先祖留给我们的这笔不可再生、不可多得的珍贵财富得以永续利用。

2.文管部门既要认真履行职责，更要积极争取支持。从一定意义上说，搞好文物保护是全社会的事，仅靠一个部门是难以为继的。文物管理部门当尽心履行职责，这是不言而喻的，然积极争取各方面的支持也是至关重要的。首先，要积极争取领导的支持。要经常向领导汇报工作情况，让领导了解近况，掌握实情，能够及时给予或政策性的、或指示性的、或资金性的、或人力性的积极支持。其次，要积极争取相关部门的支持。文物管理部门要主动与相关部门保持信息沟通，有应对突发事件的约定。文物保护法律性强，牵扯面广，有时需要多个部门、单位的联合行动。这就要主责部门善于运用联合机制来解决有关问题，达到预期的目的。再次，要积极争取社会的支持。文物保护工作在本质上是一项社会工程，需要有众多的人群认识、理解、参与、尽责。因此，文物管理部门要创新形式，眼睛向下，放宽视野，发动群众，组织群众，走“人民战争”的路子。要通过印发宣传资料，举办文物保护法律培训班，召开民间文物保护座谈会，聘请义务文物保护员等各种途径，努力营造人人认可文物保护工作，个个愿为保护文物出力的社会氛围，使文物保护工作真正能够置于全社会的心头之上，实现文保工作由管群众向群众管的转变。

3.要坚定不移地维护文物保护法律法规的严肃性。文物管理人员要在不断提高严格执法、公正执法的素质和水平的基础上，不畏权势，敢于碰硬，坚持不论是哪一级的、哪个部门的基本建设项目，在做项目可行性报告时，都要有文物管理部门依法签署的意见，在做项目预算时，都要有文物保护的费用，在项目破土动工前，都要经过文物部门的考古钻探调查。否则，这个项目就不能实施。如果在劝阻无效和下发停工通知书之后仍一意孤行，就要坚决运用法治之剑，予以严惩，绝不能让那些敢于同法律较劲的人有好果子吃。不论哪一级领导、哪一级部门说情，都要坚决顶住。

只有这样，才不致失职，才能在逆境中为文物保护工作创出良好的局面。

4.引进高科技人才，加大现有人员的培训力度。文物保护和管理是一个系统工程，专业性较强，除了政策、制度、设施和经费外，关键在人，关键在队伍建设，只有把专业队伍建设好，人才培养好，才能保障各项法律政策的贯彻落实，因此我们要在引进高科技人才的同时，加大现有人员的培训力度，提高理论水平和专业知识，提升整体保护管理水平。

5.在修缮保护中开发利用，在开发利用中实施进一步保护。根据文物保护法关于“保护为主，抢救第一，合理利用，加强管理”之规定，对于有些不可移动文物，在不伤及文物本体的前提下，可以适当地经过修缮保护后加以利用，这样，既可以使文物得到展示，又可以筹措一些保护经费。如须弥山石窟、城隍庙、文澜阁、财神楼、开城遗址等，只要运作得当，可以成为“合理利用”的典范。

（原载于《宁夏师范学院学报》2013年第2期）

宁夏历代生态环境变迁述论

薛正昌

摘　要：历史上的宁夏，地处中原农耕与北方游牧民族融汇过渡的地带。游牧民族的南下与农牧界线推移密切相关，畜牧与农耕交替出现。西周时期，宁夏境内气候温和湿润，生态环境良好；秦汉时期，由于移民与屯垦，生态环境开始变化；南北朝时期，是生态恢复的重要时期；隋唐时期基本是农牧并举，生态平衡发展，安史之乱后发生变化；宋元时期南部生态逐渐恶化，北部相对得以保持；明代由于军屯和战争，是宁夏生态环境恶化最厉害的时期；清代中前期有所恢复，后期再度遭战乱的毁坏，尤其是南部黄土高原。宁夏生态环境的历史变迁，为西部大开发提供了历史借鉴和参照。

关键词：宁夏　历代生态　环境变迁

历史上的宁夏，是开发较早的西部地区之一。从所处的地理位置看，正好位于农耕民族与游牧民族相接过渡的地带；这里既属边地，也是历代统治者非常关注和尽力经营的地区。在这一偌大的空间内，是历代北方游牧民族南下或北上的主要区域，是传统意义上农耕与畜牧的分界地带，也是或驻牧或农耕的地区。如果北方游牧民族南下内迁，农牧界线就随之南移，这一区域几近成为畜牧区；如果中原政权向固原以北移民、驻军和屯田，农牧界线就随之北移，曾一度到达阴山以北。近 3000 年来，农耕民族与北方游牧民族反复多次在这一地区进退往复，相互较量。在这样一个历史发展过程中，历代中原政权的强盛或衰落的变化，在客观上为宁夏境内带来的是畜牧与农耕的反复变迁，农牧业生产方式一再改易，农牧界线屡有推移。这种畜牧与农耕的变迁，就导致生态的变化。本文仅就有史以来宁夏境内的生态及其发展变迁作一轮廓式的梳理，并做些尽可能的析论。

一、西周时期

追溯人类早期的生态变迁，应该与气候的发展变化衔接起来考察。因为中国历史时期气候变化不仅对自然生态而且对人类社会的发展都带来制约性影响。这里，我们主要是指气候与自然生态的关系和发展变化。竺可桢先生的《中国近五千年来气候变迁的初步研究》，把我国5000年来的气候区分为四个温暖期、四个寒冷期，[①]第一次对中国数千年间的气候周期性变化作了规律性总结。近年来，不少学者在前人研究的基础上，结合新资料，采用新方法，对这一领域的研究思路更新、方法更细。如朱士光先生将关中地区历史时期气候变化划分为10个阶段，其中第四个阶段春秋至西汉前期为暖湿气候。这一时期，宁夏境内气候温和湿润，生态环境良好，北部平原以温带草原为主，南部固原则以温带森林与草原相结合。所谓森林草原的概念是这样的：森林草原就是草原和森林毗邻的过渡地带。它们二者可以互相转化，这种转化是以生态的优劣为前提的。即或能变为草原或在局部环境条件较好处变为森林；或者由森林变成草原，生态恶劣时变成为耕地，甚至沙漠。西周时期的宁夏，南部黄河支流清水河、泾河流域水量充沛，水质清澈；北部亦是山清水秀，呈现的是风光生态，平原旷野也有森林，森林之间夹杂着草原。南部固原的黄土高原，森林可以含蓄水分，空中降水为森林所含蓄，不至于冲刷流泻，有助于黄土高原生态的保护和发展。尤其是学者们根据气候的变迁来研究古代北方民族的生存空间，把气候的变冷与我国古代北方游牧民族的南下联系起来，认为每逢

①竺可桢.中国近五千年来气候变迁的初步研究[J].考古学报,1972(1).

寒冷期，大都是北方游牧民族规模较大、次数频繁的南下迁徙期，而且南下的幅度与寒冷的程度大体一致。这从另一个侧面为我们研究宁夏的生态变迁，还是有借鉴意义的。

近年来，宁夏境内发现有仰韶文化遗址，说明垦殖开发较早。直到战国时期，天然植被并没有大的变化。

周族发祥于西北。《尚书·牧誓》中周人自称是“西土之人”。周穆王时更驾车西行，足迹到达宁夏之境。周厉王时，北方游牧民族猃狁势力强大，对周朝的统治形成威胁，边患加剧，兵锋曾达关中渭水北岸，固原逐渐成为猃狁战马驰骋的地方。周宣王之世，出现了中兴局面，周人对北方猃狁族的入侵开始了有效的抵御和反击。《诗·小雅·出车》写的就是尹吉甫率兵北伐猃狁的事。战争，是自然生态的大敌。尹吉甫伐猃狁后，强行迁移其族到固原安置。其实，到了西周末年，宁夏境内到处都有戎狄居住。“薄伐猃狁，至于太原”的迁徙政策使得文化认同超越“薄伐猃狁”的战争征服，农耕的内涵在增加。战争、猃狁的迁入、农业的初期开发，已开始触及和伤害原始生态环境。

西周时期，森林资源十分丰富，“夫周，高山、广川、大薮也，故能生是良材”[①]。历史地看，宁夏境内生态很好，南部固原森林资源十分丰富。这一时期，国家垄断山林川泽，森林资源是国家的财富。由西周在固原进行的反击北方游牧民族的战争，到西周“料民于大原”，宁夏南部固原已纳入西周版图。研究资料表明：西周时期陕西的森林覆盖率达45%，[②]那么，与关中相依的宁夏固原境内六盘山系、泾河、清水河流域也不会低于40%。

其实，从生态的角度看，早在周以前的夏王朝，已经制定了保护环境、保护自然资源的法规：“春三月山林不登斧，以成草木之长。夏三月川泽不入网罟，以成鱼鳖之长。”[③]到了周代，已经将山川生态与国家统治

①徐元诰.周语集解(修订本)[M].北京：中华书局，2002:132.

②凌大燮.我国森林资源的变迁[J].中国农史，1983(2).

③黄怀信.逸周书校补注译[M].西安：西北大学出版社：1996:207.

联系在一起。“夫国必依山川，山崩川竭，亡之征也。”①尤其是周族的精耕农业很快取代了土著民族的“焚林而猎”的带有破坏性的原始生存方式，有利于环境和生态的良性发展。

二、秦汉时期

秦汉400年间，我国人口空间分布、经济和文化格局都发生了很大变化，尤其是移民，包括政治性移民、军事性移民、商业性移民等，其规模之大、次数之多、影响之广，为历代罕见。宁夏为移民的主要地区之一。在这一历史过程中，一方面促成了被移民地区的开发，另一方面却带来了生态的消解和毁坏。由于经济的发展、土地面积的扩大、移民人口的增多，再加上统治者大兴土木，生态环境不断遭到破坏，诸如森林被毁、自然灾害频频发生等。宁夏南部是适宜于畜牧的地区，畜牧之外也适宜于农耕。秦朝时在南部固原境内设置乌氏县后，表明当时已有相当程度的开发与农牧并举。秦朝虽对北方实行过大规模开发，但从历史的长河看，属昙花一现。秦始皇统一六国之后，派大将蒙恬率大兵向北推进，在北部河套平原、鄂尔多斯高原及陕北等地设置44县（一说34县）屯田开发，这里包括宁夏全境。但是这种大规模的开发持续时间不长，就随着秦王朝的迅速灭亡而中断。因此，西汉初年黄土高原人为的耕垦活动对生态造成的影响较小，自然植被保存较好，水土流失与沙化现象显得轻微，直到唐代初年。②

西汉以后的宁夏生态环境就逐渐发生变化了。依竺可桢先生的研究，西汉时期的黄土高原，气候正处在温暖期。这一时期，宁夏南部六盘山一线南部为暖温带落叶阔叶林带，森林广布，间有草原；六盘山以北为温带森林草原，草木茂盛，降水量也多。但从开发的角度看，秦汉时期多次向宁夏境内移民屯垦后，传统的农牧分界线一再向北推进，宁夏平原及河谷

①徐元诰.周语集解(修订本)[M].北京:中华书局,2002:27.

②朱士光.汉唐长安城兴衰对黄土高原地区社会经济环境的影响[J].陕西师范大学学报,1998(1).

地区得到了充分的垦辟，尤其是宁夏平原，代之而起的灌溉农业生态环境成为人类生存和发展的主要地区之一。西汉前期的这种开发现状，虽然山林和草场已遭到了一定程度的砍伐，但并不过度；加之又是农牧并举，在移民的认真经营下，生态环境并未遭到大的破坏。[①]汉武帝当政时，一方面大力兴修水利，发展交通，殷实国库；一方面多次向北方用兵进击匈奴，终于在元朔二年（前 127 年）收复了河套地区，恢复了秦始皇时屯垦拓边的旧地。之后又屡屡出兵越过阴山，使“匈奴远遁，而幕南无王庭”[②]。这时的农牧分界线曾一度北移到阴山以北，宁夏成为秦始皇时被称为“新秦中”的发达农业区。这样一来，北部边境安宁了，西汉王朝也处在它的鼎盛期。但随之而来的大量移民，带来的是大规模的屯垦。宁夏境内主要是在北部地区。到西汉末年，仅黄土高原地区的移民和原有居民人口总数已达 1128 万。[③]遗憾的是在经济发展的同时，草原和森林的大片土地为栽培植被所取代，天然森林和大面积的草原消失了，宁夏生态环境已由轻微的地质侵蚀变为强烈的土壤侵蚀。[④]汉代人面对这种现状，有识者已有了环境意识的萌生和生命意识的崛起，认识到了毁坏森林会加剧水旱之灾。

秦时的固原境内，游牧大于农耕，游牧保护了大范围的生态并得到了可持续发展。《史记·货殖列传》里驻牧固原的游牧民族的代表人物乌氏倮，是历史上有名的大牧主，富甲一方，其属下畜牧的马牛数量之多是天下无与伦比的。当时的南部固原宜耕宜牧，但主要是畜牧。乌氏倮以内地丝绸与长城外的戎族头人进行贸易，这种贸易亦属国家需要，故秦始皇对其大加褒奖。至于秦始皇尊奖乌氏倮，自然有他的政治目的。一方面，我们这里只看乌氏倮在固原经营马、牛、羊的过程中所折射出当时的生态环境。实质上，这是西汉时期政府畜牧在固原的集中表现，它不但说明固原当时生态环境的良好程度，也体现了游牧文化形式对生态环境的有效保护。另一方面，却是军队屯戍、移民实边对部分土地进行程度不同的开发。宁夏

①朱士光.汉唐长安城兴衰对黄土高原地区社会经济环境的影响[J].陕西师范大学学报,1998(1).
②班固.汉书[M].北京:中华书局,1962:3770.
③朱士光.汉唐长安城兴衰对黄土高原地区社会经济环境的影响[J].陕西师范大学学报,1998(1).
④中国历史自然地理[M].台北:明文书局,1986:45.

境内在秦以前多为匈奴占据，秦汉以来匈奴撤出后，这里人烟稀少，政府陆续为这里迁来关东移民，而且成为主体人口。这不但带来了先进的生产技术，而且较快建成了农耕区，但大规模的开垦却导致了天然植被的破坏，加剧了水土流失。①

西汉末年，王莽专权，关中乱离，边衅再起。西汉政权覆亡之际，给黄土高原带来的是经济的衰退与生态环境的恶化。之后，宁夏北部被南下的匈奴等游牧民族所占据，原屯田耕垦的汉族军民大都南撤，南部固原还有不少羌族等少数民族居住。

依照气候变化对社会与生态的影响看，公元初到公元600年前是我国气候的第二个寒冷期，尤其是3、4两个世纪最冷。气候变干变冷，降水减少，草地干枯，这些依靠水源和草地生存的北方游牧民族，自然要南下寻求生存的机遇和环境。这一时期，北方游牧民族纷纷从寒冷的塞外举旗南下。到了东汉时期，北方游牧民族开始入居黄河流域，宁夏境内尤其突出。同时，宁夏境内的汉人大批内迁，尤其是永和五年（140年）以后，匈奴、乌桓、休屠、羌胡等游牧部族大量内迁。这一时期，仅黄河流域的游牧民族当在百万人左右，相反汉族人口在这里相对减少，于是原来的农田又被恢复为牧地，退耕反成为黄河中游的普遍现象，许多地方成为半农半牧区。②宁夏是黄河流域的重要地区之一，又是北方游牧民族最易进入的地区。由此可见当时入居宁夏的游牧民族及对生态恢复的程度。《后汉书·邓禹传》载："上郡、北地、安定三郡，土广人稀，饶畜多牧。"这种现状基本涵盖了宁夏全境。所以，随着土地资源利用方式的重新改变，会有次生植被逐渐来替代过去毁坏的生态。当然只能是相对地恢复，是无法达到西汉以前的程度的。总体上看，当时北方游牧民族的不断南下东进，迫使东汉政府疲于应付，沿边政权设置不断内迁。由于中原"大一统"政权发生变化，原来在宁夏境内的移民屯垦停止，北方游牧民族南下相继内迁，农牧界线又向南推移。到了东汉后期，包括以后晚些时候，农牧界线

①葛剑雄，等.移民与中国[M].香港：中华书局，1992：32.
②邹逸麟.千古黄河[M].香港：中华书局，1990：124.

大体恢复到战国后期的态势。这是由于大批游牧民族入居宁夏全境，原来的农耕民族内迁，许多土地退耕还牧，次生植被开始恢复的缘故。这种农牧相兼的发展格局，在宁夏基本持续到北魏以前。

匈奴的内迁，也是宁夏生态恢复的主要原因，尽管是短暂的。汉武帝元狩二年（前 121 年）秋，匈奴昆邪王率 4 万余人降汉，政府在 5 个边地郡境内设立了“五个属国”，宁夏境内的三水县（今宁夏同心县东）就是五属国地之一。在属国内，匈奴人可以保持自己的风俗习惯，继续从事传统的畜牧业。据专家研究结果推算，在当时“三水属国”境内生存的匈奴人也有五六万之多。东晋太兴年间，也有不少匈奴人迁入宁夏南部。这样一来，宁夏中南部各民族持续发展的畜牧业，就会起到延缓生态恶化的作用。汉代的思想家们已经注意到了自然与人的依存关系，尤其是已经有了环境意识的萌芽与生命意识的崛起。晁错在他的《新书》中说：“焚山斩木为时，命曰伤地。”刘向在《别录》中也说：“唇亡而齿寒，河水崩其坏在山。”“斩伐林木无有时禁，水旱之灾未必不由此也。”[①]这些都表明汉代人对人类赖以生存的自然环境的整体思考。

三、南北朝时期

南北朝时期，又是数百年的战乱。由于战争和北方林立的割据政权，东汉后期以来形成的这种农牧分界的格局，持续了很长一段时间。这期间，北方游牧民族政权不断更替，游牧文化是其主流。《晋书·文帝纪第二》记载，魏末晋初，北方民族归附的人数达 870 万余口。西晋时江统估计：“关中之人百余万口，率其多少，戎狄居半。”[②]魏晋时期，游牧民族的南下活动不仅频繁，而且民族种类也多，主要有匈奴、氐、羌、羯、鲜卑五族，历史上所谓的“五胡乱华”就是指这个时期。他们相继南下后，先后都建立过区域性政权。宁夏地域，先后分别隶属于不同的政权。据西晋时

①范晔.后汉书[M].北京：中华书局，1965：129.
②房玄龄.晋书[M].北京：中华书局，1965：1529.

江统的《徙戎论》所陈述，公元4世纪中叶以后，南部固原境内已居住着大量的氐、羌等少数民族。固原近乎成了畜牧区。在这个大背景下，尽管战乱带来过人口流离，战争给生态造成过新的不同程度的毁坏，但北方少数民族的游牧性，决定了他们必须寻求水源和草地作为生息之所，本身就放弃了大规模的农耕，宁夏境内在导致游牧文化对农耕文化冲击的同时，秦、西汉以来毁坏的生态又得以恢复，生态环境总体上仍得以继续保护和良性发展，尤其是南部固原。同时，次生的草原和灌木丛又大片地取代了栽培植被，土壤侵蚀减少，是宁夏历史上生态恢复的重要时期。这一时期黄河中上游生态的良性发展，使黄河泥沙也相对减少，成为黄河得以安流的一个重要原因。

北魏以后，长期生存在宁夏境内的部分游牧民族开始向农耕转化，逐渐农业化。

四、隋唐时期

依自然地理划分，西北多属半农半牧地区，宁夏南部固原最具特点。按司马迁当时的经济区划看，固原属游牧地区的南界。隋唐时期，固原在经历了南北朝特殊时期之后，更为明晰地体现着自身半农半牧区的特点：从事游牧生涯的少数民族进入固原，即可为牧；从事农耕族类统治固原时，这里就成为农业区。从历史发展的过程看，这也是宁夏生态历史发展变化的规律。唐代立国后，对于宁夏地区的政策是农牧兼并的，尤其是固原。因为对于唐朝中央政府来说，这里不仅需要粮食，更需要繁殖马匹。固原所在的平凉郡，就是当时唐朝在西北设置的四大畜牧地之一。当时的宁夏，虽是半农半牧地区，但农耕地区再扩大，也不会超过畜牧地区。[①] 在宁夏北部的灵州，唐朝政府实行羁縻州以安置周边内迁的少数民族。这些内迁的各族皆习畜牧，仍因其旧俗，同样有利于生态的恢复和发展。唐代，固原也曾有过几次大的变迁，草原与农耕交替出现。安史之乱前，这

①史念海.司马迁规划的农牧地区界线在黄土高原上的推移及其影响[J].河东学刊,1999(10).

里是农耕与畜牧相兼的地区；安史之乱爆发后，吐蕃占据固原的大部分地区，这里变成了草场，直到宣宗大中三年（849年）以后。当然，这种草场属毁坏性草场。宁夏北部内附的党项族羁縻州，本来散布在灵州一带，及吐蕃内侵，郭子仪恐其受吐蕃胁迫为患边庭，再迁往宁夏北部，与当地的农耕民族相聚。因此，后来的西夏国，就是兼有畜牧和农耕的。

从生态的角度看，即使在隋唐兴盛的时期，统治者都是在借固原的地理环境以弥补农业地区的不足，即这里的生态环境与战马的繁殖最为相宜；从牧马的有利条件看，要比将牧马地放在平原灌区条件好得多，而且合算。隋唐两代都有强大的军队，其中骑兵占有重要地位。唐代重视养马业，固原是当时西北牧马四大基地之一，政府在固原广设牧监、牧坊，充分利用这里的自然环境作为草原和牧区。如果将牧马放在农业区，既影响了农业，又制约了养马业，借固原的地理环境以弥补农业地区的不足，正是从这个意义上说的。尤其要紧的是，这种养马区域的划定，在一定程度上保护和延缓了生态恶化。但在这期间，突厥、吐蕃数度寇边，对原州（固原）马牧产生过影响，对生态环境也有过不同程度的毁坏。宁夏南部黄土高原地区在发展牧马业的同时，还有少量的开荒耕种，使农牧得到协调发展。据《新唐书·地理志》载，到了唐玄宗天宝年间，黄土高原的人口总数已达1015万。那么，宁夏南部固原的人口密度也不会太小。同时，由于农牧并举、以牧为主的经营结构，加之较长时间的安静发展，南部固原的生态环境仍保持着良好的发展态势。

从固原自然条件本身看，半农半牧区，畜牧业位置重要；从军事的意义看，更重要。唐代，固原属关内道，京畿之外围，至关都城安危。战马就是当时的军需储备。所以固原唐代牧马草场还具政治意义。因此，当时固原不仅要发展一般畜牧业，还要繁殖战马，尤其是后者。唐玄宗天宝年间爆发安史之乱后，吐蕃占据六盘山一线，宁夏南部固原成为吐蕃铁蹄往来的战场，原来的牧监撤废，耕种的土地荒芜，前后达86年之久。唐朝政府收复宁夏南部三州七关后，即颁布诏书，听任老百姓开垦，荒地再度变成了农田，不再设置牧监，草场也随着毁坏。这样，固原境内的森林草场开始受到了极大的损害。

宁夏北部平原，在唐代已成为重要的农业区。政府在宁夏平原兴修渠道与陂塘，发展农田灌溉。宁夏北部重镇灵州，在唐初的屯田规模已相当宏大，[①]因而唐代的农牧界线迅速向北推进到河套以北。从总体上看，宁夏北部是农业区，南部是农牧区，尤其是牧马业。这种农牧格局持续的时间较长，直到“安史之乱”以后。“安史之乱”后，原来设置的牧监和牧坊被垦殖，大片草原又变为农田植被。在这个过程中，个别地方也有过短时期的生态恢复。如唐贞观四年（630 年），东突厥内附后，有一部分就安插在当时灵州（今宁夏灵武市）的边缘地带。再如天宝四载（745 年），后突厥被回纥所灭，其中一部分继续南迁灵州。这些少数民族的内附并在灵州生存，依习俗而居，牧业的沿袭带来了对生态的保护和生态恶化的延缓。固原所在的南部黄土高原，从生态的角度看，宜农宜牧，但环境非常脆弱。当农牧并重、农耕与畜牧举措适当时，就有利于生态的平衡发展；否则，森林草原生态就遭到严重的损害。

五、宋元时期

宋朝建立初期，面对的是百业凋敝的衰败景象。宋朝政府首先实行林木资源的利用和保护政策，奖励耕殖，林农并举。之所以有这样的举措，主要是因为：一是林木是薪炭的来源；二是随着造纸、造船和建筑行业的发展，木材的需求大量增加；三是宋代人已有了朴素的生态观；四是战争所致。对于宁夏来说，因战争造林，尤其要紧。宋夏战争中，宋王朝一直处在被动防御的境地。因此，营建和保护军事防护林“以限胡马”、“以捍奔突之势”，成为宋朝统治者巩固西北边防的重要措施。虽然宋朝政府大力倡导边境植树造林，但对于处在战争胶着状态的宁夏，又是另一种情况：西夏都城兴庆府在宁夏北部平原，宁夏南部固原又是北宋防御西夏的前沿，频繁的战争冲突，长时间的对峙状态，要靠大量营建军事防护林来对付富有进攻性的西夏军队，似乎无济于事。或者，原本就来不及营建军

---

①刘昫.旧唐书[M].北京：中华书局：1975：2975.

事防护林带。相反，宋夏战争，对宁夏境内原有的森林和草场的毁坏极为严重。除战争之外，人为砍伐程度加大。主要是六盘山森林用于中原建筑的砍伐；海原南华山森林用于李元昊修建天都山行宫等。同时，由于宋夏沿边大范围的驻军开垦，草原生态遭到严重破坏。唐代以来形成的苑马牧监早已荡然无存，南部固原完全成为军事性质的行政建制：先后设置三个州级政权——镇戎军、德顺军、怀德军，固原成为宋朝向北部西夏用兵防御的重要指挥中枢，沿边修筑了不少堡寨，招募了不少各种名目的军队，开垦了沿边的大量土地，原有草场全部垦为农田，就连蕃兵，也得到了土地。当时的“屯田范围之广，已经到了无地不耕的地步”①。原来从事畜牧业的少数民族，在蕃兵、弓箭手、强人的名目和制度下，都改而从事农耕生产。如此开垦，生态怎么能保护得下来。宋夏对峙时期，宁夏北部西夏政权虽以畜牧为主，也兼营农业，生态相对得以保持，环境尚好。

元代，是固原历史上的特殊时期。成吉思汗时就已经看重了固原的军事地理位置，奠定了固原在元统一南宋过程中的地位，尤其是安西王府的设立。在这个过程中，军屯是固原历史上较厉害的时期之一。固原驻守规模较大的军队，使大量的荒地先后得以开垦；安西王府的修建，使六盘山森林资源也遭到一定程度的砍伐，生态环境在宋代毁坏的基础上更为加剧。统一南宋之后的和平安定的年代里，军屯相对减弱，生态逐渐得以生息恢复，尤其是草场生态得以恢复。元代后期，明显侵占畜牧地的掠夺式经营形式已明显弱化，就是农耕地区的田亩，也已经宽松了许多。但北部却不完全一样。宁夏北部，同样是大力推行屯田。忽必烈受中原汉文化思想的影响，保护农业生产，虽然是马上民族，却禁止占农田为牧地。元代宁夏北部屯田，主要是招募无业农民开垦；而南部固原主要是军屯。元代宁夏平原的灌区得到了大规模开发，尤其是水利的修复，采用和推广了新的工程灌溉技术，对宁夏农业生产的恢复和发展起到了很大的推动作用。

---

①史念海.司马迁规划的农牧地区界线在黄土高原上的推移及其影响[J].河东学刊,1999(10).

六、明清时期

明代以前，宁夏南部的生态状况是这样的：六盘山一带仍有大片森林覆盖，树木的品种也很多，即使在明代初年还保存有相当的林区。但到了明代中叶以后，生态环境就急转直下了，这是一个无法弥补的转折。从西周到明代中期，这期间经历了2300多年的变迁，不断遭人力和自然力的破坏，固原境内的森林景观早已不同于先前了，平原、高原上的森林基本消失殆尽，丘陵地区也只剩下一些规模不大的残林。明代前期，宁夏北部贺兰山一带保存有一定规模的林区，中叶以后，由于战争和人为的破坏，同样遭到严重的毁坏。

明朝建立，面对的是元末战乱之余的荒凉景象：赤地千里，经济凋敝。与其他朝代一样，朱元璋在建国之初就推行奖励垦荒、移民屯田的政策。尤其是朱元璋在位时，从国防需要出发，对西北边关林区曾下令封殖为禁山，采取了地区性的保护森林措施。这种政策一直延续到正统年间，前后持续约80年时间。80年的保护措施，对宁夏生态的保护和发展起了一定的延缓作用，呈现出“延袤数千里，山势高险，林木茂密”的景象。[①]自宪宗成化元年（1465年）开始，由于北边军事防务的加剧，宁夏境内驻边军队的增加，大规模屯垦带来的是生态环境的破坏，而且是重点地区。当时的有识之士曾一再重申朱元璋时的林禁政策，保护西北边关林区。但面对北边屡屡而起的战争，明朝政府已经顾不得这些了。地方上的规利之徒、不法地方势力乘机入山任意砍伐林木，贩卖各地。明代中叶余珊在他的《陈言时政十渐疏》里说：陕西延绥、宁夏、固原这一带边关“近年以来，因循怠弛，斩木搏兽，自拆其藩蓠”[②]。可见，当时滥伐林木在宁夏也是十分严重的。同时，也使我们看到了宁夏境内人为毁坏林木生态的程度。

明代北边设有九大重镇，在宁夏境内就有两个：北部的宁夏，南部的

①陈子龙.明经世文编[M].北京：中华书局，1962：528.
②陈子龙.明经世文编[M].北京：中华书局，1962：1709.

固原。尤其是固原，地处黄土高原，更是重灾地区。就整个宁夏全境看，屯田名目繁多，民屯、军屯、商屯蜂拥而上。当地方官员和驻军将帅督促千军万马，将平原（包括平川）之地大规模地毁林垦草垦尽之后，继而又向纵深发展，“所至皆高山峭壁，横亘数百里，土人耕牧，锄山为田，虽悬崖偏坡，天地不废”①。明代初年“屯田遍天下，而西北为最”。在西北，宁夏恐怕是最厉害的了，森林毁完了，草本植被也是精光。宁夏的生态环境遭到了致命的摧毁，尤其是南部固原。生态环境的破坏，黄土高原的水土流失，给黄河带来了灾难。据研究资料表明：明代黄河决口 301 次，漫溢 138 次，迁徙 15 次。②从黄河灾害，我们看到了黄土高原生态环境的破坏程度。同时，水土流失也使黄河中游的湖泊消失。研究者认为：明代时黄河中游的湖泊已基本淤涸。这些湖泊经历黄河的变迁，泥沙的淤积，湖水自身的渗漏、蒸发，至五代已渐次干涸或淤成了平陆，到明代已没有什么可以称道的湖泊了。③相比较，高原上的著名湖泊——朝那湫，地处黄河中上游黄土高原边缘的固原，秦汉以来秦始皇、汉武帝等帝王们都先后到这里祭祀过。明代，朝那湫方圆尚有数十里。明代人写的《嘉靖固原州志》里有详细记载。这也从另一个侧面说明，明代中期以前固原的生态环境相对还好一些，没有到一定程度的恶化。

另外，招商民屯在南部固原也曾兴盛过。现在固原以北的李旺堡、杨郎镇，固原以西的张易堡等，都是明代招商民屯的历史缩影。

《明史·诸王二》载，明洪武中曾定制允许从甘肃到辽东的“荒旷地及山场，听诸王府牧放”。分封在宁夏的朱元璋的子孙们，也是巧取豪夺，大肆兼并土地，设置牧场，广置庄园，形成了大片大片的宗室所属王府牧场。分封在宁夏的藩王，在北部的有安王、庆王；在南部的有韩王、肃王、楚王。在南部固原设置的属陕西都司所辖的甘州群牧监，据明代《固原州志》卷一记载，实际上就是肃王的“牧马地”。除藩地在宁夏者外，

---

①陈子龙.明经世文编[M].北京：中华书局，1962：2360.

②郑肇经.中国水利史[M].上海：商务印书馆，1939.(转引自)杨昶.明朝政令对生态环境的负面影响[J].华中师范大学学报，1998(1).

③邱成希.明代黄河水患探析[J].南开学报，1981(4).

远在武昌的楚王和云南的黔国公亦在南部固原建有牧场。[①]楚王府牧地就是固原卫所属之海剌都营，于洪武时由武昌护卫前所直接调拨官军 1500 名，"屯牧于此"[②]。这些牧场的出现，既对生态的保护起过积极作用，同样对生态环境也造成了巨大危害。尤其是到了中期以后，牧场多为"军民互易，豪强侵占"，或者"重以官吏侵渔，牧政荒废"，[③]致使成片的牧场或者荒废，或者开垦、开垦后再荒废，恶性循环，严重地损害了生态环境。

明代固原是西北马政的中心，马政与军事相关。按照明朝的制度，牧马草场一般分为荒地和熟地：荒地牧马，熟地军屯耕种。牧马草场这一部分延缓了生态的恶化，但在这个过程中有反复。初期草场面积较大，弘治时减少近乎一半；嘉靖时又有所回升，而隆庆时再次大幅度减少。减少的草场自然变成了耕地，生态恶化程度步步加剧。同时，还有大片的草地陆续成为"藩王"的牧地。现在看来，"藩王"牧地也起到了延缓生态恶化的作用。据专家研究：当时固原镇有军马 33000 多匹。兴盛时期的马政，的确保护和延长了部分生态的良性发展。但宜耕种的土地仍由军民屯垦。明代初期，在元代生态恢复的基础上继续得以恢复，归顺明朝的蒙元后裔、驻牧于固原境内的满俊，当时重操蒙古民族的旧业，凭借固原的自然环境牧放大量的牛羊，富甲一方。固原的大规模开垦，当在弘治以后，而且随着北边无休止的战争，生态持续恶化。顾炎武引《华亭县志》说：明代六盘山地区，"其山多棕，其草多竹"。《明一统志》卷三十五《平凉府志》载：元代时，"世祖尝于此驻跸，后安西王于此建避暑楼"。这时候，六盘山还是森林覆盖区。到了明代中叶晚些的时候，六盘山的北段渐次才成了童山。

明代宁夏生态环境的破坏，主要源于这样几个原因：一是明朝政府一面在边地实行林禁政策，一面又盲目地无限制推行垦屯田政策，向山林争田。结果，林禁中道废弛，林地让位于耕地，大量的土地被开垦，植被破坏，森林砍伐，越来越少。明弘治十四年（1501 年），当时以都察院左副

①历史语言研究所.明英宗实录[M].上海:上海书店,1982:206.
②杨经.嘉靖固原州志 [M].银川:宁夏人民出版社,1985:23.
③张廷玉.明史[M].北京:中华书局,1974:2277.

都御史身份督理陕西马政的杨一清，亲临固原督理陕西牧马城堡的修筑时，给朝廷上《为处置马营城堡事》的奏折中称："……况各苑地方（设在固原的牧马苑监），木植艰得，土人以窑洞为家，乃其素习。各该卫所解来队军，因无栖止，随到随逃，废弛之故，亦多由此。"①及杨一清具体修筑、拓展固原境内的开城、黑水等苑监牧马城堡时又说："其木植俱于平凉府华亭县及巩昌府漳县采打。"②可见，当时固原的森林资源已经破坏得相当厉害了，就连修筑城堡、马厩用的木材都要从外地运来。二是抛荒带来的生态破坏。明代在宁夏境内的各种名目的屯田，包括军屯、民屯、商屯等，由于各种原因都不是有始有终的。这样一来，开垦的土地不少，抛荒的也很多。尤其是宁夏北部和南部固原，不少屯田"连年抛荒"③。抛荒后的土地，若干年耕种，若干年又抛起，致使土地容易沙化，引起水土流失。长此以往，生态自然变得恶劣。三是养马业经营得不合理，也造成森林草场的减少。我们在前面讲过，明代在宁夏境内大规模的畜牧，是避免了大面积土地的屯垦耕种，保护了生态植被；但同时，也破坏了不少山林植被。因为当时许多苑马监都设在黄河支流上靠近林区的地方，这种布局本身就留下了隐患，是不妥当的。比如固原的开城苑、黑城苑，就有近十个马牧监在黄河支流清水河沿线，大面积的河床平地成为草场，但地域上又处在六盘山北段林区的边缘，长时间的马牧势必对这一带山林起了逐渐吞噬的破坏作用。

明代宁夏北部的生态情况也是到了绝境。在明代人看来，宁夏镇孤悬黄河之外，经常受北方蒙元后裔兵锋的袭扰，除明朝政府在宁夏设宁夏镇驻重兵防守外，凭借的自然地理环境就是西北部屏障贺兰山；贺兰山上的自然屏障就是茂密的森林。而实际情况是，自明正德五年（1510年）驻藩宁夏的安化王朱以讨宦官刘瑾为名，据宁夏镇城（今宁夏银川市）举兵反叛朝廷始。这次举兵，虽然短时间内就平息了，但大伤宁夏的元气，尤其是对宁夏镇、巡及各方面的官员影响很坏：贪图享受，不爱惜民力。如当

---

①杨一清.杨一清集[M].北京：中华书局：2001：20.
②杨一清.杨一清集[M].北京：中华书局：2001：23.
③陈子龙.明经世文编[M].北京：中华书局，1962：2360.

时宁夏镇城朝廷命官按察分司，将原安化王朱的旧府第改建成他的按察分司官邸。在改建的过程中，命当地驻军前往贺兰山砍伐树木，时间持续一月有余。地方官员有此举动，其他官吏、豪绅，包括游手无赖皆斧斤入山，贺兰山森林资源遭到了严重破坏。这只是生态毁坏的一个侧面。明嘉靖八年（1529 年）三月，三次出任陕西三边总督的杨一清曾为朝廷上《论边务奏对》折说：宁夏地方官员“役使军夫于贺兰山采打木植，烧造砖瓦一月有余……夫官军本以应敌，令其供防护之役，以修理衙署之事，可乎？贺兰山乃天设险隘，在山树木欲茂密，以遏贼骑奔（冲）。近年，官豪军民任意砍伐，以致空疏，贼马易为出入，官司正当严禁。本官乃行拨夫砍伐，以致官属下乘机伐取，不啻数倍。自撤其险，何以为守？”[①]由此可见明代中后期宁夏北部生态毁坏的程度。宁夏河东沙区的形成，是明代中叶边墙（即明长城）城堡推行军屯后，由于不合理的农业耕作及过度牧樵而演变成了沙漠。[②]

明代屯田垦殖犹如一柄双刃利剑，在大量实行各种名目的屯田、大力发展农业的同时，使自然生态不断恶化。当代环境学家认定明代是“环境严重恶化的时期”[③]。人为的作用就是砍伐森林、开垦土地。砍伐之后的土地，或为沟壑，或者逐渐沙化。

清代前期，西北多有战事，但宁夏北部尤其河东地区生态状况相对尚好。这从康熙皇帝亲征噶尔丹时的沿途所见即可看到。公元 1697 年康熙第三次亲征噶尔丹时，由山西保德州渡过黄河进入宁夏境，到了兴武营一带时，野兔、野鸡非常多，不时地合群而过。康熙在这里作了短暂的停留，并颇有兴趣地进行围猎活动。用康熙给京城太监信里的话说：“满围都是兔子，朕射三百十一支。二十三日到清水营……朕只射一百有零。”[④]可见 300 年前宁夏黄河以东的地区，生态环境相对还是不错的。另

①杨一清.杨一清集[M].北京:中华书局:2001:884.

②朱士光.建国以来我国黄土高原地区历史自然地理研究工作的回顾与展望[J].西北大学学报,1994(3).

③康熙皇帝的十七封信[N].文汇读书周报,2001—12—29.

④康熙皇帝的十七封信[N].文汇读书周报,2001—12—29.

外，康熙离开宁夏返回北京时，是沿黄河乘船前往内蒙古包头的。由宁夏到内蒙古这一河段，黄河沿岸的生态环境，康熙同样看在心里，也留在了他给太监的信里："黄河中鱼少，两岸柽柳、席芨草，芦苇中有野猪、马、鹿等物。"[①]300 年前的植物和动物，现在大都消失了。康熙皇帝的这次行程，如同考察黄河及其沿岸生态，留下了这些让后人追念和对比的文字。在西部大开发的今天，300 年前康熙笔下的各种生物都成了历史生态的参照，极具启示意义。

南部固原是另一种情形。清代立国后，明朝时期的生态环境未来得及恢复；乾嘉中兴之际，稍有恢复，又毁于同治以后的战乱，这一次应该说是毁灭性的。其实，康熙年间就裁撤了在固原沿袭千年的监牧，也取消了明代的藩府牧地，土地大量开垦，军马厂设置沿六盘山一线摆开，生态进一步毁坏。

清末，受左宗棠兴水利、造树林的影响，固原数任直隶州知州如王学伊、张祥、萧承恩等人，在固原城郊搞育苗试验场，育树苗栽树，在现在的西兰公路六盘山、和尚铺、平银公路、清水河沿线等栽种了大量的杨、柳、榆、椿、杏等；固原城周围、东岳山等处也栽种了不少。在这个过程中，驻固原的军队加入了植树行列，也是有贡献的。同时，还恢复马场，以恢复生态。但由于各种原因，比起偌大的固原山川，终属杯水车薪，恢复生态建设不可能有多少起色。民国年间，马由民间养牧，牧业依附于农业。牧马场不存在了，草场就不存在，生态空间就越小。这种掠夺式的经营，使草场越来越小，生态退化越来越严重，留给后人的是"童山濯濯，沙土皆紫色"的山川。

追溯宁夏清代以前生态演变的历史过程，是一部游牧民族与农耕民族在这个偌大的地域上争夺生存空间的历史。以上所论及，仅是对宁夏历代的生态变迁作了轮廓式的梳理。从论述的过程我们可以看出：由于千百年来农业与游牧两种经营方式频繁更迭、人为过度樵采、放牧、开垦及战争的破坏，宁夏境内的许多森林草原及其植被不断退化，河流干涸，以致原

---

①曲格平，李金昌.中国人口与环境[M].北京：科学出版社，1992：192.

来的青山变成了荒山，原来不是沙漠的地方也变成了沙漠。尤其是历代各种名目的超负荷的大规模的屯垦生产，直接造成对天然生态植被的破坏。这是宁夏历代生态变化的主要原因。同时，是自然界本身的变化，尤其是气候的变化所带来的影响。在这个过程中，北方游牧民族的反复南下，致使宁夏境内的耕地面积在农耕与畜牧之间反复交替，大面积的植物茎根被日照、风化而枯死。即使在畜牧期，短时期很难生长出次生植被；或者短期内可延缓部分生态的恶化，但已法从根本上改变原有的生态植被。这种无节制的索取，加速了宁夏生态资源的深层破坏，尤其是南部黄土高原的天然植被。1944年，李长傅先生在他的《淮域形势与中国历史》一文中说："离地坎，离人无史，人类活动于地面之上，演出了可歌可泣的历史。我们固然不是机械的唯物论者，说一切历史，都受地理环境的支配，但要是彻底明了人类历史的因果，不能不对于人类与其活动的空间在历史上的相互关系有深切的认识。"[①]正是从这个意义上，笔者撰写此文，旨在为人们了解、认识和研究宁夏历史生态提供可资借鉴的历史参照。

（原载于《宁夏社会科学》2003年第2期）

①胡阿祥.魏晋南北朝时期的生态环境[J].南京晓庄学院学报,2001(3).

唐朝水旱灾害对社会经济的影响

张有堂　徐银梅

摘　要： 唐朝水旱灾害严重。唐朝前期由于政治开明、救灾治灾措施较多，维持了社会稳定和经济发展；而唐朝后期战乱、水旱灾频繁，造成救灾措施破坏致使吏民南迁，社会动荡与经济停滞，以农业为主体的经济长期在水平低下的小农经济怪圈中徘徊。

关键词： 唐朝　水旱灾害　小农经济

唐朝前期（武德元年至天宝十四年）①是中国封建社会的全盛时期。溢美之辞频频见于史册和文集：政治清明——从谏如流，量才器使；礼义教化，不主严刑；经济繁荣——“男耕女桑不相失”，“公私仓廪俱丰实”。在安史之乱后，虽然有些地方还曾出现过“更被鹭鸶千点雪，破烟来入画屏飞”的昙花一现的社会情景，但不少地方却一直是“千村万落如寒食，不见人烟空见花”的萧条荒凉的景象。自古及今的许多学者、专家认为唐朝衰落的根本原因是统治政策有问题。本文仅从水旱灾害这一角度出发，来探讨一下曲直是非，以供同行们参考。

①学术界对唐朝的分期有三分法、二分法和四分法。为了论述方便，本文采纳二分法。

一、水旱灾害与农业经济

农业经济是封建社会的主体经济及其赖以生存、发展的基础，所以历代封建政府在一般的正常的情况下都特别重视农业经济的发展。唐朝前期各届政府坚持“农为政本”的原则[①]，贯彻执行一系列重视农业经济发展的政策，并将农业经济置于各行各业的首位，加大对农业的各项投资，不断更新农业生产工具，培养农业技术人员，改革农业操作手段。唐朝后期的各届政府在一定范围内还能依葫芦画瓢，对社会的进步起到了蜻蜓点水的作用。但是，水旱等自然灾害却严重地影响着唐朝农业经济的发展。

首先，毁废稼穑。唐朝水旱灾害较为严重。据统计，曾发生过破坏性较大的水灾共计 115 次、旱灾 125 次，其中 7 世纪约占 25%，8 世纪约占 27%，9 世纪约占 48%[②]。水旱灾害发生的次数随着唐朝的衰落而递增，它对唐朝的衰败起到了催化作用。水旱灾害的破坏不是零星的、小范围的，而是大范围的——遍及全国各地。其中唐朝的心腹之地——关中（约占 22%）、河南（约占 13.7%）尤甚，河北、江淮次之，从而导致唐朝血液循环功能衰减，难以再度康复。总章二年（669 年），江南道的冀州、括州发生水灾，损苗田 8646 顷[③]。开元十五年（727 年），“天下六十三州大水损禾稼、居人庐舍，河北尤甚”[④]；次年，“河北饥”[⑤]。元和十一年（816 年），“京畿大雨，害田四万顷”[⑥]；同年，河南道的“东都、陈许州饥”[⑦]。凡遭水灾的地方，田稼无不溺损，轻则减产，重则颗粒无收，这势必引起不同程度的饥荒，有时轻，有时重；有的地方轻，有的地方重。而旱灾的破坏程度也不次于水灾——往往曝枯田苗，赤地千里。贞观十二年（638 年），

---

①王钦若等（编纂），周勋初等（校订）.册府元龟·帝王部·务农[M].南京：凤凰出版社，2006：742.

②邓拓.邓拓文集（第二卷）[M].北京：北京出版社，1986：20.

③刘昫等.旧唐书·志第十七·五行[M].北京：中华书局，1975:1352.

④刘昫等.旧唐书·志第十七·五行[M].北京：中华书局，1975:1358.

⑤刘昫等.旧唐书·本纪第八·玄宗上[M].北京：中华书局，1975:191.

⑥刘昫等.旧唐书·志第十七·五行[M].北京：中华书局，1975:1360.

⑦欧阳修，宋祁.新唐书·志第二十五·五行二[M].北京：中华书局，1975：898.

"吴、楚、巴、蜀州二十六，旱；冬，不雨，至于明年五月"①。总章元年(668年)，"京师及山东、江淮大旱。二年七月，剑南州十九，旱"②；"诸州四十余，饥；关中尤甚"③。开元十四年(726年)"秋，诸道州十五，旱。十五年，诸道州十七，旱。十六年，东都、河南、宋亳等州旱"④。贞元元年(785年)"春，旱，无麦苗，至于八月，旱甚，灞；浐将竭，井皆无水"⑤。同年"春，大饥，东都、河北、河南米斗千钱，死者相枕"⑥。旱灾直接枯竭稼穑，使之歉收或无收。唐朝前期，间或出现"十室九空"和"野人多褴褛"的情形⑦。而唐朝后期更甚——饥民云游四方，面黄肌瘦，身弱体孱，匍匐卧地，尸首暴野。

水旱灾害极其严重地阻碍着农业经济的发展，它直接关系着唐朝的兴盛衰败。特别是唐朝后期，水旱灾害发生的次数增多、频率增大，致使关中、河淮粮食岁岁匮乏，整个社会捉襟见肘，从而影响着农业经济的再生产和扩大再生产，整个社会经济无法得到应有的、必要的补偿。

其次，人殁畜亡。频繁的水旱灾害摧残了一批又一批有价值的劳动力和畜力，使个别的、局部的地区出现了缺人短畜的现象。总章二年(669年)，江南道的括州发生水灾，溺死9070人⑧。神龙二年(706年)，"洛水泛溢……溺死者数千人。三年夏，山东、河北二十余州大旱，饥馑死者二千余人"⑨。贞元八年(792年)，"河南、河北、山南、江淮凡四十余州大水，漂死者二万余人"⑩。一个有价值的劳动力的丧失，对农户而言，简直是天塌地陷的灾难，断了养家糊口的衣食来源和生存之道。总章二

①欧阳修，宋祁.新唐书·志第二十五·五行二[M].北京：中华书局，1975:915.
②欧阳修，宋祁.新唐书·志第二十五·五行二[M].北京：中华书局，1975:916.
③欧阳修，宋祁.新唐书·志第二十五·五行二[M].北京：中华书局，1975:897.
④欧阳修，宋祁.新唐书·志第二十五·五行二[M].北京：中华书局，1975:916.
⑤欧阳修，宋祁.新唐书·志第二十五·五行二[M].北京：中华书局，1975:917.
⑥欧阳修，宋祁.新唐书·志第二十五·五行二[M].北京：中华书局，1975:898.
⑦王钦若等(编纂)，周勋初等(校订).册府元龟·帝王部·惠民[M].南京：凤凰出版社，2006:1149.
⑧刘昫等.旧唐书·志第十七·五行[M].北京：中华书局，1975:1352.
⑨刘昫等.旧唐书·志第十七·五行[M].北京：中华书局，1975:1357.
⑩刘昫等.旧唐书·志第十七·五行[M].北京：中华书局，1975:1359.

年，括州发生水灾，损牛 500 头[①]。“对于小农来说，一头母牛的死亡，就会使他不能按旧日规模来重新开始他的再生产”[②]。劳动力和畜力的严重不足，将使生产力无法再充分地发挥推动农业经济发展的作用，从而阻止了生产关系的变革，迫使农业经济中许多环节停滞，使之难以在原有的基础上继续开拓性的发展，势必使农业经济进一步萧条、衰竭，这又为劳动力的丧失打开了更大的缺口；生产、交换、再生产诸大环节逐渐脱臼，从而窒息了农业经济乃至整个社会经济发展的活力。唐朝后期尤为突出，饥荒蔓延于各个角落，上至京城，下至边陲皆被囊括进去。

由此可以断言：水旱灾害对农业经济的破坏性作用极其强大，简直是势大无比的强敌和噬虫，没有超本能的力量将难以幸免。但是，当人们翻阅全唐史时却会奇怪地发现：唐朝前期农业经济一直呈上升趋势，曾出现过“贞观之治”和“开元之治”。这势必引起人们一连串的思考，促使人们去寻根问底。但主要因素有二：一是时势，二是时政——唐朝日逐盛世与唐政府全力推行均田制、租庸调制等政策有关，与救灾治灾措施有关。

二、唐朝政府的急救措施

唐朝的救灾治灾措施有急救、缓救措施和长治政策。唐朝前期各届政府同舟共济，力挽狂澜，积极组织人力、物力、财力以谋求救灾治灾。诸如，凡遭水旱灾害淋没枯曝的地方，唐政府均能遣使去排洪制旱以消灾情，多渠道、多功能地赈济灾区民众。贞观七年（633 年），“山东、河南之地四十余州水；遣使赈恤之”[③]。开元八年（720 年），“河南、淮南、江南频遭水旱，遣吏部郎中张旭等分道赈恤”[④]。

这一方面有利于缓解饥荒的蔓延，另一方面有利于遏制各种社会危机的爆发。唐政府的赈济措施种类繁多，但主要的措施有二：移粟就民和移

①刘昫等.旧唐书·志第十七·五行[M].北京：中华书局，1975:1352.

②马克思（著），中央编译局（译）.资本论（第3卷）[M].北京：人民出版社，2004:678.

③王钦若等（编纂），周勋初等（校订）.册府元龟·帝王部·惠民[M].南京：凤凰出版社，2006:1150.

④王钦若等（编纂），周勋初等（校订）.册府元龟·帝王部·惠民[M].南京：凤凰出版社，2006:1152.

民就粟。这些措施灵活而不教条，既经济又省时，既节财又惜民，十有八九能对症下药，起到了稳定社会秩序的良好的功效。究其本，这些赈济措施的目的不单单是简单地救济灾区民众，使他们度过死亡关，更重要的是为恢复灾区农业经济的发展保存应有的必要的实力，确保农业经济短暂停滞时期的缓冲力量，为进行新的生产和再生产做必要的准备。无论是从灵活性来说，还是从功效上来说，都是可取的。这也是人们打开唐朝前期强盛的一把必不可少的钥匙。而唐朝后期各届政府的救灾治灾措施死板而又教条，片面而又简陋，往往是顾此失彼，眼睁睁地看着辉煌灿烂、繁荣昌盛的岁月渐渐逝去。

唐朝前期各届政府的可取之处还表现在两个方面：缓救措施和长治政策——设置仓廪系统、兴建水利工程和发展漕运事业。而唐朝后期各届政府的可悲可叹之处在于：死守陈规，不求更新，以至于缓救无方，长治无策，人祸不断，天灾不息，社会饥荒辐射蔓延，囚笼了社会，蚕食了社会。

三、水旱灾害与仓廪储蓄

频繁的水旱灾害迫使唐朝政府自武德元年（618 年）起，开始设置细致周密而又网络全国各地的仓廪系统。它一方面可以救灾，另一方面可以治灾。在救灾方面，可以更好地、更全面地推行移粟就民和移民就粟措施。贞观十七年（643 年）七月，“汝南州旱，开仓赈给”[①]。贞观十八年九月，“谷、襄、豫、荆、徐、梓、忠、绵、宋、亳十州言大水，并以义仓赈给之”[②]。开元二年（714 年），关中受灾，玄宗下诏：“速以当处义仓量事赈给，如不足，兼以正仓及永丰仓米充。”[③]仓廪储蓄是唐朝政府赈济灾区民众，使之凶年度过饥荒、免于死亡的缓救措施，在一定程度上、一定范围内有其适应性和合理性，其社会功效是显著的。

①王钦若等（编纂），周勋初等（校订）.册府元龟·帝王部·惠民[M].南京：凤凰出版社，2006:1150.
②王钦若等（编纂），周勋初等（校订）.册府元龟·帝王部·惠民[M].南京：凤凰出版社，2006:1150.
③王钦若等（编纂），周勋初等（校订）.册府元龟·帝王部·惠民[M].南京：凤凰出版社，2006:1151.

在治灾方面，仓廪储蓄系统是调节物价、稳定市场、维持平粜和籴、进行借贷的重要手段，是恢复经济、发展经济的重要环节，是稳定社会秩序、缓和社会矛盾的重要工具。所以唐朝前期各级政府都非常重视仓廪储蓄，大仓小仓星罗棋布于全国各地。这一时期，仓廪系统较其他时期更为完备、更为发达。但仓廪的储蓄总量毕竟是有限度的，这就决定了赈济的数量也是有限度的（详见表一、表二）。

表一　唐朝诸仓赈贷表①

年号 \ 仓名 / 次数	义仓	太仓	转运仓	正仓	其他	共计
高祖(618-626 年)		1		2	1	4
太宗(627-649 年)	23			3		26
高宗(650-683 年)	8	1				9
中宗(705-710 年)	10					10
睿宗(710-712 年)	1					1
玄宗(712-756 年)	22	4	3	1		30
肃宗(756-761 年)		1				1
代宗(762-779 年)	3					3
德宗(780-805 年)	8	5	1			14
顺宗(805 年)						
宪宗(805-820 年)	12	4				16
穆宗(821-824 年)	2	1				3
敬宗(825 年)					1	1
文宗(826-840 年)	17	1				18
总　计	106	18	4	6	2	136

表二　义仓赈贷诸道简表(公元 618—840)②

诸道	河南	河北	京畿	江南	淮南	剑南	山南	河东	陇右	岭南	总计
次数	33	27	25	21	11	8	8	8	1	1	143

---

①张弓.唐朝仓廪制度初探[M].北京：中华书局，1985:128.

②张弓.唐朝仓廪制度初探[M].北京：中华书局，1985:129.

据表一、表二的不完全统计，唐朝仓廪赈贷次数是有限度的。同时，赈济的人均量也是有限度的，“每人量给米一石，其当户人多，亦不得过五石”[①]，约相当于1个月的口粮。这不可能彻底地、完全地消除唐朝时期水旱等自然灾害所造成的各种社会饥荒（据统计，唐朝时期共发生了493次较大规模的自然灾害[②]）。特别是到了唐朝后期，水旱等自然灾害接连发生，致使仓廪储蓄日逐空乏乃至最终毁废，渐渐地陷入“家无接新之储，国乏俟荒之蓄”[③]的困境，经济建设失去了必要的前提和基础。这一方面说明了水旱灾害的吞食、破坏作用很大，另一方面说明了仓廪储蓄是缓救措施而非长治政策。

四、水旱灾害与水利、漕运

唐代社会经济多次惨遭水旱灾害的猛冲烈曝般的破坏，这势必迫使唐朝政府不得不想方设法以谋求救灾治灾。除了急救、缓救措施外，还推行长治政策——兴建水利工程和发展漕运事业。

在兴建水利工程方面，唐朝前期各届政府在继承、修补、浚治、肢解已有的水利工程的同时，又在中央尚书省工部下设水部，管理全国水利事宜——兴建新的水利工程（见表三）。

表三　唐朝兴建水利工程简表[④]

世纪 / 道名 / 工程量	七	八	九	合计
关内道	2	2	3	7
河南道	4	3	1	8
河东道	8	2	1	11

①王钦若，等（编纂），周勋初，等（校订）．册府元龟·帝王部·惠民［M］．南京：凤凰出版社，2006:1159.
②邓拓．邓拓文集（第二卷）［M］．北京：北京出版社，1986:20.
③欧阳修，宋祁（撰）．新唐书·列传第四十三·宋务光［M］．北京：中华书局，1975:4275.
④李杰锋．汉唐水利事业之比较［J］．北京师范学院学报，1989(3).

续　表

道　名　工程量　世　纪	七	八	九	合计
河　北　道	13	7	3	23
山　南　道		4	4	8
淮　南　道	2	2	5	9
江　南　道	3	13	14	30
剑　南　道	5	3	1	9
总　计	37	36	32	105

新的水利工程多数施工较仓促，工程多简陋，灌溉田地超过万顷的水利工程较少。唐朝前期，兴建的水利工程起到了防洪、灌溉农田、发展农业经济和治灾的作用，同时还推动了漕运事业的发展。唐朝后期，水利工程还能起到一定的作用，在江南、剑南二道表现得较为突出。但是，暴涨数尺、数十尺的水灾并不少，洪水往往劈头盖脸而来，淹没沟梁，荡平堤坝，迫使唐政府多次反复修补、浚治、肢解原有的水利工程，没有足够的力量去兴建特大型水利工程，这势必给漕运事业的发展带来一些不利的因素。

漕运事业与唐朝的盛衰息息相关。“唐都长安，而关中号称沃野，然其土地狭，所出不足以给京师，备水旱，故常转漕东南之粟”①。同时，关中、河南、河北又是天灾聚集区。咸亨元年（670年），“关中饥。……转江南租米，以赈给之”②。永隆二年（681年）和永淳元年（682年）连续大旱，“京师人相食”③。开元十五年（727年），“河北饥。转江淮以南租米万石，以赈给之”④。贞元十四年（798年），“京师及河南饥”⑤。元和

①欧阳修，宋祁.新唐书·志第四十三·食货三[M].北京：中华书局，1975:1365.

②刘昫等.旧唐书·本纪第五·高宗下[M].北京：中华书局，1975:95.

③欧阳修，宋祁.新唐书·志第二十五·五行二[M].北京：中华书局，1975:898.

④王钦若等（编纂），周勋初等（校订）.册府元龟·帝王部·惠民[M].南京：凤凰出版社，2006:1152.

⑤马端临.文献通考·物异考七·岁凶[M].北京：中华书局，1986:2377.

九年（814年），“关内饥”①。所以，漕运尤为重要。高祖、太宗统治时期，水陆漕运“岁不过二十万石”即可②。但后来由于人为因素，漕运量被迫增大，“转运使岁运二百万石输关”③方可。可惜，类似这样的辉煌成就持续的时间并不长。

起初，沿大运河、黄河一线直运至东都和京都，但由于洪水频繁地冲刷而使漕河多次发生故障。先后经裴耀卿、刘晏二人努力，实行短程漕运，并在漕河沿岸设置仓廪，以储漕粮。“凡三岁，漕七百万石，省陆运傭钱三十万缗”④。但是，刘晏以后，漕运量又逐年递减，特别是文宗太和年间（827—835年）之后，江淮漕粮年均运量不足40万石。

江淮漕运，艰难险阻，费用甚大，但又不能因噎废食，仰赖于就地和籴；因关中人殷地狭，不足相资，一遇水旱，则六师糗粮，百官俸禄，即顿告匮乏。所以，尽管漕运所费甚多，所济盖寡，也不能废弃。唐朝后期，以高昂的代价维持着江淮漕运。但是，这一时期北方旱灾接踵而至，裸露河底；南方水灾纷至沓来，河流旋填淤塞，不可漕而止。从而致使京都太仓空虚，宫厨断炊，皇帝、后妃均为饿殍。

五、水旱灾害与社会危机

水旱灾害的破坏程度固然严重，但是，唐朝前期的部分皇帝和权臣能始终不渝地彻底执行“上安社稷，下慰黎元”的经济政策⑤，有力地推动了社会经济的全面发展。除此之外，其他皇帝和权臣或坚持不够，或昏庸无能，致使前功尽弃；加之，水旱灾害频繁，从而使土地荒芜，仓廪毁废，水利失修，漕运停滞，人口锐减，从根本上动摇乃至瓦解了均田制、租庸调制、两税法等行之有效的方针、政策，使生产、消费、交换和再生

---

①欧阳修，宋祁.新唐书·志第二十五·五行二[M].北京：中华书局，1975:898.
②欧阳修，宋祁.新唐书·志第四十三·食货三[M].北京：中华书局，1975:1365.
③李肇等.唐国史补·因话录[M].上海：上海古籍出版社，1957:62.
④欧阳修，宋祁.新唐书·志第四十三·食货三[M].北京：中华书局，1975:1365.
⑤刘昫等.旧唐书·志第十七·五行[M].北京：中华书局，1975:1355.

产诸大环节不能正常运转，社会经济逐步萧条，各种社会危机也接踵而来。

除玄宗、僖宗二帝倾巢亡遁于剑南道外，其他若干次小型人口流动，主要是饥荒所致。由于关中、河北、河南、陇右等地常遭水旱灾害，饥荒屡至，迫使部分吏民向江南、剑南流动。高宗末年，自河以西，赤地千里，循陇以北，罕逢青草，成群饥民被迫转徙流亡。安史之乱后，南迁民众络绎不绝，致使江南道人口有所增加（见表四）。

表四　江南道四洲户数对照简表①

年号 户数 / 州名	天宝年间（742–756年）	元和年间（806–820年）
苏　州	76421	100808
鄂　州	19190	38618
洪　州	55530	91129
饶　州	40899	4116

宪宗元和年间苏、鄂、洪、饶四州的户数比玄宗天宝年间的还要多，而元和年间全国的总户数已经没有天宝年间的多（见表五）。所以，这四州人口的增加皆非自然繁殖，而是迁徙所致。江南人口的增加，有利于江南经济的发展。但是，从整体上来说，唐朝后期人口不断锐减（见表五）。

表五　唐朝人口户数简表②

年度	户数	升降率(%)
天宝十四年(755年)	8914709	100
至德元年(756年)	8018710	89.94
乾元三年(760年)	1933174	21.69
广德二年(764年)	2933125	32.90
大历(766–779年)	1300000	14.58
建中元年(780年)	3805076	42.68
元和二年(807年)	2440254	27.37
长庆元年(821年)	2375805	26.65

①参见傅筑夫《中国封建社会经济史》第4卷第42—43和唐长孺主编《隋唐王代史》第53页。

②王育民.唐代人口考[J].上海师范大学学报,1989(3).

唐朝前期各届中央政府都非常重视人口政策，并将它作为考核官吏政绩的重要标准。而唐朝后期各届政府处处失政，无法确保劳动力资源，从而引起了一系列恶性循环。懿宗年间（859—874年），“自关东至海大旱，冬蔬皆尽，贫者以蓬子为面，槐叶为齑”[①]。中和四年（884年），“关内大饥，人相食”[②]，“江南大旱，饥，人相食”[③]。在义仓的赈济过程中，部分官吏进行“官倒”，牟取暴利，“皆以苛刻害人”[④]，致使“乡乡里里，班班户绝”[⑤]。“饿死相食者，不可胜纪”[⑥]。这势必引起动乱、暴乱乃至于战争。“在亚洲……一次毁灭性的战争，就能够使一个国家在几百年内人烟萧条，并且使它失去自己的全部文明”[⑦]。

唐朝的水旱灾害直接影响着社会经济的发展，直至吸吮尽了唐王朝的全部血液。

但是，在中国封建社会时代，唐朝水旱灾害的破坏程度并不是最严重的。历代封建政府从未彻底解决饥者不得食、寒者不得衣、劳者不得息的巨患，好不容易积累起来的一些社会财富被频繁的水旱等自然灾害吞噬了，社会经济一次又一次被拉回到很低的起点上重新起步运行，新的生产方式每次都在胚胎中夭折，致使中国一直在小农经济的怪圈中徘徊。这就是中国长期处于封建社会樊笼中的一个重要的经济因素。所以，历朝历代的自然灾害值得人们去研究。

（原载于《宁夏大学学报》1997年第3期）

---

①欧阳修，宋祁.新唐书·志第四十三·食货三[M].北京：中华书局，1975：1362.

②欧阳修，宋祁.新唐书·志第二十五·五行二[M].北京：中华书局，1975：899.

③马端临.文献通考·物异考七·岁凶[M].北京：中华书局，1986:2377.

④刘昫等.旧唐书·志第二十八·食货上[M].北京：中华书局，1975:2086.

⑤董浩等.全唐文（第二册）[M].北京：中华书局，1983:1728.

⑥刘昫等.旧唐书·志第二十八·食货上[M].北京：中华书局，1975:2125.

⑦马克思，恩格斯（著），中央编译局（译）.马克思恩格斯选集（第2卷）[M].北京：人民出版社，1995：64.

农村承包土地撂荒问题研究

——以宁夏隆德县为例

别彩妍　李天麒

摘　要：近几年来，社会经济快速发展，而农民土地撂荒问题直接影响到农村社会经济发展、国家粮食产量和一系列的社会问题。本文以宁夏固原市隆德县为例来研究农村土地撂荒的成因并提出相应对策，对当地农村土地资源的合理利用，推动农村社会经济发展、建设社会主义新农村具有重要意义。对山区农村土地问题的研究具有一定的借鉴意义。

关键词：农村　土地撂荒　对策　研究

"三农"问题即农业、农村和农民问题，是关系中国社会经济发展的根本性问题，而"三农"问题的核心仍然是土地问题。十一届三中全会以后，在经济体制改革方面，农村经济体制改革率先展开，实行家庭联产承包责任制，提高了农民的生产积极性。经过三十多年的发展，"农业产业的弱势特征"逐渐显现出来，城乡居民收入差距不断扩大，城市的发展带来更多的就业机会和相对较多的收入，农民进城打工已是普遍现象。农业生产成本在不断地增加，加上受到自然环境、气候条件、可支配劳动力数量、生产工具等因素的影响，在家庭联产承包责任制下的土地收益远远低于其他一些非农行业。以家庭为单位的农民家庭，在生活成本上升和社会保障滞后等各种因素共同作用下，农民会选择收入相对较高的行业，进城务工成为他们的首选。同时，城市化进程不断加快，也需要大量的农村劳动力，农村土地撂荒成为一种必然现象。

一、农村承包土地撂荒现状的分析

农村土地撂荒主要是对耕地的撂荒，因而耕地作为我们主要研究的对象。宁夏固原市隆德县是一个地处山区的农业县，耕地种类主要是水平梯田、川地、山地，其中川地的一部分属于旱作水浇地。本文通过问卷调查、访谈的方法对隆德县凤岭乡李士村和陈靳乡陈靳村的土地撂荒状况进行研究分析。土地撂荒现状如下：

（一）从土地撂荒的时间上看，出现的时间相对全国其他地区较晚

土地撂荒是一个动态过程，土地撂荒的出现也不可能有一个精确的时间，土地撂荒是随着经济发展这一因素出现的，我们可以从逻辑上对不同地区土地撂荒出现的时间进行比较。隆德县地处“西海固”，农村社会经济发展相对落后，土地历来被农民十分重视，农村许多邻里之间的纠纷就来自于对土地的纠纷，而土地撂荒问题是近几年出现的，与全国其他农村地区相比较，出现较晚。这主要是受地理环境的影响，隆德县地处偏远山区，交通不便，外地用工信息不畅通，并且远离大城市和发达地区，使得农民外出就业和土地撂荒出现较晚。

（二）从土地撂荒的面积上看，面积相对较少

根据调查，隆德县凤岭乡李士村的耕地撂荒面积占到全村耕地面积的16%，所占比例不大，面积相对较少。而据报道：“在湖北省滨湖村，农民对发展农业生产特别是粮食生产兴趣不大，2008 年全村耕地撂荒面积达40%以上”。由分析可知，在隆德县耕地撂荒的面积与全国其他地区相比耕地撂荒的面积较少，与当地耕地总面积相比也较少，土地撂荒没有大面积的出现。

（三）从土地撂荒的对象上看，主要集中在坡地和梯田

根据实地调查，目前被撂荒的耕地主要是道路难走的丘陵水平梯田，川地有少量被撂荒，且分布零散。隆德县是“全国梯田建设模范县”，在

水平梯田建设方面投入了大量的人力和财力，目前水平梯田的撂荒是对土地资源的巨大浪费。

（四）从土地撂荒的发展趋势上看，将呈加速态势

国务院从2007年开始全面免除了农业税，实行农机购置补贴政策和种粮农民直接补贴政策，从整体上推动了农村经济的发展和农民种粮的积极性。但从隆德县实际情况来看，这些惠农政策并没有提高当地农民种粮的积极性，农村劳动力在家庭条件允许下，还是选择外出打工，然后购进口粮，不愿投入在农业生产中，在家的多是老人、孩子和妇女，导致农村从事农业生产的劳动力缺乏，使得耕地撂荒面积不断增加。

二、农村承包土地撂荒的原因分析

国家近几年加大了对农业的投入，整体上推动了农村社会经济的发展。但隆德县属中温带半干旱、半湿润地区，地貌以黄土高原丘陵为主，属中温带大陆内部草原气候，农业人口占90%，人口密度125人/平方千米，特殊的地理环境和气候特征使得农业的发展落后于全国平均水平，成为“六盘山连片贫困地区”的一部分。城市化的步伐加速了农村劳动力流向城市，农业生产相对进城打工效益低下，加上其他各种因素的共同作用，导致了农村承包土地撂荒趋势不断发展。

（一）自然灾害频繁

自然灾害对农业生产的危害较大，隆德县年降水量不足500毫米，而蒸发量却是降水量的10倍，加上植被破坏导致水土流失严重，造成该地区干旱和土壤贫瘠。近几年降水偏少，旱灾频发，对农作物的发展影响较大。受山地气候影响，农作物主要以小麦、玉米、土豆为主，生长和收获季节易受到干旱、冰雹灾害破坏，使得农作物减产。例如小麦，遇到干旱之年，风岭乡李士村的小麦亩产在200—300斤，除去生产成本，所剩无几。

（二）种粮成本上涨，利润空间小

近年来在国家宏观调控和市场机制的作用下，受供求关系影响，粮食价格稳中有涨。按理说粮价上涨对农民来说是一件好事，但在粮食价格上

涨的同时，化肥、农药、农机具等农业生产资料价格也上涨了。在单位耕地面积里生产粮食一定的情况下，粮食价格的上涨和生产资料价格的上涨成正比关系，有时生产资料价格的上涨高于粮食价格上涨的速度。在这种情况下，农民得到的收益并没有实质性的增加。国家为了鼓励农民种地而实行种粮补贴制度，但农民的收入非农业部分比例逐年增大，这样就会挫伤农民的种粮积极性。

（三）农村劳动力向城市流动，农业劳动力缺失

改革开放以后，随着我国工业化进程的加快，劳动也和其他生产要素一样向着边际收益高的产业或地区转移，工业化和城市化需要大量劳动力，外出务工所得劳动报酬与农业收益相比高得多，面对生活压力，打工是农民的理性选择。根据调查，在李士村和陈靳村认为打工收入是家庭收入主要来源的占 73%。所以在农村有劳动能力的人宁可去城市干脏活累活，不愿在农村种地。农村劳动力的外流，留守农村的大多是留守儿童和老人，劳动力缺乏导致土地撂荒。如李士村二组共有 156 口人，2012 年夏季在家中的人口是 53 人，多为老人、妇女和孩子。而作为新生代的农民工，从小生活在城市，面对城市的繁华，不愿改变生活方式回农村种地，所以农村土地撂荒成为了一种必然。

（四）耕地条件较差，流转难度大

为了进一步推动农业的发展，国家不断完善土地流转制度，土地流转是解决土地撂荒，增加粮食产量的有效途径之一。平原地区的耕地容易流转，但山区的耕地条件要实施土地流转难度比较大。在隆德县，川地易于流转，水平梯田和坡地流转难度大，加上土质和干旱等自然灾害的影响，耕地在现有的政策下整体上流转难度大。

（五）农业基础设施不完善，生产方式落后

隆德县农业基础设施较差，与现代农业发展要求水平还有一定的差距，主要表现在水利设施上。现有水利设施陈旧，有的被废弃和破坏，虽然加固和新建了规模不一的水库，但在农业利用方面效率很低，有的水库可以开发进行灌溉农田，但是没有利用，农民自己又无法承担起灌溉设施建设的费用。在旱作水浇地，灌溉采用漫灌方式，没有建设喷灌和滴管设施，造成水资源的浪费。除水利外，水平梯田由于道路崎岖难走，路段没有进行合理设计，导致农民将耕地撂荒。在家庭联产承包责任之下，隆德县耕地川地少，水平梯田和坡地多，不能实现大规模的机械化耕作，限制了大型机械化的推广，“铁犁牛耕”的传统耕作方式和小型机械耕作方式交叉运用，生产方式相对落后，生产效率低，致使农民将土地撂荒。

（六）农村生活成本上升

随着社会经济的发展，物价在不断的上涨，农民的生活成本也在不断地增加。在农村，农民家庭支出主要有农业生产用的化肥、种子费用，孩子教育的费用，医疗的费用，穿着费用、生活中的油盐酱醋及电费等费用。按照正常情况下一个农村家庭 5 口人计算，孩子的教育和医疗就已经是巨大的一笔费用，特别是农村孩子读大学阶段的开支。单靠农业收入是不能满足农村家庭的正常开支的，所以农村劳动力选择进城打工，造成农村劳动力缺失导致土地撂荒。除上述原因之外，国家实行移民搬迁工程导致土地的撂荒；农村教育观念的改变，使农民不愿自己的孩子将来还是农民，教育是改变命运的唯一渠道，将学生由教育落后的乡村送到城市读书，父母边打工边照顾孩子，这也是土地撂荒的一个原因。

三、解决农村承包土地撂荒的对策

土地撂荒的实质还是农民的收入问题，解决这一问题，要从土地制度上和政策上去研究。

（一）加快土地流转，规范流转程序

在家庭联产承包责任制下，农业生产比较分散，效率低下，无法形成规模种植，阻碍着农业的现代化发展。为了进一步推进农业发展，在不改变集体土地性质的前提下，按照依法自愿有偿原则，实行土地承包经营权流转。隆德县农村土地流转处于起步发展阶段，存在土地流转市场不健全，流转过程不规范等问题，影响着土地流转的速度。作为起主导作用的相关政府部门，要完善土地流转制度，加大政策宣传力度，鼓励农民进行土地流转，为土地流转积极提供服务。针对农民在土地流转中所处的弱势地位，在土地流转过程中，要对土地的面积、土壤成分、地块好坏等做出科学的评价，理顺土地价格，采取自愿公平有偿的原则，切实保障农民的利益。对于山地和水平梯田，要给予政策优势，中央和地方两级政府加大财政补贴力度，指定商业银行采取政府财政贴息的方式，对农民发展现代农业进行低利息或无息贷款，鼓励农民进行流转和承包山地、梯田，种植耐旱的经济作物，如隆德县陈靳乡根据山地特点发展的“中药材、蚕豆、草畜、苗木”四大特色产业初具规模。同时适度发展规模养殖业，将坡度较大、道路崎岖的山地承包下来种草，引进经济价值高的鸡、猪、牛、羊等进行饲养，既解决了土地撂荒，又增加了农民的收入。

（二）规范农资市场，保障农业生产

农业生产资料在市场调节下，受供求关系和生产成本的影响，价格一直呈上涨态势，一些不法商家为了获利，生产假冒伪劣的肥料、农药等，坑害了农民，导致了粮食减产。为此，要加大农资价格的监管力度，防止商家私自垄断提高价格，严厉打击假冒伪劣，杜绝假种子、假化肥、假农药等坑农害农事件的发生。特别是边远山区，政府农业部门可以对合格高效的化肥、农药等生产资料推荐给农民，让农民自己进行对比选择。

（三）正确处理好耕地和林地的比例关系

过去为了发展经济，对生态造成了很大的破坏，不断发生的自然灾害给人类造成的损失巨大，警示人们要保护生态环境，实现人与自然的和谐发展。为了改善生态环境，各级政府每年投入大量资金植树造林。广大农村地区经历了由过去的伐木开荒造田到现在的土地撂荒，由造成生态破坏到保护生态环境的过程。政府部门要处理好耕地面积和林地面积的关系，根据不同地区的实际情况，在确保基本耕地面积的情况下进行“退耕还林”，在移民搬迁地区不宜将耕地全部造林，不提倡一刀切的做法，山区坡地和海拔较高的梯田“退耕还林”时优先考虑经济林，在气候条件允许下种果树，既解决土地撂荒，又增加农民收入。在隆德县陈靳乡，全乡退耕还林种树 16880 亩，荒山造林 30524 亩，绿化率 45.8%，落叶松、沙棘、山杏、山桃等树种已成林，沙棘、山杏、山桃产品开发已初具规模，退耕区人工修复种植黄芩、黄芪、柴胡、大黄、板蓝根、党参等中药材

150 余种，是国内药学界公认的“具有显著特点的天然药库”，建成全县第一个生态林业示范乡。

（四）政府财政加大农机补贴力度

机械化是农业现代化的必要条件，为促进农业发展，确保国家粮食安全，国务院实施农机补贴政策。对于偏远山区农村地区大型机械化生产无法展开这一实际情况，政府农业部门应鼓励和支持农机生产商生产适宜山区坡地和梯田耕作的小型机械，鼓励农机供应商引进小型机械，同时加大购置农机的财政补贴比例，调动农民的种地积极性，维持好地力，减少土地撂荒，增加粮食产量。

（五）发展乡镇企业，支持自主创业

农业要发展，农民要富裕，传统的靠种地单一的发展模式已经不能满足农业的发展。鼓励兴办乡镇企业，将农民种地收获的粮食、瓜果蔬菜等以及收获后剩下的麦秆等进行加工处理，增加农业的附加值，形成特色，利用电视、报纸等媒体打造品牌，走农业生产的产业化之路。同时，支持农民自主创业，提供小额担保贷款，在技术上和政策上提供帮助，为产品销售拓宽渠道，增加农民的收入，推动农村经济的发展。如隆德县陈靳乡注册挂牌了宁夏中山甘草种植公司，共投资约 530 万元，并依托工厂建设配套完善厂区周边道路硬化、垃圾处理等各项工作，强力带动新兴塬甘草种植基地建设，为甘草链条化、产业化发展打好基础，为农民致富增收开辟了新的途径。

（六）完善水利设施，保护生态环境

以农田水利为重点的农业基础设施是现代农业的重要物质条件。政府水利部门要对各类水库进行除险加固，开发利用水库的水资源灌溉农业，对已有的农田水利设施进行节水改造，对废弃的水利设施要合理规划，重新修建。水源不足地区要合理开发利用地下水进行农田灌溉，农田推广滴灌技术，改变传统的漫灌方式。推进小流域综合治理，土地问题加强监管力度，涵养水源，改善农村环境。

（七）推进农村教育发展，完善社会保障体系

九年义务教育的实施推进了农村教育事业的快速发展，但仍然不能满

足农民对教育的高要求。在教育事业发展过程中产生的不平衡性，使农村教育出现了教学设施简陋，教师老龄化严重，教学质量低等问题，农民想尽办法将孩子转学到城市去就读。例如隆德县凤岭乡李士小学，全校只有34个学生，二年级只有3个学生，其他学生转学至县城就读。为此，基层政府要加大教育的投入，调整师资结构，形成城乡教师定期交流机制，安排老教师提前退休，招聘一批年轻的师范院校毕业生充实教师队伍，鼓励他们去基层锻炼。提高农村地区教育质量，降低学生读书的成本，减轻了农民的负担。我国社会保障制度起步晚，发展速度快，要加快社会保障制度改革，完善农村医保制度，推进农村养老保险制度全覆盖，提高保障水平，解决农民的后顾之忧。

四、结束语

解决土地撂荒问题的核心还是增加农民收入的问题，不同地区要根据当地实际情况因地制宜发展现代农业，不断完善社会保障体系，增加对农业及配套设施的资金投入，搭建农业信息平台，合理合法流转土地，以此来解决农村承包土地撂荒问题，提高农民收入，解决农村与农民问题，促进社会经济发展。

（原载于《南方农村》2013年第7期）

后　记

《固原历史文化研究》是宁夏师范学院固原历史文化研究中心近年来致力于搜集整理固原及周边区域学者对这一区域历史文化研究成果的论文集。现已出版了两辑，本书是第三辑。从编排上说，本辑依然沿袭了前两辑的基本思路，即一方面坚持“为地方经济文化服务的宗旨”，另一方面坚持“关注当下、关注现实”。与前两辑相比，本辑有两个方面的特点。

一是给全书定了一个大的主题，即以“丝绸之路”为中心，把所有栏目连缀起来。围绕这一主题，本书设置了“丝绸古道”“丝路经济”“石窟艺术”“固原古城”“墓葬遗址”“丝路文化”“环境生态”等几个栏目。虽然从概念上看栏目略有交叉重复之嫌，但对表现固原地区丝路文化遗产来说，这种分类便于将固原地区丝绸之路文化的几个很重要的点贯穿起来，这点是需要说明的。

二是文章的遴选方面，突破了前两辑的一个基本思路，既选择“知名学者的沉甸甸的学术思考”，也不乏“青年学人眼光独到的精致之作”。主要原因是：一方面，对于丝绸之路这样一个主题，中心青年研究员作专门研究的还比较少；另一方面，很多知名学者在这一领域的重要成果很多。因此，本辑在编选文章时，以知名学者文章为主，有的学者的文章甚至不止一篇，目的在于通过这种方式引导青年学者在这一领域开展更多的研究。

最后，对各位作者长期以来的大力支持表示衷心的谢意。他们在固原历史文化这一研究领域的辛勤耕耘为固原历史文化的传播做出了很大贡献，当然也是我们在这一领域开展研究的标杆。同时也感谢阳光出版社的贾莉编辑，她对书稿的各个方面都提出了修改意见，对完善书稿极有帮助。也感谢学校“学人文库”编委会各位专家，他们的评审和推荐使本书得以入选“学人文库”第四辑付梓。本书的出版还得到了区级重点学科“专门史”和校级创新团队“固原历史文化研究”的经费支持，同样致以衷心感谢。

编者

2015 年 11 月